KB187250

밤이 제아무리 길어도

HOWEVER LONG THE NIGHT

밤이 제아무리 길어도

여성할례 위기에 처한 수백 만의 아프리카 소녀들을 구한
인권운동가 몰리 멜칭의 여정

에이미 몰로이 지음 **김효은** 감수 **조경실** 옮김

Ⓛ company

밤이 제아무리 길어도

초판 1쇄 펴낸날　2019년 6월 1일

지은이　에이미 몰로이

감수자　김효은

옮긴이　조경실

펴낸이　김한준

기　획　육혜진

편　집　디자인콤마

펴낸곳　엘컴퍼니

주　소　서울시 강남구 학동로23길 58

전　화　02-549-2376

팩　스　0504-496-8133

이메일　lcompany209@gmail.com

출판등록　2007년 3월 18일(제 2007-000071호)

ISBN　979-11-85408-28-6　03300

* 파본은 본사나 구입하신 서점에서 교환하여 드립니다.
* 이 책의 내용은 저작권법의 보호를 받는 저작물이므로 무단 전재와 무단 복제를 금합니다.

이 도서의 국립중앙도서관 출판예정도서목록(CIP)은 서지정보유통지원시스템 홈페이지
(http://seoji.nl.go.kr)와 국가자료공동목록시스템(http://www.nl.go.kr/kolisnet)에서
이용하실 수 있습니다. (CIP제어번호: CIP2019015441)

추천의 글

·

빌과 멜린다 게이츠

Bill and Melinda Gates

독자 여러분에게,

서아프리카 언어인 월로프어로 '새가 알을 깨고 나오는 순간'을 가리키는 토스탄tostan이라는 단어는 나아가 새로운 발견과 획기적 돌파구의 의미까지 담고 있다. 17년 전 몰리 멜칭이 건립한 조직에 정말 꼭 맞는 이름이 아닐 수 없다.

우리가 토스탄을 알게 된 것은 귀중하고도 눈부신 발견의 순간이었고, 이후 우리 재단에서 진행한 활동에도 많은 변화가 생겼다. 물론 이보다 더 중요한 것은 토스탄이 수많은 아프리카 사람과 지역사회들이 스스로 삶을 발전시켜 나갈 수 있도록 도왔다는 사실일 것이다.

국제개발사업에서 가장 어려운 문제는 사회적 규범을 바꾸는 일이다. 우리도 이 사실을 깨닫기까지 꽤 오랜 시간이 걸렸다. 이제 와 돌이켜보면, (토스탄과 거의 비슷한 시기에) 재단을 처음 만들고 사업을 시작했던 우리는 이전까지 컴퓨터 산업 분야에서 일해왔기에 과학기술로 여러 문제를 해결할 수 있다는 조금은 순진한 생각을 하고 있었다. 더 나은 세계를 만드는 데 과학기술이 결정적인 역할을 하리라는 믿음에는 지금도 변함이 없다. 예방 백신은 많은 생명을 구한다. 하지만 부모가 아이들에게 예방접종 맞추기를 꺼린다면 어떨까? 진보된 품종 개량 기술은 우리 식량을 건강에 더욱 이롭고 풍부하게 공급해주는 역할을 한다. 하지만 사람들이 그 종자를 심지 않는다면 어떨까? 휴대폰은 다양한 금융 서비스를 받을 수 있도록 연결 고리가 되어주지만, 남자들만 휴대폰을 사용하고 여자들은 사용하지 못한다면?

우리 삶의 복잡 미묘한 여러 양상을 파고 들어가다 보면 예방접종이나 종자, 휴대폰처럼 일률적인 해결책으로는 모든 문제를 다룰 수 없음은 자명해 보인다. 몇몇 문제들은 현지 사정에 맞춘 접근 방식이 필요하기도 하다. 그리고 가장 큰 과제는 특정 지역에서 성공했던 방식이 다른 곳에서도 효력을 발휘하도록 범위를 확장해가기란 거의 불가능하다는 사실이다.

토스탄이 대단한 이유는 바로 여기에 있다. 토스탄은 어떤 전통은 지역 주민들이 원하는 미래나 자신을 바라보는 방식에 들어맞지 않는다는 사실을 주민 스스로 깨우치도록 도왔다. 그런 이해를 토대로 지역사회는 더 건강하고 좋은 미래를 위해 수없이 많은 노력을 기울일 수 있었다.

토스탄 성공의 비결은 그들이 한 일 만큼이나 하지 않은 일이 많다는 데 있다. 토스탄은 사람들에게 교육의 기회를 제공하고 변화의 발판을 마련해 주었지만, 중요한 결정을 내리고 그것을 실행에 옮기는 일은 지역 주민들에게 맡겼다. 그들은 주민들에게 어떻게 해야 하는지 가르치지 않았다. 지역 사람들이 행복한 미래상을 구체적으로 그릴 수 있도록 토론의 장을 마련해 주었다. 한번은 멜린다가 몰리와 함께 세네갈의 코마 펠르Koma Peulh라는 마을을 찾은 적이 있었는데, 마을 촌장은 주민들의 생활이 얼마나 좋게 바뀌었는지 얘기하면서 이런 말을 했다. "지식을 얻는다는 건 비가 내리는 것과 같아요. 만물이 쑥쑥 자라니 정말 굉장하지 않습니까"

그동안 토스탄은 아프리카 사회에 깊이 뿌리박혀 많은 해악을 끼치던 관행, 여성 성기 절제를 중단하고 지역사회가 나서서 이를 공개적으로 선언하도록 도운 것으로 잘 알려져 있다. 하지만 책 속에 인용된 토스탄 이사회 임원의 말처럼 그들이 한 일이 이것으로만 알려진다면 매우 애석한 일이다. 왜냐하면, 역량을 쌓고 하나로 힘을 결집한 지역사회야말로 삶의 모든 면에서 변화를 불러올 힘의 원천이기 때문이다. 여성 성기 절제 관행 종식은 그들의 끝이 아니라 시작에 불과하다.

그동안 아프리카 지역사회에서 어떤 일이 벌어졌는지 토스탄의 자료를 보면 정확히 알 수 있다. 가령 2013년 기니비사우에서 벌인 설문에서는 약 90%의 응답자가 가족계획의 결정권은 남자에게 있다고 대답했다. 하지만 마을에서 토스탄 모델이 실행된 이후인 2016년에는 참가자의 4분의 3이 자녀의 수는 여자가 결정하거나 부부가 함께 결정해야 한다고 답했다. 여자아이도 중·고등교육을 받아야 한다고 답한 사람은 19%에서 62%로 늘어났고, 경제활동에 참여해 소득을 올리는 여성의 비율은 34%에서 66%로 증가했다. 조혼 방지를 위해 적극적으로 개입할 의사가 있다고 말한 사람은 0%에서 60%로 확대되었다. 모두를 위한 미래의 큰 틀이 근본적으로 바뀌었음을 이 수치들은 말해주고 있다.

토스탄이란 단체를 처음 알게 된 후, 그들의 사업 모델은 우리가 재단 사업을 바라보는 방식에도 끊임없이 영향을 주었다. 예를 들면 최근 우리는 처음으로 양성평등 계획을 수립했는데, 개발사업의 핵심에는 여성의 역량 증진이 반드시 수반되어야 한다는 사실을 토스탄 모델을 통해 배웠기 때문이었다.

여성과 소녀들의 길에 가로막힌 장애물은 또한 지역사회 전체의 번영을 막는 장애물이기도 하다. 불평등과 가난은 밀접한 연관이 있는데, 다행히도 역량 강화와 번영 사이에도 똑같은 연관성이 있다. 다음의 통계자료를 들으면 아마도 깜짝 놀랄 텐데, 가난한 국가에서 글을 읽을 줄 아는 어머니에게서 태어난 아동은 그렇지 못한 어머니를 둔 아동보다 생존확률이 30%나 높게 나타났다고 한다. 토스탄 프로그램에 참여한 지역사회들은 여자아이에게도 학교 교육이 필요하다는 사실을 깨달은 데서 그치지 않았다. 그들은 학교를 새로 지었고, 교사를 추가로 채용하도록 지역 정부를 압박했다. 토스탄 모델의 진짜 힘은 바로 이런 것이다.

이 책은 장차 세상을 바꾸고 놀라게 할 지도자라면 반드시 읽어야 할 책이라고 생각한다. 우리가 힘을 모아 출간 5주년 기념 특별

판과 함께 진행된 '인간 존엄성을 지키기 위한 몰리 멜칭 펀드' 모금 활동을 지원하는 것도 그런 이유에서이다.

인류를 사랑하고 더 나은 세계를 꿈꾸는 독자라면 이 책을 통해 토스탄에 대해 알게 되고 우리가 그랬던 것처럼 소중한 가치를 발견할 수 있으리라 확신한다. 책을 읽은 후에는 주변의 소중한 사람들에게도 권해주기를 바란다. 책을 추천한 사람에게도, 추천받은 사람에게도 무척 감사한 일이 될 것이다.

이미경

한국국제협력단KOICA 이사장 (전 국회의원)

이 책은 지난 40년간 세네갈과 주변 서아프리카 국가들 여성들이 직면한 고통, 차별, 억압을 여성들 스스로 지혜와 용기와 연대로 해결하여 승리로 이끈 기적 같은 이야기이다.

모든 나라마다 그 나라만의 대표적인 가부장적 여성차별제도 또는 관행이 있다. 예를 들면 우리나라는 호주제, 중국은 전족, 인도는 결혼지참금 제도가 있었다. 그리고 아프리카에서는 여성할례라고 알려진 소녀들의 성기 절제female genital cutting(FGC)가 있다.

다른 문화권 사람들의 눈으로 보면, 소녀들의 성기 절제는 말도 안 되는 인권침해다. 그러나 그것은 아프리카의 오랜 전통이었고, 종교적 가르침이고, 딸에게 좋은 신랑감을 맺어주기 위한 필수 의례여서, 극복하기 참 어려운 문제임을 알게 되었다. 우리나라도 호주제 폐지는 가족제도 자체가 무너진다고 믿는 사람들이 대다수일 때가 있었다.

그러면 미국 여성 몰리 멜칭 여사는 이 엄청난 관행을 바꾸는데 어떻게 그토록 큰 역할을 할 수 있었을까? 몰리 멜칭 여사의 토스탄 교육은 현지인의 관점에서, 그들이 스스로 주인이 되어 생각하고 토론하고, 해결 방식을 찾아가게 하는 것이었다. 그녀는 세네갈 시골 공동체의 관습, 문화, 인간관계 속에서도 해결 방법을 모색하였다. 문맹 퇴치를 위해, 그들의 글을 배워서 제일 먼저 표현하고 싶은 단어부터 가르치는 것 역시, 배우는 사람의 입장을 존중하는 접근법이다. 2005년 국제사회는 파리에서 개도국의 주인의식ownership 존중을 국제개발 협력의 원칙으로 천명하였는데, 몰리 멜칭 여사는 이미 1980년대에 이 중요한 원칙을 실천하고 있었다.

"이 일을 하는 지난 몇십 년간 많은 교훈을 얻었어요. 그중에서도 가장 중요한 교훈은 아프리카 사회가 직접 삶을 변화시킬 수 있게 힘을 길러주려면, 그 열쇠는 인권교육에서 찾아야 한다는 것이었어요. 인권이라는 개념을 소개한 후부터 정말 놀라운 일이 벌어지기 시작했죠. 뭐라 설명하기 힘든 마술 같았어요."

이 말이 가장 오랫동안 마음에 남는다. 스스로 인간이라고 자각할 때, 그리고 자신의 존엄성을 깨달을 때, 그 어떤 난관도 헤쳐 나갈 수 있는 용기를 가지게 된다는 것을 몰리 멜칭 여사의 이야기는 증명한다.

인도주의 정신에 입각한 국제개발협력이, 우리나라 국제개발협력 기본법의 정신이다. 그러나 가끔 인도주의나 인권을 어떻게 이해하고 실천해야 할지 헤맬 때가 많다. 몰리 멜칭 여사의 토스탄 활동이 이것을 매우 쉽게 가르쳐 주고 있다.

세네갈에서 근무했던 김효은 대사가 내게 꼭 일독을 권했고, 아프리카 사업현장을 찾아가는 비행기 안에서 읽었다. 코이카KOICA 일꾼들부터 꼭 읽어야 할 필독서라고 생각한다.

김효은 대사에게 감사드린다.

감수자의 말

·

김효은
글로벌녹색성장연구소GGGI 사무차장 (전 주세네갈대사)

결국은 사랑이 답이다

존경하는 친구 몰리 멜칭을 처음 만난 것은 2017년 1월, 당시 내가 대사로 근무하던 세네갈의 수도 다카르에서였다. 탁월한 외교관이자 가까운 친구였던 제임스 줌월트 당시 주세네갈 미국대사가 나에게 그녀를 소개했다. 서아프리카 여성과 소녀들의 교육 및 보건 문제에 관심이 많았던 나는, 몰리와 대화하면서 그녀가 이루어 낸 변화들에 입을 다물지 못했다. 어느 시골 마을에서 이웃 중년 남자의 세 번째 부인이 되기로 결정된 13살 여자아이를 마지막 순간에 그 부모를 설득해 결혼을 무산시키고 중학교에 보낸 이야기, 자신이 설립한 토스탄Tostan이라는 비정부 기구의 도움으로 공부한 소녀가 훗날 프랑스 유학까지 마치고 아프리카를 위해 일하고자 세네갈로 돌아왔다는 영화 같은 이야기들에 놀라움을 금할 수 없었다. "당신은 정말 대단한 일을 하고 있군요!"라는 나의 감탄에 몰리는 이렇게 대답했다. "대단한 건 내가 아니라 세네갈의 어머니와 딸들입니다. 글도 읽을 줄 모르고 자신의 의사 표현도 제대로 하지 못한 채 수십 년 살아온 여성들이, 배우고 깨닫게 되자 놀랄만한 용기와 결단력을 발휘했어요. 아프리카인들이 얼마나 용감하고 강한 추진력을 가진 사람들인지 아마 당신은 상상도 못 할걸요."

그 날 이후, 나는 몰리와 그녀가 설립한 단체 토스탄이 하는 일이 더 궁금해졌다. 토스탄은 서아프리카에서 널리 통용되는 토착어인 월로프어로 새가 알에서 깨어나는 순간을 의미한다. 토스탄은 아프리카인들이 새가 알에서 깨어나듯 가난과 문맹과 전통과 관습이라는 껍질을 깨고, 건강하고 교육받고 인권이 존중되고 안정된 직업을 가지는 새로운 삶을 꿈꿀 수 있도록 역량을 키워주는 일을 하고 있다. 서아프리카의 아름다운 나라 세네갈에서 시작된 토스탄 활동은 지금은 아프리카 8개국으로 확대되었고, 미국, 캐나다, 스웨덴, 덴마크에도 지부가 만들어졌다.

몰리와 이야기하다 보면 그녀가 세네갈을 비롯한 아프리카를 얼마나 사랑하고, 아프리카의 문화와 가치를 얼마나 깊이 이해하고 있는지 금방 알 수 있다. 내가 근무했던 세네갈은 테랑가^{Teranga}라고 불리는 아프리카인들의 우정과 환대의 문화가 아직도 강하게 남아 있다. 어느 마을을 가던 그들은 손님인 나를 최선을 다해 환대해 주었다. 마을의 원로를 존경해서 젊은이들은 다툼이 생기면 원로들에게 중재를 요청한다. 대가족으로 모여 살기에, 살림도 밭

일도 공동으로 한다. 남자들은 가장으로서 강한 책임감을 느끼고, 흔히 말하는 '개천에서 난 용'이 된 사람은 일가친척까지 모두 돌보는 게 아직도 당연시된다. 아프리카를 이해할 때 가족, 집안, 출신 고향과 같은 요소들을 빼놓고는 이해하기 어려운 경우가 많다.

몰리와 토스탄의 활동에 대한 책을 읽고, 한국에 소개하고 싶은 욕구가 강하게 몰려왔다. 아프리카, 개발, 인권 분야에서 활동하고 싶은 사람이라면 꼭 읽어야 할 책이라는 생각이 들었다. 몰리의 책은 미국 평화봉사단원Peace Corp에게는 이미 필독서라고 한다. 바쁜 업무로 시간이 부족해, 번역은 전문 번역가를 섭외하고 아프리카와 몰리에 대해 잘 알고 있는 내가 감수를 맡기로 했다. 열정을 가지고 번역해 준 조경실 번역가와 선뜻 출판을 맡아주신 엘컴퍼니에 깊이 감사드린다. 꼼꼼히 원고를 읽으시고 가슴에서 우러나온 추천사를 써주신 이미경 KOICA 이사장님도 빼놓을 수 없다.

할리우드 영화 〈블랙팬서〉가 세계적인 흥행에 성공하면서, 아프리카에 대한 일반인들의 관심도 크게 늘었다. 아프리카를 마지막 남은 기회의 땅으로 보고 달려가는 기업인들, 아프리카 개발에 헌신하겠다는 봉사단원들도 많다. 그러나, 그 모든 관심과 열정의 밑바탕에는 아프리카에 대한 깊은 사랑과 이해가 자리 잡고 있어야 한다. 몰리의 책은 변화를 끌어내려면 사랑이 답이라는 것을 가르쳐 준다.

작가의 말

몰리 멜칭Molly Melching을 처음 만난 건 2011년 여름, 필라델피아에서였다. 1974년부터 서아프리카 세네갈에서 살았던 그녀는 그곳에서 비정부기구인 토스탄Tostan을 조직하여 활동하고 있었다. 펜실베이니아 대학교에서 열린 회의 참석차 일주일간 필라델피아에 머문다는 얘기를 듣고, 나는 그녀와 저녁 식사 약속을 잡고 일얘기를 듣기로 했다. 그 무렵 몰리의 토스탄 활동은 꽤 여러 곳에서 인정을 받고 있었다. 최근 경제전문지《포브스Forbes》는 여성 인권 분야에서 가장 영향력 있는 여성으로 몰리를 지목했고,《뉴스위크Newsweek》도 '세계를 뒤흔든 여성 150인' 가운데 한 사람으로 꼽았다. 1년 전인 2010년에는 토스탄이 훌륭한 사회적 기업으로 선정돼 스콜 어워즈Skoll Awards for Social Entrepreneurship를 받았으며,

2007년에는 인도주의 분야의 가장 큰 상, 콘래드 N. 힐튼 인도주의상Conrad N. Hilton Humanitarian Prize을 수상하기도 했다. 아프리카 지역사회가 자립할 수 있도록 힘을 길러주었고, 또한 과거 어떤 단체도 해내지 못한 일, 바로 아프리카 문화에 깊이 뿌리 박혀 많은 해악을 끼치던 여성 성기 절제female genital cutting(FGC) 전통을 폐지하도록 도운 공로를 인정받아 주어진 상이었다.

여성 성기 절제라는 전통은 사실 많은 여성이 입에 담기조차 꺼리는 주제이다. 서양에서 주로 "여성 성기 훼손female genital mutilation(FGM)"으로 지칭되는 그 관행은 일반적인 성 불평등 문화에서 탄생한, 여성을 강제로 억압하는 끔찍한 학대 행위로 여겨진다. 하지만 이 주제는 사실 이런 단순한 인식보다 훨씬 더 복잡한 맥락의 문제이며, 실제상황을 이해하기 위해서는 그런 관행이 자행되고 있는 28개국의 수백만 여성들의 시각에서 문제를 바라보려는 노력이 필요하다. 왜냐하면 사실상 전통을 고수하는 여성들은 그것을 학대라기보다는 사랑을 베푸는 행위로 생각하기 때문이다. 딸에게 할례를 시키는 것이 존경받는 부족 구성원이 되고 좋은 배필을 만나게 해주려는 준비 과정이라 여겼기에 아이의 미래를 위한 매우 중요한 통과의례라고 생각했다. 세네갈에서는 여자가 경제적 안정과 사회적 지위를 얻으려면 결혼을 잘해야 한다는 인식이 매우 강했다. 그렇기 때문에 할례를 하지 않는 것은 평생 한 여성을 사회적 거부와 고립으로 내모는, 생각조차 할 수 없는 그런 일이었다.

개발도상국에서 일어나고 있는 여성 차별이나 인권 침해와 관련된 주제에 대해 주로 글을 쓰다 보니, 나는 토스탄이 하는 일에 대해서도 몹시 궁금해졌다. 하지만 나를 정말로 매료시킨 주제는 여성 성기 절제가 아니라는 사실을 먼저 말해두어야겠다. 내가 궁금했던 건 몰리라는 여성의 이야기였다. 일리노이주 출신의 예순 두 살 싱글맘인 몰리는 도대체 어떤 전략을 구사했기에 거의 2000년 가까이 아프리카 부족 문화 속에 깊이 뿌리 박혀 신성시되던 관행을 멈추게 할 수 있었을까?

몰리를 만난 후, 나는 그녀가 재능이 많고 똑똑할 뿐 아니라 누구에게나 호감을 주는 재미있는 사람이란 것을 단번에 알아차렸다. 원래는 한두 시간 정도 저녁을 먹고 헤어질 예정이었지만, 이야기를 시작하자 다섯 시간이 어느새 훌쩍 지나 있었다. 몰리는 자기 얘기—일리노이주에서 평범하게 살아왔던 개인적인 삶—를 할 때는 이따금 머뭇거렸지만, 일에 관해 얘기할 때는 누구보다 생기가 넘쳤다. 우리는 둘 다 이야기에 심취해 저녁 식사를 제대로 하지 못했고, 결국 몰리는 접시를 옆으로 밀어 놓으며 간략한 형태의 세네갈 지도를 그리기 시작했다. 그리고 엑셀과 파워포인트로 만든 자료를 넘겨가며 현재 세네갈에서 진행 중인 특별한 운동들에 대해 개괄적으로 설명했다.

1997년 한 작은 마을에 사는 서른다섯 명의 여성들이 처음으로 일어나 마을에서 여성 성기 절제 관행을 중단하겠다고 공개 선언을 하면서 모든 일은 시작되었다. 그 이후 대략 5,000개의 지역사회에서 비슷한 일이 줄줄이 벌어졌다. 그때마다 여성·남성·청소년들로 구성된 마을 대표들이 자신의 대가족 구성원, 정부 대표, 그리고 전 세계에서 몰려온 기자들 앞으로 용감히 나아가 더 이상은 딸들에게 할례를 시키지 않겠노라고 발표했다.

"세네갈 내에서 여성 성기 절제 관행 전면 폐지라는 굉장하고 역사적인 사건이 이제 막 일어나려 하고 있어요. 그동안 여성과 어린 소녀들의 인권을 저해하면서 정말 많은 문제를 일으켰고, 심지어 죽음으로까지 몰고 갔던 그 관행에서 이제 세네갈은 완전히 자유로워졌다고 말할 날이 몇 년 안에 꼭 온다고 난 믿어요." 몰리는 말했다.

그동안 그 관행을 종식시키기 위해 소규모 지역 단체부터 대규모 국제 NGO까지 상당한 노력을 기울여 왔다. 그리고 이 주제에 대한 국제적 인식 제고에는 꽤 성과가 있었지만, 토스탄처럼 근본적인 수준에서 성공을 거둔 조직은 아직 없었다. 여성 성기 절제 폐지에 접근했던 토스탄의 전략—모국어로 진행되는 인권 기반의 교육 프로그램과 지식·정보의 전달, 그리고 관행의 종식을 선언하는 공개 행사 개최—은 현재 10여 개의 유엔 산하 기구와 아프리카 정부 여러 곳을 포함한 다수의 조직으로 흡수되었다. 세계 보건 기구World Health Organization, 유니세프UNICEF, 유네스코 UNESCO, 미국 국제 개발처USAID 같은 기구들도 아프리카 사회의 변화를 불러오고 스스로 삶의 방식을 개선할 수 있도록 지역사회의 힘을 결집한 토스탄의 능력을 인정했으며, 특히 세네갈 정부는 토스탄이 주도한, 인권을 기본으로 하는 접근 방식을 활용하여 2015년까지 여성 성기 절제 관행을 전면 중단한다는 국가 기본 계획을 공식 수립했다.

비교적 규모가 작은 단체에 속하는 토스탄이 어떻게 이런 성공을 거둘 수 있었을까?

"이 일을 하는 지난 몇십 년간 많은 교훈을 얻었어요. 그중에서도 가장 중요한 교훈은 아프리카 사회가 직접 삶을 변화시킬 수 있게 힘을 길러주려면, 그 열쇠는 인권 교육에서 찾아야 한다는 것이었어요. 우리 프로그램에는 꽤 오랫동안 기본 인권에 대한 토론 수업이 없었어요. 그러다가 인권이라는 개념을 소개한 후부터 정말 놀라운 일이 벌어지기 시작했죠. 뭐라 설명하기 힘든 마술 같았어요."

토스탄이 거둔 성과에 대해 그녀 개인의 노력이 큰 몫을 했다고 모두 인정하는데도 불구하고 몰리는 자신에게 공이 돌아오는 것을 싫어했다. 저녁 식사를 마치고 슬슬 작별인사를 할 시간이 다가오자, 그녀는 진지하게 말했다. "당신에게 이 얘기를 해줘야 할 사람은 사실 그곳 여자들이에요. 지금 일어나고 있는 마법 같은 일을 진정 이해하고 경험하고 싶다면 당신이 세네갈에 와서 직접 보는 것 말고는 다른 방법이 없어요."

3개월 후, 내가 탄 비행기는 세네갈의 수도 다카르에 도착했고, 그 첫 방문을 시작으로 나는 다음 해까지 몇 번 더 세네갈을 오가게 되었다. 몰리는 나를 직원 단합대회에 초대했다. 단합대회는 다카르에서 동쪽으로 한 시간 거리에 있는 티에스Thiès시 인근에 자리 잡은 훈련센터에서 일주일간 진행되었고, 토스탄 설립 20주년을 기념하는 행사도 함께 치러졌다. 1982년 세네갈의 한 작은 마을에서 세 사람이 한 팀을 이뤄 활동을 시작해 현재는 수천 곳의 마을과 9개의 아프리카 다른 나라로 영역을 확장했으며, 직원 숫자가 1,300명을 넘을 만큼 성장한 그동안의 노력을 자축하는 자리였다.

놀라운 집중력으로 토스탄 활동에만 몰두하는 그녀가 다른 일에 시간을 내기란 쉬운 일이 아니었지만, 이곳을 찾아온 사람들을 위해 어떻게든 시간을 쪼개려고 노력하는 모습이 내게는 퍽 인상적이었다. 거기에 머무는 동안 몰리는 매일 몇 시간씩 나를 데리고 다니며 티에스 주변 마을들을 둘러보게 해주었다. 다른 사람들도 자신이 보았던 세네갈의 미래를 볼 수 있길 바랐고, 가난, 허술한 사회기반시설, 쓰레기로 엉망인 길거리, 그런 것 너머에 존재하는 이곳의 진가를 알아보고 이해하기를 원했기 때문에 그런다는 것을 쉽게 느낄 수 있었다.

하루는 인구 300명 정도가 사는 샴 은자이Saam Njaay라는 마을에 갔는데, 그곳은 몰리가 가로×세로 3m 넓이의 오두막을 얻어 1982년부터 3년간 살았던 동네였다. 몰리가 처음 이곳에 왔을 때는 흐르는 깨끗한 물을 구하기도 힘들었고, 거의 30년이라는 세월이 흐른 지금까지도 전기가 들어오지 않는 그런 곳이었다. 마을의 다른 여자들처럼 그녀도 식사 준비를 했고, 오두막 뒤편에 직접 땅을 파 만든 변소를 사용했으며, 가장 가까운 우물까지 1km를 걸어가 물을 길어오곤 했다. 몰리는 마을 이곳저곳을 걸어 다니며 특별한 장소들을 손으로 가리켰다. 장차 토스탄 커뮤니티 역량 강화 프로그램Tostan Community Empowerment Program이 될 수업들을 처음으로 개발하고 진행했던 앞마당, 마을 사람들이 직접 짓도록 옆에서 열심히 거들었던 보건 센터, 그리고 늦은 오후 공기가 서늘해지면 휴대용 카세트를 가져와 음악을 틀어놓고 아이들, 여자들과 함께 '제인 폰다의 운동' 동작을 따라 하던 들판도 있었다.

문명의 이기라고는 눈 씻고도 찾아볼 수 없는 외딴 마을을 둘러보자니 나는 젊은 미국 여성이(마을을 찾아올 당시 몰리의 나이는 서른두 살이었다) 도대체 무슨 이유로 이처럼 고립되고 낯선 곳에 정착하기로 마음을 먹었을까 궁금해 견딜 수가 없었다. 그날 나는 달리 생각을 표현할 방법이 없어 몇 번이나 이렇게 말했다. "당신이 이런 걸 했다니 정말 믿기지 않아요." 몰리는 그냥 웃기만 했다. 그리고 마을 사람들 모두가 나와 그녀를 반길 때―사람들은 그녀를 수카이나 은자이Sukkéyna Njaay라고 불렀는데, 1974년 처음 세네갈에 왔을 때 지은 현지식 이름이었다―나는 그녀가 이곳에서 경험한 기쁨, 마을 사람들을 향한 애정, 그리고 몰리를 향한 주민들의 사랑을 보았다. 그리고 그녀가 무슨 생각을 하는지도 차츰 깨닫기 시작했다.

나의 질문은 이렇게 바뀌었다. 과연 그녀에게 이 일을 하지 '않을' 이유가 있었을까?

다음 날, 그녀는 내게 티에스의 이곳저곳을 구경시켜주었는데, 그때 처음으로 몰리와 꽤 오랜 시간을 함께 보내면서 그녀가 정말 겁 없는 사람이란 걸 알게 됐고, 이후에도 '겁 없는 여자'라는 표현은 그 어떤 말보다 그녀를 정확히 드러낸다고 믿게 되었다. 칠흑같이 깜깜한 거리를 운전하다가 잘못 방향을 트는 바람에 표지판 하나 없는 진흙투성이 뒷골목에서 길을 잃었을 때도, 도로 한복판에서 돼지 떼에 둘러싸였을 때도 그녀는 정말 눈 하나 깜짝하지 않고 태연했다. 다음 날에는 운전하며 어딘가로 가다가 통상 이뤄지는 차량 검문에 걸린 일이 있었다. 길가에 차를 대라고 손짓하는 경찰관의 표정이 험악했다. 몰리는 속도를 늦추면서 차창을 내리고 경찰에게 현지어로 가벼운 농담을 건넸다. 세네갈 1,200만 국민 대다수가 사용하는 월로프어를 그녀는 완벽하게 구사했는데, 내가 알아들을 수 있는 단어는 "토스탄" 밖에 없었다. 잠시 뒤 몰리는 경찰관과 가벼운 악수를 한 뒤 가던 길을 다시 출발했다.

차를 운전하며 몰리는 자신의 삶과 일에 관해 이야기했다. 어느 비 오는 밤, 차가 갑자기 고장 나서 전갈과 뱀이 우글거리는 길을 맨발로 몇 마일이나 걸어갔던 일, 2005년 전쟁으로 피폐해진 소말리아를 처음 방문했고, 백인이라는 이유만으로도 살해당하던 당시 그곳 상황에 대한 이야기, 그리고 어떤 마을에서는 여성을 대상으로 하는 교육에 반대해 죽이겠다는 협박을 들으면서도 겨우겨우 난관을 헤쳐 가며 프로그램을 진행했던 사연 등을 들려주었다. 그녀는 이런 경험이 날마다 겪는 평범한 일이라는 듯 아무렇지 않게 이야기하다가 땅콩이나 기장을 심은 밭이 나오면 그곳을 가리키기도 하고, 보통의 세네갈 나무와 다르게 건기에 잎이 나고 우기에 잎을 떨구는 남아프리카 원산의 카드 나무가 보이면 나무에 관해 설명해주다가 무슨 얘기를 하던 중이었는지 잊고 다른 주제로 그냥 넘어가기도 했다. "아, 저기 좀 보세요. 청록색 예쁜 새 한 마리가 있어요! 월로프어로는 뭐라고 부르는지 까먹었어요." 그녀는 자주 과속방지턱—아이들을 걱정한 동네 부지런한 어른들이 손으로 쌓아 만든 게 분명한 흙무더기—을 못 보고 그냥 넘어갔다. 머리가 차 천장에 부딪힐 만큼 차가 거칠게 덜컹할 때마다 몰리는 웃음을 터트리며 말했다. "어이쿠, 저걸 못 봤네."

밤에 우리는 대서양과 접한 어떤 바닷가 마을의 집으로 갔다. 다카르에서 두 시간 정도 떨어진 곳에 있는 그 집은 세네갈 사람들이 하듯 몇 년에 걸쳐 몰리가 느릿느릿 지은 집으로, 꽤 크고 안락해 보였다. 벽에는 지역 예술가들이 그린 화려한 색상의 그림들이 걸려 있었고, 책장에는 인기 많은 소설부터 경영 및 예산 수립에 관한 연구논문까지 없는 게 없을 만큼 다양한 책들이 가득 꽂혀있었다. 몰리가 가장 좋아하는 장소인 베란다에서 바다를 내려다보고 있자니 기도시간을 알리는 외침이 파도 소리에 뒤섞여 아련하게 울려 퍼졌다. 다음 날 아침, 커피와 달걀 프라이를 먹으며 몰리는 밖에서 지저귀는 새가 위버새라고 알려주었다. 앞마당 나무에는 위버새가 야자나무 잎을 물어 와 조롱박처럼 만든 둥지들이 주렁주렁 매달려 있었다. 매우 평화로웠고 혼자 조용히 사색하기 좋은 그런 곳이었다. 어쩌면 몰리가 자신에게 허락한 단 하나의 사치이자, 미국인으로서 남은 마지막 자취가 아닐까 생각했다. 그녀는 가능하면 주말마다 이곳에 왔고, 토스탄에 대해 알고 싶어 세네갈을 방문하는 손님들이나 함께 일하기로 한 직원들이 있으면 데려와 함께 머물 때도 많았다. 세네갈에서 몰리는 거의 월로프어를 사용했지만, 전화가 오거나 스카이프Skype*로 연락이 오면 어디서 걸려온 전화냐에 따라 별 어려움 없이 영어로 말하기도 하고 불어로 말하기도 하면서 여러 언어를 구사했다. 그녀는 언어를 좋아했다. 단어를 이용한 말장난을 자주 해서 친한 지인들 사이에서는

---

* 인터넷으로 음성 통화를 하는 프로그램

"멜칭어"라는 말까지 생겨났을 정도였다. (하루는 아침에 일어나보니 정전이 되어 있었고, 그건 곧 모닝커피를 마실 수 없다는 걸 의미했다. 그러자 몰리는 '아 이런, 커피 마시려면 코피 터질 때까지 기다리게 생겼네요.'라고 말하며 낄낄거렸다.) 몰리는 지칠 줄 모르는 사람 같았다. 한 시간만 누워있겠다고 들어가서도 나중에 보면, 이메일에 답장을 쓰고 있거나 말리에 있는 누군가와 스카이프로 대화를 나누고 있었다. 온종일 너무 일만 하는 게 아니냐고 말했더니, 그녀는 고개를 저으며 이렇게 말했다.

"일만 하는 건 아니에요. 보글 게임**을 얼마나 자주 한다고요."

떠날 날이 얼마 남지 않았을 때, 몰리는 나를 말리쿤다 밤바라 Malicounda Bambara 마을로 데려갔다. 도로의 한쪽 끝은 다카르로 이어지고 반대편은 부산한 바닷가 어시장과 관광호텔들이 몰려 있는 음부르Mbour로 이어지는 큰 도로를 따라가다가 옆길로 조금 벗어나자, 소박하고 느낌이 좋은 동네가 나타났다. 뒤편으로 이어진 비포장도로를 따라 마을로 들어서다가 눈앞에 펼쳐진 굉장한 풍경을 보고 나는 그만 숨이 턱 막히고 말았다. 새파란 하늘 아래 아주 오래된 바오밥나무들이 숲을 이루고 있었는데, 굵고 제멋대로 비틀린 나뭇가지는 마치 뿌리가 구름을 향해 뻗어 나가는 것처럼 아름답고 특이한 형상을 하고 있었다. 월로프족 사이에서 전해 내려오는 이야기에 따르면, 한때 바오밥은 정말 아름다운 나무였지만 너무 허영심이 강해 신의 노여움을 샀고, 그 벌로 거꾸로 서서

** 주어진 알파벳으로 단어를 완성하는 일종의 퍼즐 게임

자라게 되었다는 말이 있었다.

작고 낡은 시멘트 집들이 나무가 많은 중앙 마당을 둘러싸고 옹기종기 모여 몇 개의 무리를 이루고 있었다. 각 무리에는 한 집안 30명 정도 되는 가족들이 모여 살며, 그들의 일과는 대부분 그 앞마당에서 이뤄졌다. 안쪽의 좁은 흙길을 따라가니 염소와 닭들이 이리저리 돌아다니고, 한편에서는 주민들이 나무로 대충 만든 간이 점포에 탁자를 놓고 빵과 채소를 팔고 있었다. 차로 좁은 길을 천천히 나아가자 수줍은 표정의 여자아이들이 몰려와 악수하자고 손을 뻗으며 우리를 맞았다.

우리가 온다는 걸 미리 알고 있었던 마을 여자들은 광장 근처, 사방으로 가지를 뻗은 커다란 멀구슬나무 밑에다가 의자들을 둥그렇게 배치해 놓고 우리를 기다리고 있었다. 도자기 냄비에 끓인 차를 따라준 뒤, 그들은 이야기를 시작했다. 그날 사람들과 함께 시간을 보내고, 다음 해에 다시 그곳에 들러 여러 날을 함께 지내면서 나는 그들의 사는 이야기를 들었고, 그렇게 조금씩 마을 사람들을 이해하게 됐다. 마을은 아름답긴 했지만, 특별한 점이 단번에 눈에 띄는 그런 곳은 아니었다. 그리고 이곳 사람들조차 이 서른다섯 명의 여자들—대부분 10대 때 결혼해 학교는 가본 적도 없고, 마치 없는 사람처럼 뒤로 물러나 있던 데 익숙했던—이 현대 아프리카 역사에서 가장 중요한 인권 운동 가운데 하나를 탄생시키는 역할을 하리라고는 전혀 예상하지 못했던 그런 시절이 있었다.

하지만 16년 전, 정확히 이 자리에서 여자들은 지금처럼 빙 둘러앉아 그런 모든 생각을 바꿀 꿈을 꾸고 있었다.

차례

제 1 장

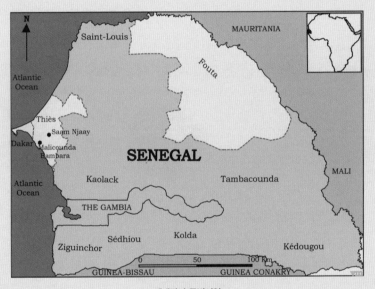

세네갈과 주변지역

However Long the Night

제 **1** 장

숲에 서서 소리만 지르기보다는
길을 찾아 나서는 편이 낫다.

— **월로프 속담**

1

결심

도구 기 — Dogu gi

말리쿤다 밤바라 Malicounda Bambara
1996년 8월

케르띠오 디아와라Kerthio Diawara는 딱딱한 플라스틱 의자에 앉아 무릎 위 노트를 넘겨보는 척하며 가능한 다른 사람들과는 눈을 마주치지 않으려고 노력했다. 그날그날 정해진 수업 주제, 예를 들어 신체 발달 단계라든가 임신 과정, 출산 전·후 병원 진료의 중요성 따위를 놓고 토론을 할 때면 대개 교실 분위기는 떠들썩하고 활기가 넘쳤다. 하지만 그날 교실 안은 평소와 다른, 싸늘한 침묵만 흘렀다. 케르띠오와 서른네 명의 여자들은 은데이Ndey가 하는 말이 몹시 거북한 듯 잠자코 듣기만 했다. 토스탄Tostan에서 수업 진행을 맡은 간사, 은데이는 다 같이 둥그렇게 둘러앉은 자리에서 이야기를 계속했다.

시집갈 준비를 하기 위해 여자아이의 성기를 잘라내는 풍습에 대해 저렇게 큰 소리로 떠들어대다니, 모두들 지금 은데이가 무슨 짓을 하는 건지 믿기 힘들다는 표정이었다. 그들 사이에서 그 일은 "전통"이었고, 아주 오래전부터 모두가 소중히 따르는 풍습이었다. 케르띠오가 교실 안을 몰래 둘러보았더니 다들 자기 발끝만 내려 보며 눈을 들지 못했다. 다른 사람들 역시 불안한 마음으로 은데이의 말을 이해하려 애쓰고 있는 게 분명했다. 은데이는 이 전통이 과다출혈, 감염, 배뇨장애, 스트레스 혹은 심리적 쇼크, 난산 같은 의료상의 심각한 문제들을 일으킬 수 있다고 설명했다. 교실 안의 여자들은 이런 문제 중 한두 가지 증상을 겪은 소녀 또는 여자들을 알고 있었고, 직접 겪은 사람도 있었지만, 이 문제를 전통과 연결해 생각해 본 적은 단 한 번도 없었다. 그러기는커녕 수술 이후에 생긴 이런 문제들은 악령의 소행이라 믿었고, 가족 또는 시술을 거행한 사람이 뭔가 알 수 없는 죄를 저질러 벌을 받는 것으로 생각했다. 전통에 대해 떠들어낸 결과는 생명을 위협할 만큼 꽤 위험했다. 정신질환에 걸리거나 몸에 마비가 올 수도 있었고, 심한 경우 죽기도 했다. 그 때문에 여자들은 그 일을 감히 입 밖으로 꺼내지 못했고, 특히 아직 시술을 받지 않은 여자에게는 더더욱 말하지 않았다.

"지금 읽으려는 글은 세계 보건 기구World Health Organization에서 발표한 성명서예요." 은데이가 말했다. "여성 성기 절제는 나이 어린 여성에게 자행되는 폭력의 한 형태로서 성인이 된 후에도 평생의 삶에 영향을 미친다." 그녀는 잠시 말을 멈췄다. "여성 할례에 관해 생각을 함께 나눠보고 싶으신 분 계세요?"

교실 안은 조용했다.

"어머니가 딸을 위해 사랑의 마음으로 이 전통을 행한다는 건 우리 모두 알고 있어요. 딸이 사회의 일원으로 존경받고 인정받게 해주고 싶어 그러는 거잖아요. 그런데 세계 보건 기구는 왜 이런 성명서를 냈을까요?"

케르띠오는 교실 반대편에 있던 어머니, 마이무나 뜨라오레 Maimouna Traore를 보았다. 수년간 해온 무거운 장신구로 인해 귓볼이 길게 늘어지고 덩치가 큰 여인, 얼굴과 목에 깊이 늘어진 주름으로도 어머니의 나이를 쉬이 짐작할 수 있었다. 어머니는 반에서 나이가 제일 많고 가장 존경받는 여자들 가운데 한 사람이었다. 이를 악문 채 어깨를 부여잡고 있는 어머니의 얼굴에서 분노가 느껴졌고, 어쩌면 어머니가 자리에서 벌떡 일어나 교실 밖으로 나가지는 않을까 하는 생각도 들었다. 몇 분이 지나도록 사람들은 아무 말도 하지 않았다. 토론이 진행될 기미가 보이지 않자, 은데이는 오늘 수업은 거기서 마치겠다고 했다.

이틀 뒤 그들은 다시 만났고(토스탄 프로그램이 진행된 지난 3년간, 수업은 늘 일주일에 세 번 이루어졌다), 은데이는 전통을 다시 주제로 끄집어냈다. "그 주제를 다룬 연극 한 편을 준비해봤어요." 그녀는 이렇게 설명하면서 지원자가 있으면 교실 가운데로 나오라고 말했다. "풀렐Poolel이라는 이름의 여자아이에 관한 이야기를 바탕으로 만든 거예요. 누가 해 보실래요?"

여자들은 대체로 연극을 좋아했다. 연극은 그들 문화에 필수 요소였고, 토스탄 수업에서도 자주 활용됐다. 하지만 자청해서 앞으로 나온 사람은 테네 씨소코Tene Cissoko라는 여자 한 사람뿐이었다. 그녀의 성화에 못 이겨 몇 사람이 마지못해 따라 나왔다.

"최대한 실감 나게 연기해 주셔야 해요." 은데이가 자리에 앉으며 말했다. "전통과 관련된 경험담이 있으면 뭐라도 좋으니까 대사에 넣으셔도 좋아요. 시술이 끝난 뒤에 딸에게 직접 불러줬던 노래나 여러분의 어머니가 불러줬던 노래 같은 거요."

여자들은 각자 역할에 빠져 연기를 시작했다. 이야기가 진행되면서 드디어 풀렐이 전통의식을 치르는 그날이 다가왔다. 풀렐은 시술을 받기 위해 사람들에게 이끌려 그곳으로 갔다. 끔찍한 그 일이 일어난 이후, 풀렐은 계속 피를 흘리기 시작했고 어머니는 딸이 너무 걱정됐다. 출혈이 더 심해지자, 어머니는 풀렐을 마을 보건소로 데려갔다. 그래도 출혈은 멈추지 않았고, 어머니는 고통스러워하는 딸의 모습을 지켜보는 것 말고는 다른 도리가 없었다. 결국 그녀는 지역 병원으로 옮겨졌고, 의사들은 풀렐의 목숨을 살리기 위해 노력했다. 하지만 이미 너무 늦은 상태였다. 다음 날 그녀는 죽고 말았다.

"여자아이들의 성기를 왜 절제하는지 우리 한번 얘기해 봐요." 여자들이 각자 자리로 돌아가 앉은 뒤, 은데이가 말했다. "할례를 하지 않은 여자아이에게는 어떤 일이 벌어지죠?"

여자아이들의 거기를 왜 절제하느냐고? 그건 왜 숨을 쉬냐고 묻는 것처럼 바보 같은 질문이었다. 교실 안의 여자들은 모두 알고 있었다. 그 전통은 여자아이가 어른이 되어 훗날 좋은 신붓감으로 인정받는 과정이었고, 무엇보다도 사회의 일원으로 완벽한 소속감을 느끼며 존경받는 사람이 되기 위해 반드시 치러야 하는, 인생에서 가장 중요한 행사였다. 여자아이가 할례를 받지 않았다는 것, 즉 그들 문화에서 가장 최악의 모욕으로 여겨지는 이름인 '빌라코로 bilakoro'로 불리는 것은 상상조차 할 수 없는 일이었다. '빌라코로'는 남편감을 찾기도 힘들 뿐 아니라 나머지 부족 사람들에게, 특히 여자들에게 거부당하고 외면당했다. "진정한 여자" 무리에 속하기에 불결하고 자격이 없는 사람이라고 여겨져 그 여자가 만든 음식은 아무도 먹지 않았고, 그 여자가 빤 옷은 다른 사람이 다시 빨았다.

하지만 이런 사실을 입 밖에 내는 사람은 아무도 없었고, 교실 안에는 팽팽한 긴장감만 흘렀다. 들리는 소리라곤 멀리 안마당에서 축구를 하는 아이들의 외침 소리뿐이었다. 은데이는 여자들이 다시 말하기를 거부하면 남은 수업시간을 뭘 하며 채워야 하나 걱정이 되기 시작했다. 그런데 그때, 마을의 산파이자 세 아이의 엄마인 타꼬Takko가 머뭇머뭇 손을 들었다.

"여기 모인 사람들 모두 이 주제에 대해 불편하게 생각한다는 건 저도 알아요." 그녀는 입을 뗐다. "하지만 저는 어젯밤 내내 이일에 대해 정말 진지하게 생각해봤거든요. 우리는 한 번도 전통에 관해 얘기해본 적이 없지만, 어쩌면 이제 때가 된 건지도 모르겠어요." 타꼬는 산모들이 아이를 낳으며 얼마나 고생하는지, 그리고 의사가 반흔조직*을 다시 꿰매느라 얼마나 애를 먹는지, 그

---

* 흉터가 생겼던 부위가 수축하여 섬유질이 된 결합 조직

로 인해 산모의 몸이 회복되기까지 얼마나 오랜 시간이 걸리는지 산파로 일하면서 목격한 경험담을 털어놓기 시작했다. 아이가 생기지 않는 여자를 보고 '어쩌면 할례 이후 세균에 감염되어 불임이 된 건 아닐까?'하고 그녀도 오랫동안 의심해왔다고 했다. 세네갈에서 인구가 가장 많은 월로프족Wolof은 그 전통을 따르지 않는데, 산파 일을 배우는 동안 타꼬는 월로프족 임산부들의 출산을 도울 일이 있었다. 그때 월로프족 여자들은 그 부위의 피부가 훨씬 탄력이 있어서 분만 과정도 한결 수월하고 고통도 덜하다는 사실을 알게 됐다. "은데이가 말한 건 사실이에요. 할례는 몸에 해가 되는 전통이에요."

다른 여자들이 어떤 반응을 보일지 짐작조차 할 수 없었기에 타꼬는 자리에 앉으며 벌렁거리는 가슴을 억지로 진정시켜야 했다. 그리고 마침내 친구인 아미나타Aminata가 이렇게 말했을 때 벅찬 안도감을 느꼈다. "여러분도 알다시피 저는 뚜꿀레어Toucouleur족이에요." 뚜꿀레어족은 세네갈 북부에 주로 거주하는 부족이었다. "우리 부족 풍습에 따라 저는 어린 아기일 때 그곳을 잘라내고 모두 봉해 막아버렸어요." 그런 식으로 할례를 하는 부족도 있다는 사실을 여자들은 이미 알고 있었다. 어떤 부족은 여자아이에게 할례를 한 후 상처가 아물 때까지 다리를 모아 묶어놓기도 했다. 아미나타의 어머니는 아미나타가 열다섯 살이 되면―적어도 열다섯 살쯤 됐다고 생각되면―시집을 보내기로 마음먹었다. 출생신고라는 건 1890년부터 세네갈을 식민 지배했던 프랑스인, 즉 '뚜밥tubaab'에게나 해당하는 일이었고, 나머지 현지인들은 자신의 정확한 나이를 아는 사람조차 드물었다.

"결혼식 전날 밤, 어머니는 첫날밤을 치르려면 내일 아침에 그곳을 잘라 열어야 한다고 말했어요. 나는 너무 겁이 나서 전부 없었던 일로 하고 싶었어요." 아미나타는 말했다. "나를 위해 어머니가 고른 남자와 결혼하는 일도, 거기를 잘라 여는 일도요. 하지만 어쩔 도리가 없었어요. 다시 구멍을 내는 시술은 정말 끔찍했어요." 그 이후, 그녀는 아픈 몸을 겨우 추슬러 마을에서 도망쳤다. "그날 밤 성관계를 하지 않으면 상처가 아물어 다시 작아질 거라고 들었지만, 상관없었어요." 그녀는 기어들어 가는 목소리로 말했다. "어찌나 고통스럽던지 남편이란 사람과 잠자리를 한다는 건 상상하기조차 싫었거든요." 그녀는 통증이 가라앉기를 기다리며 며칠 동안 숨어 지냈다. 결국 그 남자와는 이혼했고 몇 년 후 다른 남자와 재혼했다. 그리고 아이도 몇 낳았지만, 그때마다 정말 힘든 과정을 거쳤다. "몸이 너무 많이 망가져서 회복이 잘 안 됐어요."

아미나타의 말이 끝나자, 다른 여자가 일어나 말했다. 그다음에는 또 다른 여자가 일어났다. 한 사람 한 사람씩 그들은 전통에 대한 자신의 경험을 조심스럽게 얘기했다. 그러는 내내 케르띠오는 앉아서 듣기만 했다. 그녀도 이 전통에 얽힌 얘기가 있었지만, 밝힐 수는 없었다. 지난 수년간, 그리고 바로 그날까지도 그녀는 그 일을 누구에게도 말하지 않고 혼자만 조심스럽게 간직해왔다. 무덤까지 가져가야 할 비밀이 있다면 바로 이런 거였다.

★

    10년 전, 케르띠오는 3개월밖에 되지 않은 딸 마리아마_{Mariama}를 잃었다. 그날 이후 긴 시간이 흘렀건만, 마음속 깊이 단단히 자리 잡은 슬픔은 가실 줄 모르고 뼛속 깊은 곳부터 쑤시듯 가슴이 아파오곤 했다. 마리아마는 그녀의 첫 아이였다. 케르띠오는 그 일이 있기 1년 전 열여섯의 나이에 부모가 골라준 남자와 결혼했고, 그렇게 이미 자식도 몇 있는 늙은 남자의 둘째 부인이 되었다. 그녀는 딸을 죽게 내버려 둔 자신을 용서하지 못한 채 평생 살게 되리라 생각했다. 마을에서 존경받는 종교 지도자이자 초자연적인 치유 능력을 갖췄다는 '마라부_{marabout}'가 딸에게 들러붙은 악령을 떼어내리려면 특별한 부적을 사야 한다고 했지만, 그때 왜 그랬는지 케르띠오는 그 말을 듣지 않았다. 마리아마가 죽게 된 이유는 마라부가 시키는 대로 하지 않아서라고 그녀는 철석같이 믿고 있었다.

    그로부터 1년이 지나 태어난 둘째 딸은 생기가 넘치고 건강했다. 그 아이에게 할례를 시켜야겠다고 결심한 건 대략 4년이 지난 뒤였다. 딸이 태어났을 때부터 줄곧 이날을 염두에 두었던 그녀는 마이무나와 상의해 길일을 잡았다. 이 일과 관련해 남편에게는 한마디 귀띔조차 하지 않았다. 어찌 됐건 여자들의 전통에 대해서는 마을의 남자들과 얘기하지 않는 게 관례였다. 남자들은 그런 전통이 존재한다는 사실을 막연하게 알고 있었고, 그 일이 이슬람으로서 당연히 따라야 할 종교적 의무라고 여기기는 했지만, 자세한 내용에 대해서는 완전히 무지했다. 가령 시술로 인해 어떤 결과가 생기는지 알지 못했고, 일정을 잡고 계획대로 일을 치른 후에도 의식을 치른 것조차 모를 때가 많았다.

그날 아침, 남편이 밭에 나가자마자 케르띠오는 조바심을 내며 시술자*를 기다렸다. 그 여자가 와 딸을 데려간 후, 케르띠오는 다른 여자들과 함께 남은 시간 동안 이런저런 잡일을 하면서도 걱정스러운 마음에 일이 제대로 손에 잡히질 않았다. 늦은 오후, 익힌 기장을 큰 접시에 담고 '네비다이nebidaay' 소스를 넣어 뒤섞자, 그녀의 얼굴 위로 김이 확 끼쳤다. 지금쯤 딸에게 벌어지고 있을 일들, 몇 년 전 자신이 할례를 하며 겪었던 일들, 그런 여러 장면으로 케르띠오의 머릿속은 복잡했다.

마당 뒤편에 깨끗한 돗자리가 깔리고 그 옆에는 음식과 천, 비누, 면도날 또는 칼 같은 도구들이 준비된다. 그러면 조수가 가서 염소 똥을 주워 오는데, 염소 배설물에 살균 효과가 있다고 믿기 때문이다. 조수는 물이 담긴 커다란 금속 통에 특별히 따온 잎과 향료를 넣고 거기에 염소 똥을 넣은 뒤 휘휘 젓는다. 통 아래 장작이 열을 내며 활활 타오르고, 염소 똥이 물에 완전히 풀릴 때까지 그녀는 액체를 끓인다. 그런 다음 끓인 물통을 케르띠오의 딸이 기다리고 있는 돗자리 옆 바닥에 내려놓는다. 시술자는 아이 발치에 책상다리를 하고 앉아 면도날을 집어 든다. 면도날은 정교하게 뭔가를 자르기에는 너무 커서 조심스럽게 반으로 잘려져 있다. 조수

---

* 대개 전문적인 의료 지식이 없는 나이 많은 여성이나 조산사들이 이 일을 담당한다.

가 아이의 양팔을 잡고 움직이지 못하도록 바닥에 단단히 고정하면, 시술자가 소녀의 허리에 두른 전통 치마, '파뉴pagne'를 들어 올리고 다리를 벌린다. 조수는 힘껏 아이의 팔을 누르는 한편, 아이에게 용감해지라고 말한다. '모든 게 금방 끝날 거야. 이건 분명 참아낼 가치가 있는 일이야.' 그녀는 귀에 속삭인다. 케르띠오는 그 말을 믿었다. 삶은 고난과 시련의 연속이었고, 특히 여자들에게는 더욱 그랬다. 그러므로 이 전통은 딸아이가 부족 사람들과 자신에게 그 어떤 고통도 참고 견딜 수 있는 인내심과 용기를 지녔다는 사실을 증명해 보일 첫 기회였다. 그리고 케르띠오뿐 아니라 다른 많은 여자들도 그 고통이 얼마나 엄청난지 이미 잘 알고 있었다. 시술자가 면도날을 들어 재빠른 손놀림으로 아이의 음핵과 음순을 잘라낼 때, 조수는 그 모습을 차마 보지 못하고 고개를 돌릴까 지켜볼까 케르띠오는 갑자기 궁금해졌다.

어쩌면 그저 상상이었는지 모르지만, 저 멀리서 무거운 공기를 가르는 딸의 비명이 들린 것만 같았다. 여자들이 돗자리에 누워있던 딸아이를 들어 올려 희뿌연 똥물에 담그자, 아이는 비명을 지르고 그 소리에 열기와 파리 떼가 흩어진다. 그리고 물은 빠르게 핏빛으로 변한다. 벌벌 떠는 아이를 다시 돗자리로 눕히기 전에 여자들은 물로 상처 부위를 깨끗이 씻어낸 다음, 물에 적신 멀구슬나무 잎을 그 부위에 갖다 댄다.

아이는 며칠은 집에 오지 못하고 거기 머무르며 평소 마을에서 이런 일을 해오던 나이 지긋하고 품위 있는 여자들의 간호와 보살핌을 받을 것이다. 하지만 그날 저녁 늦게 케르띠오가 오두막집의 먼지를 쓸고 있을 때, 조용히 문 두드리는 소리가 들렸다. 시술자의 조수 중 한 사람이 잠든 딸을 안고 문 앞에 서 있었다.

"다 잘 된 거죠?" 깜짝 놀란 케르띠오는 황급히 딸을 받아 안으며 물었다.

"문제가 좀 있어요." 걱정 가득한 목소리로 여자가 대답했다.

"무슨 일인데요?"

"별일은 없겠지만, 그래도 집에서 엄마랑 같이 있는 게 나을 것 같아 데려왔어요." 여자는 그렇게 말하더니 돌아서 가버렸다.

케르띠오는 평소 딸과 같이 자던 침대에 아이를 눕혔다. 아이는 축 늘어져 기운이 하나도 없어 보였다. 케르띠오는 몇 시간 동안 아이 옆을 지키며 피부에 이슬처럼 맺히는 땀을 닦아주고 몇 시간 전 우물에서 길러와 미지근해진 물도 조금씩 떠먹였다. 옆에서 깜빡 잠이 들었다가 매트리스가 축축해진 느낌에 잠에서 깼다. 처음에는 아이가 자면서 오줌을 쌌을 거라고 생각했지만, 램프에 불을 켜 비춰봤더니 벌건 피가 흥건했다.

심장이 요동치기 시작했다. 그녀는 집 근처에 사는 마이무나에게 달려갔다. "와서 좀 도와주세요." 조용히 어머니를 깨웠다. 두 사람은 아이 옆에 앉아 출혈이 멎게 해달라고 기도했다. 빈혈로 어지러워하고 힘들어하는 딸의 모습을 보고 고통으로 갈라진 목소리를 듣자니 케르띠오는 점점 더 겁이 났다. 이미 마리아마를 잃은 경험이 있는 케르띠오는 또다시 아이가 죽을 수도 있다는 두려운 생각에 사로잡혀 거의 제정신이 아니었다. 마이무나가 고집스럽게 권해 잠깐 밥을 먹을 때 말고는 밤새 아이 옆에서 꼼짝도 하지 않았다. 다음 날 아침, 출혈이 조금 줄어들자 케르띠오는 멀지 않은 곳에 사는 주술사의 집을 찾아갔다. 케르띠오의 집에 온 주술사는 딸을 향해 주문을 외며 기도를 올렸다. 그런 다음 나이 많은 어떤 여자에게 직물 네 마와 양초 두 개, 콜라나무 열매 1킬로를 갖다 주라고 시켰다.

아이는 천천히 회복되었지만, 아파서 몸부림치던 아이의 얼굴과 그날 밤 느꼈던 두려움은 잊히지 않았다. 나중에 또다시 딸을 낳고 몇 년이 흘러 케르띠오는 이번에도 할례를 해줘야 할 때가 됐음을 깨달았다. 하지만 그때 같은 일이 또 벌어질까 봐 무서웠다. 그 일은 거의 기적이나 다름없었다. 마을에는 심각한 장애를 얻은 아이도 있었고, 심지어 죽은 아이도 꽤 있었다. 마이무나에게 불안한 마음을 털어놓으려 했지만, 어머니는 더럭 화부터 냈다. "당연히 할례를 시켜야지. 우리 집안에 '빌라코로'라니 그게 될 말이냐? 네가 못하겠으면 내가 하겠다."

케르띠오는 겁난다는 말을 다시 꺼낼 엄두조차 내지 못했다. '그게 대체 무슨 소용이지?' 그런 의문이 일었다. 물론 마을에서 전통을 지킨다는 것은 그들 삶의 일부였고, 부족의 훌륭하고 성실한 일원이 된다는 뜻이었다. 불안한 마음을 털어놓을 데라도 있었으면 좋았겠지만, 기댈 곳은 어디에도 없었다. 결국 어떤 사회든 여성에게 특정 규범을 강요하기 마련인데, 그 규범들은 종종 너무 오래되어 기원조차 알 수 없었지만, 그저 뿌리 깊은 전통으로 여겨지며 받아들여졌다. 그리고 케르띠오의 문화에서 '이 일'은 가장 높은 수준의 규범이었다. 수 세기 동안 이런 방식으로 이루어졌고, 앞으로도 영원히 지속될 것이었다.

이 방법밖에는 다른 선택권이 없었다.

그녀는 1년간 의식을 연기했고, 그다음 해에 또 미뤘다. 그리고 쉽게 잠을 이루지 못하던 어느 날 밤, 결심했다. 딸아이를 할례 시키지 않기로. 물론 누구에게도 이 사실을 알릴 수는 없었다. 그러는 순간부터 아이는 평생 사람들에게 거부당하고 학대받을 게 뻔했다. 몇 개월 후, 드디어 케르띠오는 용기를 내 거짓말을 하기 시작했다. 가족과 친구들에게 아이의 할례를 조용히 치렀다고 말했다. 물론 그 말을 의심하는 사람은 없었다. 대체 어떤 엄마가 자기 딸을 할례 시키지 않으려 한단 말인가?

★

토스탄 수업에 참가한 주위 여자들이 평소와 다르게 그 일에 대해 솔직하고 허심탄회하게 이야기를 계속하는데도 자리에 앉아있던 케르띠오는 그때의 기억을 떠올리며 계속 움츠리고 있기만 했다.

"할례를 하지 않은 여자들은 남편과 즐겁게 성관계를 한다는 얘기를 들었어요. 섹스가 그렇게 아픈 것만은 아니라고 하던데요." 테네가 말했다.

이야기가 길어질수록 교실에 몇몇 나이든 여자들은 점점 당황스러워졌다. 마이무나도 그중 하나였다. "이건 가장 오래된 우리의 전통이고, 종교적 의무야. 그걸 왈가왈부하는 자체가 옳지 않아." 그녀는 불쾌감을 그대로 드러내며 말했다.

나이 많은 여자들 중에서도 마이무나는 서릿발 같은 위엄을 지닌 여자였기에 평소라면 그녀의 훈계 한마디에 모두가 입을 다물었을 터였다. 하지만 그날은 수업 중에도, 수업이 끝난 후에도 이야기가 멈추지 않았다. 다음 날 아침 우물가에 줄을 서 차례를 기다리면서도, 불을 피우고 저녁밥을 준비하면서도, 시장을 향해 조용히 걷는 동안에도 그들은 목소리를 낮추고 전통에 대해 자기가 아는 것을 말했고, 전통을 지키는 정확한 이유에 관해서도 이야기했다. 그들은 좋은 남편감을 찾으려면 반드시 거쳐야 하는 과정이라고 늘 들어왔다. 남자들이 그걸 바라기 때문에 지킨다는 식이었다. 하지만 실제 그 풍습의 문지기 역할을 하는 사람은 장차 남편이 될 사람의 어머니였다. 아들이 신붓감을 고를 때가 되면, 반드시 할례를 받은 여자여야 한다고 고집하는 사람은 바로 시어머니 쪽이었다. 남자들은 그 부분에 대해 절대 언급하지 않았다. 하지만 이슬람 문화에서는 반드시 그래야 한다고 모두가 믿고 있었고, 남자들의 믿음은 오히려 더욱 강했다. 할례를 하지 않는 것은 종교뿐 아니라 조상을 거역하는 일이라고 배웠기 때문이었다.

하지만 유명 종교학자들이 코란에는 그런 전통을 언급한 기록이 없음을 증명했다고 은데이는 말했다. 그리고 기독교, 유대교, 이슬람교 문화권에서 그런 관습이 발견됐지만, 이 종교 중 어느 경전에도 여성 성기 절제를 지시한 부분은 없다고 했다. 사실, 이 풍습은 기독교나 이슬람교가 생기기 전부터 존재했다는 설이 지배적이었다.

비록 마을 출신은 아니었지만, 사람들은 은데이를 신뢰했다. 그녀는 침착하고 지혜로운 좋은 선생님이었다. 그녀는 수업을 위해 말리쿤다 밤바라Malicounda Bambara로 이사까지 와서 어느 가족이 내준 작은 방 하나에서 살고 있었다. 그렇게 한 해가 지난 후 은데이는 마을의 보물 같은 존재가 되었고, 그녀의 교육 덕분에 사람들은 진정한 지식과 깨달음에 눈을 뜨기 시작했다. 말리쿤다 밤바라 같은 마을에서는 여자아이가 교육을 받는다는 것은 사치였다. 토스탄 수업에 등록한 35명의 여자 가운데 초등학교에 가본 사람은 거의 없었고, 가봤어도 얼마 다니지 못하고 그만둔 지 오래였다.

하지만 지금은 토스탄 프로그램을 통해 그들도 진정한 교육이란 걸 받을 수 있었다. 글을 읽고 쓰는 법, 기초 수학뿐 아니라 세균이 전파되는 경로, 탈수증을 치료하기 위해 수분을 보충하는 방법, 예방 접종의 중요성을 이해하게 됐다. 리더십과 프로젝트를 경영·관리하는 법을 공부했고, 어떤 프로젝트를 진행하기 전 실행 가능성을 타진해 보는 방법을 배웠고, 비누 만들기 프로젝트를 통해 태어나 처음으로 돈도 벌어 보았다.

하지만 그중에서도 인권에 대한 개념과 인간으로서 존엄한 삶을 살 권리를 깨닫고, 자신의 의지로 주변을 변화시킬 수 있다는 사실을 알게 된 것이 가장 큰 수확이었다.

전통을 주제로 토론하기 몇 주 전, 처음으로 은데이가 인간 존엄성에 관해 얘기해 보자고 제안하면서 남자, 여자, 아이를 포함한 모든 사람은 천부적인 인권을 부여받는다고 설명했을 때, 여자들은 모두 어리둥절한 표정을 지었다. 어려서는 아버지 말을, 결혼한 후에는 남편 말을 잘 따르고 순종해야 한다고 귀에 못이 박이게 들으며 자랐기 때문이었다. 육아와 살림 외의 마을 같은 더 큰 공동체가 돌아가는 일에 대해 그들은 아무것도 알지 못했다. 모든 결정이 이뤄지는 마을 회의에 나가본 적도 없었고, 나갔다 하더라도 감히 의견을 말하지도 못했을 터였다. 그리고 여자들 대부분에게 육체 폭력은 너무 자주 일어나는 일이어서 다들 그러려니 하고 살았다. 사실 남자가 자기 부인을 때릴 '좋은' 핑곗거리는 많았다. 사람 많은 곳에서 떠들었거나 아이를 제대로 돌보지 않았을 때, 그리고 가장 중요한 이유는 잠자리를 거부했을 때였다. 그런 일이 벌어져 남편에게 모욕을 당해도 그들은 받아들이고 참아야 한다고 배웠다. 토스탄에서 수업을 듣기 전까지는 그동안의 경험과 가정 및 사회 내의 자신의 역할에 대해 의문을 제기하는 일은 꿈도 꿔본 적이 없었다. 왜냐하면 그것은 집단을 배신하는 행위였고, 자신을 타인과 구분하려는 욕구로 여겨졌기 때문이었다. 수업 초기, 은데이의 말을 믿지 않으려고 했던 건 그런 이유에서였다. 은데이는 모든 사람, 심지어 여자도 동등한 인권을 가지고 있고, 직업 선택과 의료·교육의 혜택을 받을 권리가 있으며, 의견을 말하고, 무엇보다도 모든 형태의 차별과 폭력에서 벗어날 권리가 있다고 말했다. 만약 이런 권리가 존재한다면, 지금까지 그건 남자들에게만 해당하는 이야기였다. 수업에 참석한 여자들은 은데이에게 같은 질문을 하고 또 해서 같은 대답을 계속 반복하게 했다. 자신들에게 정말 그런 권리가 있는지 확신이 필요했다.

★

은데이는 이런 주장을 뒷받침할만한 자료들을 많이 가지고 있었다. 몇 학기를 진행하는 동안 그녀는 여러 가지 근거를 들어가며 국제 인권 기구를 통해 여자도 남자처럼 인권을 보장받을 수 있다는 사실을 알려주었다. 유엔총회United Nations General Assembly는 1979년 여성차별철폐협약Convention on the Elimination of All Forms of Discrimination Against Women, 즉 CEDAW를 채택했다고 그녀는 설명했다. 이 협약은 여성의 권리를 세세하게 기술하여 전 세계에 최초로 공표한 문서였고, 여성 인권에 대한 첫 국제 법안으로 받아들여졌으며, 공식적으로 효력이 발생한 시기는 지금으로부터 15년 전인 1981년 9월 3일부터라고 했다. 여권의 향상을 가장 포괄적이면서도 세부적으로 다룬 국제 협약이었기에 여기에는 이전 국제 기준에서 다뤘던 권리를 재규명했을 뿐 아니라 시민·정치·사회·경제·문화적 영역의 권리 보장에 대한 내용도 추가되었다.

세네갈을 포함한 전 세계 186개국의 지지를 얻어 여성차별철폐협약은 국제 인권 협약 가운데에서도 가장 많은 나라로부터 승인을 받은 협약 가운데 하나가 되었다. 세네갈은 1980년 협약에 서명했으며, 1985년부터 실행하기로 합의하였다. 선언문을 채택하면서 세네갈 정부는 남녀평등의 기본원칙을 구체화하고 여성에 대한 모든 차별을 척결하는 데 동의했다.

은데이가 이런 내용을 설명하자, 교실에서는 어이없다는 듯한 웃음소리가 여기저기서 터져 나왔고, 이런 자료들이 불쏘시개가 되어 이후 토론은 더욱 활기를 띠게 되었다. 수업이 끝난 후에도 여자들은 따로 모여 그 부분에 대해 계속 이야기를 나누었다. 토스탄 과정 중에는 수업에 등록하지 않은 친구 한 명을 '은데이-디케 ndey-dikke'로 지명해 학기 중에 배운 내용을 공유하는 프로그램이 있었는데, 이러한 정보 공유는 토스탄 교육의 매우 핵심 요소이기도 했다. 여자들은 각자의 '은데이-디케'에게 배운 내용을 얘기했고, 처음 학생들이 그랬던 것처럼 은데이-디케들도 이런 정보가 사실이라는 것을 믿기 힘들어하며 하나같이 똑같은 반응을 보였다. 하루는 케르띠오의 친구가 이렇게 물었다. "그래, 네가 말한 게 사실이고, 우리가 정말로 남자와 똑같은 인권을 보장받을 수 있다고 치자. 그래서 그걸 어떻게 요구할 건데?"

이후 몇 개월 동안, 토스탄 학생들은 두렵기도 했고 마음속으로 갈등도 많았지만, 드디어 전통을 고수하는 일에 대해 진지하게 질문을 던지기로 했다. 토스탄 첫 학기 수업을 시작할 때, 그들은 자신들이 꿈꾸는 마을과 지역사회의 미래상을 위해 필요한 키워드로 평화, 보건, 복지, 경제 번영, 상호 존중 같은 단어들을 꼽았다. 그렇다면 이런 미래상을 이루는데 전통은 과연 도움이 될까? 만약 아니라면, 그들은 그 전통이 우리 마을에서만큼은 더 이상 일어나지 않아야 한다고 생각하는가? 할례 시술이 딸들에게 어떤 해를 끼치는지 알게 된 지금, 그들 자신과 딸들이 폭력으로부터 자유로우며 건강하게 살 권리가 있음을 이해하게 된 지금, 과연 그들은 이 관습을 계속 고집하면서도 평화롭게 살기를 기대할 수 있을까?

그들은 제일 먼저 마을의 이맘imam*을 찾아가 토스탄 수업에서 배운 내용에 관해 물었다. 그동안 사람들은 여성 할례를 이슬람교도로서 반드시 따라야할 의무라고 믿고 있었지만, 이슬람교에서는 그런 전통을 강제한 적이 없으며, 코란에 언급조차 되지 않았다는 사실을 주요 종교학자들이 증언했다고 이맘도 확인해주었다. 진실을 알게 되자, 토스탄 학생들 사이에는 용감하게 마음을 굳히는 사람들이 하나둘 늘기 시작했다. 그동안 마을에서는 매년 4월마다 전통의식을 치렀지만, 토스탄 학생들은 모두 그 한 달간 딸들에게 할례를 시키지 말자고 뜻을 모았다.

그들은 거기서 멈추지 않았다. 결국 어떤 결정을 해야 한다면 그건 마을 차원에서 이루어져야 했다. 모두의 뜻을 하나로 모은 부족 전체의 결정만이 딸들을 '빌라코로'로 외면당하지 않게 해줄 터였다.

마을의 모든 여자, 토스탄 수업에 등록하지 않은 사람들까지 모두 딸에게 할례를 시키지 않도록 설득하는 과정은 쉽지 않았다. 몇 개월에 걸쳐 케르띠오, 아미나타, 테네, 그리고 머지않아 마이무나까지 서른다섯 명의 여자들은 집집마다 돌아다니며 자신들이 배운 정보를 퍼트리고 다녔다. 그들은 간단한 연극을 보여주고, 그 주제에 대해 오랫동안 토론도 하며, 언제든 반갑게 대화를 나누었

---

* 이슬람교에서 예배를 인도하는 성직자

다. 그리고 헤어질 때는 반드시 이런 부탁을 했다. 올해 4월에는 할례 의식을 하지 말아 달라고. 우리의 노력에 동참해 딸들을 보호하게 도와달라고.

1997년, 어떤 결과가 나올지 마음을 졸이며 기다린 4월 한 달은 너무나 더디게 흘러갔다. 케르띠오와 토스탄 학생들은 겁도 났지만, 희망을 버리지 않았다. 4월이 다 지나가고 진행된 할례 의식이 한 건도 없다는 걸 알게 됐을 때, 말리쿤다 밤바라의 여자들은 한 번도 가능하다고 믿지 않았던, 여성 할례 전통을 영원히 폐지하는 일을 어쩌면 자신들이 해낼 수도 있겠다는 생각을 하게 되었다.

2

침묵을 깨다

하바르 부 마그 비 — Xabaar bu Mag bi

마이무나 뜨라오레가 먼저 말했다. "이곳 말리쿤다 밤바라의 여성 모임 회장이자 토스탄 학생 전체를 대표하여 당신을 당신의 이름으로, 그리고 당신의 성姓으로 환영합니다."

몰리 멜칭Molly Melching은 세네갈에서 손님을 맞을 때 관례적으로 사용하는 이런 표현이 참 좋았다. 손님의 이름으로 환영한다는 것은 그 사람을 개인으로 인정한다는 뜻이었고, 성으로 환영한다는 것은 전체 가문의 일원으로 인정한다는 의미였다. 마이무나는 계속해서 몰리의 열두 살 된 딸 조에Zoé와 언니 다이안Diane, 애리조나에 살고 계시는 어머니, 그리고 오래전에 돌아가신 아버지까지, 몰리의 가족 모두를 위해 평화를 빌어주었다.

거기에 화답하는 몰리의 월로프어가 어찌나 완벽한지 미국에서 자라고 교육을 받은 사람이라는 게 믿기지 않을 정도였다. 지금 그녀는 속내를 드러내지 않으려고 굉장히 노력하고 있었다. 24시간 전, 이 마을 여자들이 수 세기 동안 이뤄진 여성 성기 절제의 관습을 깨트리기로 결심했다는 놀라운 소식을 듣고, 그녀는 줄곧 기분이 묘했다. 구체적인 결심이 이뤄진 것은 8개월 전이었고, 긴 시간 마을 여자들 사이에서 열띤 토론과 논쟁을 거쳐 그런 결과를 얻어냈다고 들었다. 그날 아침 일찍, 몰리는 삐거덕거리는 낡은 랜드크루져를 몰고 울퉁불퉁한 길을 천천히 달려 말리쿤다 밤바라로 향했다. 염소와 닭들을 길가로 쫓으며 몰리는 일 년 전을 돌이켜 보았다. 그때 그녀는 토스탄 수업 과정 중에 넣거나 여성 보건 모듈을 신설해서 여성 성기 절제와 관련된 위험성에 관해 학생들과 토론해 보기로 했지만, 처음부터 자신 있게 시작한 일은 아니었다. 세네갈에서 20년간 살면서 그녀는 말리쿤다 밤바라와 비슷한 전통을 가진 시골 마을에서 주로 지내왔다. 그랬기에 여성 성기 절제 풍습은 다른 누구에게도 말하지 못하도록 금지되어 있고, 특히 외지에서 온 사람에게는 '언급'조차 꺼린다는 사실을 잘 알고 있었다. 예전에도 세네갈에서는 그 관습에 대한 사람들의 인식을 바꾸기 위해 많은 이들—보건 교육 공무원부터 지역개발 담당자까지—이 노력했지만, 그녀가 아는 한 이렇다 할 반응을 끌어낸 사례가 없었고, 오히려 마을 사람들의 감정만 상하게 했을 뿐이었다. 그랬기에 이 여자들이 용기를 내 전통의 숨은 해악에 대해 전체 마을 사람들 앞에서 이야기했고, 이번에는 미국 여자 앞에서 말하려고 한다는 얘길 들은 지금도 '이 모든 게 정말일까?' 하는 의심이 멈추질 않았다. 이해할 수 없는 일이 벌어지고 있었다.

제대로 인사를 주고받은 후, 몰리는 오늘 만남의 요점을 조심스럽게 돌려 말했다. "말리쿤다 밤바라의 여성분들이 비누 만들기 프로젝트를 시작해 수입을 얻고 계신다는 얘길 들었어요."

그 말을 들은 마이무나는 당혹스러운 표정을 지었다. "그래요. 하지만 그 얘길 하려고 만난 게 아니잖아요? 우리 마을에서 여성 성기 절제 관행을 중단하겠다는 결정을 내려서 그 얘길 나누고 싶어 여기까지 오시라고 했어요."

평소와 달리 너무나 단도직입적인 태도에 몰리는 무척 놀랐지만, 애써 감정을 숨긴 채 물었다. "어떻게 이런 결정을 하시게 됐는지 말씀해 주시겠어요?"

토스탄 수업의 여자들은 지난 몇 달 동안 무슨 일이 있었는지 서로 앞다퉈 이야기를 시작했다. 마침내 케르띠오도 손을 들었다. 그녀는 2년 전 말리쿤다 밤바라에 토스탄 프로그램이 처음 시작됐을 때 마을 여자들이 얼마나 기뻐했는지부터 얘기했다.

"우리는 모두 오랫동안 지식에 굶주려 있었는데, 수업을 들으며 많은 걸 배웠어요. 하지만 은데이가 처음 전통에 관해 얘길 꺼냈을 때, 우리는 아무 말도 하지 않았고 기분이 상한 사람도 꽤 있었죠. 그 일을 큰 소리로 말한 이후의 결과를 모두 두려워했지만, 은데이는 포기하지 않았어요. 자존심을 건드리거나 수치스럽게 하지도 않았고, 우리 전통을 바꾸라거나 그만두라고도 하지 않았어요. 그저 전 세계 대다수 여성이 할례를 하지 않는다고 설명했는데, 우린 그 말을 듣고 깜짝 놀랐었죠."

그 말에 다른 여자들도 고개를 끄덕였다.

"은데이는 성기를 잘라냈을 때 우리 몸에 어떤 일이 벌어지는지 알려줬어요." 케르띠오는 계속 말을 이어갔다. "전에는 그런 얘길 해준 사람이 아무도 없었거든요. 우리 문화에서는 여자의 몸은 함부로 보면 안 된다는 인식이 있었어요. 그래서 은데이가 보여준 사진과 그림을 통해 생전 처음으로 여성의 몸이 어떻게 생겼는지 알게 됐죠. 그러면서 다른 생각을 하기 시작했고, 그 풍습에 대해서도 의문을 갖게 되었어요." 그녀는 잠시 말을 멈췄다. "하지만 우리가 인권이 뭔지 모르고 그 책임에 관해 토론해 보지 않았다면, 이렇게까지 되지는 않았을 거예요. 우리가 인권에 대해 배운 후로는 누구도 과거로 돌아가려 하지 않았어요. 우리 몸에 대해 스스로 선택할 수 있고, 바꾸지 않고 생긴 그대로 보호할 권리가 있다는 확신을 갖게 해준 건 모두 이런 지식 덕분이었어요. 그리고 필요하다면 이 결정을 옹호하겠다는 자신감도 갖게 됐고요."

케르띠오의 이야기가 끝나자, 다른 사람이 또 말을 이어갔다. 한 사람 한 사람 그들은 지난 몇 달간 일어났던 일들, 지식을 얻고 그로 인해 중요한 전통이라 믿었던 과거의 생각을 어떻게 바꾸게 됐는지 들려주었다. 때로는 불이익을 당할까 봐 마음이 불편했다고 인정하기도 했다. 하지만 은데이의 설명을 듣고, 통증·출혈·세균 감염·난산이 악령의 소행이 아니라 아무런 의료 지식도 없는 나이 많은 여자가 제대로 소독하지 않은 면도날로 시술을 했기 때문에 생긴 병이란 걸 조금씩 깨닫게 됐다고 했다. 예전에는 이런 식으로 전통에 접근해본 일이 한 번도 없었다고 얘기했다. 수업 시간에 여자들은 아무런 선입견 없이, 새로 알게 된 인권에 대한 정보와 전통으로 인해 생길지 모를 잠재적 결과들에만 초점을 맞춰 토론하려고 노력했다. 관행을 멈추겠다는 결정은 여자들 스스로 이뤄낸 결과라는 것을 몰리는 알 수 있었다.

★

다음 날 몰리는 다카르에 지역사무소를 두고 있는 유니세프 UNICEF의 사미르 소비Samir Sobhy 소장에게 전화를 걸었다. 토스탄은 1988년부터 지역 유니세프 사무소에서 지원을 받고 있었고, 사미르는 몰리가 대단히 존경하는 사람이었다. 말리쿤다 밤바라에서 벌어진 소식을 듣고 그도 처음 몰리가 그랬던 것만큼이나 무척 놀라워했다.

"몰리, 이 일을 세상에 알려서 여자들의 결정을 가능한 많은 세네갈 사람과 공유해야 해요. 다른 사람에게도 그들이 얻은 지식과 선택을 하게 된 이유를 얘기해줄 필요가 있어요." 그는 말리쿤다 밤바라로 기자들을 초청해 토스탄 학생들의 이야기를 듣는 자리를 마련하자고 제안했다.

몰리는 망설였다. "잘 모르겠어요, 사미르. 그 관행을 멈추는 건 정말 중요한 일이지요. 하지만 그걸 공개 석상에서 말한다? 사안이 민감한 만큼 예사롭지 않은 일이라고요. 소장님도 충분히 예상하시겠지만, 이 결정이 좋은 반응을 얻지 못할 수도 있거든요. 저는 이 일을 공개했을 때, 전통을 지키는 다른 사람들이 이들을 조롱하고 비난할까 봐 그게 걱정돼요."

"몰리, 이런 중요한 결정을 직접 내릴 만큼 강한 분들이라면, 기자들 앞에서도 충분히 자신을 변호할 수 있을 거라는 생각이 드는군요."

몰리는 마을로 돌아와 여자들에게 의견을 물었다. 교실 안에는 몇 분간 침묵이 흘렀다. "여러분들끼리 이 문제에 대해 고민해 보실 수 있게 저는 잠깐 나가 있을게요. 정말 중요한 결정이란 걸 저도 잘 알기 때문에 충분히 생각해 보시라고 말씀드리고 싶어요."

그때 자리에서 일어난 마이무나의 목소리가 교실 안을 가득 메웠다. "우리는 한때 두려워했지만 배움을 통해 지금은 용기를 얻었어요. 우리의 권리와 모든 여성의 권리를 우리는 잘 알고 있어요. 존엄을 지킬 권리가 있고, 관습이 그 존엄성을 해친다면 바꿔야 한다는 확신도 갖고 있어요." 잠시 말을 멈춘 그녀는 몰리에게 다가가 손을 꼭 잡았다. "우리는 지금 어둠에서 벗어나 빛이 가득한 세계로 나왔어요. 기자분들을 모셔오세요. 우리는 마음의 준비가 되어있어요."

그로부터 몇 주 뒤인 1997년 7월 31일 아침, 말리쿤다 밤바라의 광장에는 서른다섯 명의 토스탄 학생들이 모여 있었다. 그들은 해가 뜨기 전부터 나와 몇 시간 후면 도착할 스무 명의 기자들을 맞을 준비를 하느라 바쁘게 움직이고 있었다. 방금 비질한 안마당에는 요리를 할 수 있게 커다란 불이 피워졌고, 쌀은 물에 담가 불려놓았다. 세네갈 여자들의 전통 의복인 긴 부부boubou는 빳빳하게 풀을 먹여 이른 아침 산들바람에도 거의 흔들리지 않았다. 11시가 되자, 채소와 생선을 넣은 요리가 부글부글 끓으며 냄새가 사방으로 퍼졌다. 잔뜩 긴장한 케르띠오는 마지막으로 한 번 더 연극 리허설을 해 보기 위해 사람들을 불러 모았다. 여자들은 이제 그들이 발표하려는 용감한 결정에 대해 스스로 더 잘 변호하고 설명할 수 있도록, 그동안 공부했던 인권에 대한 자료뿐 아니라 각자 맡은 역할을 하나하나 꼼꼼하게 점검했다.

한편 몰리는 걱정스러운 표정으로 티에스Thiès의 자기 집 옷장 앞에 서서 오늘 입을 적당한 옷을 찾느라 부부들을 뒤적이고 있었다. 딸 조에가 옆에서 그녀를 거들었다.

"이거 어때요?" 조에가 파란색 부부를 꺼내 파뉴와 맞춰보았다.

"좋은데?" 몰리는 키가 큰 자기 몸에 옷을 대보며 대답했다. 그러는 동안 조에는 팔찌 꾸러미를 꺼내 팔에 이것저것 대보았다.

한 시간 뒤, 몰리가 준비해둔 버스가 기자들을 태우고 말리쿤다 밤바라를 향해 출발했다. 몰리는 토스탄 여성 참가자들이 모여 있는 모습을 보자, 그제야 좀 안심이 되어 천천히 긴 숨을 토해냈다. 전혀 상상하지도 못했던 일이 이제 막 일어나려 하고 있었다. 그녀는 말리쿤다 밤바라의 토스탄 여자들과 지난 몇 주 동안 이날을 위해 준비하면서도 정말 이렇게 해도 되는 건지, 이런 일이 진짜 가능한 건지 스스로 자꾸만 되묻지 않을 수 없었다.

버스가 마을 광장에 멈춰 섰다. 케르띠오가 커다란 멀구슬나무 아래 마련한 자리로 기자들을 안내했고, 그곳에는 세네갈 정부를 대표한 사람들 몇이 먼저 와 앉아있었다. 모두가 자리에 앉자, 촌장이 행사 시작을 선언했고 이맘이 손님들을 위해 기도를 올렸다. 다음은 마이무나가 환영 인사를 할 차례였다.

"살라암 마리꿈Salaam maaleekum. 오늘 여러분들을 모시고 토스탄 학생들과 마을 사람들이 내린 정말 중요한 결정, 즉 여자아이들에게 이뤄지던 할례 전통을 중단하겠다는 결정에 대해 알려드리게 되어 정말 기쁘게 생각합니다. 이 결정은 결코 쉬운 일이 아니었습니다. 왜냐하면 존경하는 우리 조상들로부터 전해져 내려왔고, 우리나라가 말리에 속했던 시절부터 줄곧 행해지던 풍습이었기 때문입니다."

다음 순서는 학생들이 직접 준비한 연극 공연이었는데, 몰리는 연극을 보는 내내 여자들이 얼마나 불안해하는지 느낄 수 있었다. 불과 얼마 전까지만 해도 이곳 여자들은 많은 사람 앞에서 공연은 커녕 말하는 것조차 불편해했기 때문이란 걸 잘 알고 있었다. 연극이 끝나자 이번에는 케르띠오가 일어섰다.

"한때 우리는 그 전통이 종교와 관련된 의무라고 여겼지만, 사실은 그렇지 않다는 걸 이제 알았습니다. 한때 우리는 그 시술이 의료상의 문제를 일으키지 않는다고 믿었지만, 그렇지 않다는 것도 이제 알았습니다. 여자로서 우리는 풍습을 따르는 것 말고는 달리 선택권이 없다고 믿었습니다. 하지만 지금은 우리 마을에 해를 끼치고 건강에 문제를 일으킬 수 있는 어떤 풍습에도 의문을 제기할 권리가 있다는 걸 알았습니다. 우리는 이 관행을 그만두기로 다 함께 결정했고, 우리가 내린 결정을 자랑스럽게 생각합니다."

케르띠오의 말이 끝나자 마이무나가 다시 일어나 천천히 원 중앙으로 걸어 나왔다. 그녀는 어깨를 꼿꼿이 펴고 머리를 높이 들고 조금 전 리허설에서 혼자 조용히 연습하던 그 말을 시작했다.

"이제부터 우리, 말리쿤다 밤바라의 여성들은 우리의 딸, 그 딸의 딸 누구에게도 할례를 시키지 않겠노라 맹세합니다. 우리는 마침내 오랜 침묵을 깨고 공개적으로 '노'라고 말하기 위해 여기 이 자리에 여러분을 모셨습니다. 우리는 우리의 딸과 손녀 모두가 건강하고 행복하게 살 수 있도록 우리의 결정을 지켜나가겠습니다."

마이무나가 하는 말을 들으며 몰리는 가슴이 터질 것만 같았다. 여기 모인 서른다섯 명의 여자들이 수 세기 동안 이어진 침묵을 깨고 당당히 일어선 첫 아프리카 여성이라는 사실을 깨달으며 그녀는 나무 아래 둘러앉은 토스탄 참가자들의 얼굴을 하나하나 새삼스레 바라보았다. 그들이 용기 내어 말한 이 선언의 중요성을 그녀는 누구보다 잘 알고 있었다.

마이무나의 말이 끝나자 다른 학생들도 다 같이 의자에서 일어나 원 가운데로 모이더니 손님들을 위해 춤을 추기 시작했다. 몰리는 더 이상 감정을 억누를 수 없어 복받치는 대로 그냥 내버려 두었다. 이처럼 용기 있고 역사적인 순간을 자극하고 격려하는 데 토스탄 조직이 한몫했다는 사실이 정말 자랑스러웠다. 오랜 시간 세네갈 여성들을 위해 힘들게 노력하고 헌신하며 깊이 고민해 얻은 결실이었다. 이 순간 밀려오는 또 다른 감정, '걱정'은 애써 외면했다. 서양인의 말에 놀아났다며 친척들의 비난이 쏟아질 수도 있었고, 돈을 받고 그런 발표를 했다고 의심하는 사람도 있을 터였다. 몰리는 여자들이 앞으로 어떤 위험을 감수해야 하는지 너무나 잘 알았다. 사람들로부터 무시와 모욕을 당하고, 자기 딸이 결혼해 안정되게 살 기회를 빼앗은 매정하고 잔인한 엄마라는 비난을 들을 수도 있었다. 하지만 사실은 정반대의 바람에서 나온 결정이었다. 딸들이 건강하게 더 높은 삶의 질을 누리기를 바라는 마음이었다. 몰리는 평소에도 모든 일을 긍정적으로 생각했고, 아무리 힘든 상황 속에서도 늘 가능성에 초점을 맞추며 살아왔다. 그리고 이번에도 자신이 목격한 이 장면이 모든 일의 끝이 아니라고 믿기로 마음먹었다. 이 일은 시작일 뿐이었다.

이런 용기 있는 행동이 결국 다른 사람의 주의와 관심을 불러내지 않을까? 그래서 토스탄 수업이 진행되고 있는 다른 수백 개의 마을에서도 같은 일이 반복될 수 있지 않을까? 이런 결정과 자신들의 뜻을 공개하겠다는 선택이 비슷한 처지의 다른 마을에서도 사회적 의식을 움직이고, 뿌리 깊이 박힌 위험한 관행을 되돌아보게 할 수 있지 않을까?

언제 다가왔는지 케르띠오가 앞에 서 있었다. 몰리는 케르띠오의 손에 이끌려 원 중앙으로 나아가 그들과 함께 춤을 추었다. 샌들을 신은 발 주위로 파란색 긴 부부가 원을 그리며 빠르게 돌아갔고, 몰리의 머릿속에서도 여러 질문이 빠르게 맴돌았다. 그리고 그런 그녀를 조심스럽게 지켜보는 토스탄 학생들의 머릿속에도 몇 가지 궁금증이 생겨났다. 이렇게 활기 넘치는 미국 여자는 어떻게 이곳, 서아프리카의 작은 마을까지 찾아오게 된 걸까? 그리고 어떻게 그들의 운명을 바꾸도록 용기와 자신감을 불어넣어 주고, 수백, 아니 수천 명의 어린아이와 여자들의 건강을 지켜주는 일을 하게 됐을까?

3

역량을 발휘하다

토우페흐 — Tawféex

다카르, 1974년

"교환학생 프로그램이 취소됐다니 그게 무슨 말이에요?" 처음 다카르에 발을 디딘 지 얼마 되지 않은 시각, 몰리는 전화기에 대고 이렇게 말하고 있었다.

1974년 10월 20일, 그녀의 나이 스물넷이었다. 그녀는 청바지와 미니스커트, 모기 퇴치제, 아프리카 작가가 쓴 소설 몇 권, 잔액이 얼마 남지 않은 은행 통장 등을 꼭꼭 눌러 담은 여행 가방 하나를 들고 세네갈의 수도, 다카르에 이제 막 도착한 참이었다. 그녀는 일리노이대학University of Illinois 재학 중에 새로 생긴 교환학생 프로그램에 신청하여 6개월 동안 다카르대학University of Dakar에서 공부할 기회를 얻었고, 프랑스 문학을 좀 더 심도 있게 연구하여 석사학위를 딸 계획이었다. 몇 개월 전, 학생 두 명을 모집하는 데 뽑혔다는 말을 듣고 그녀는 6개월간 아프리카에서 지낼 기대감에 한껏 들떠 있었다. 그리고 다카르 공항에 도착하여 이제 몇 시간이 지났을 뿐인데, 안 그래도 시차 때문에 머리까지 멍한 상태에서 돌연 프로그램이 취소됐다는 말을 들으니 맥이 탁 풀리는 기분이었다. 수화기 너머 다카르 대학 직원은 몰리의 미국 주소로 전보를 보내 이미 취소 사실을 알렸는데 왜 왔냐며 오히려 따져 물었다.

"전보 못 받았는데요." 아마도 일리노이에는 그다음 날 전보가 온 모양이었다.

어찌할 바를 몰라 일단 미국 대사관으로 전화를 걸었다. 고맙게도 대사관 여직원은 상황이 해결될 때까지 교환학생으로 같이 온 스티브 캔필드Steve Canfield와 함께 자기 집에 와 있으라고 말해주었다. 대사관 직원의 집은 편안한 미국산 가구들로 채워진 넓은 방에 집 뒤편에는 커다란 테라스까지 갖춘, 바람이 잘 통하고 아름다운 집이었다. 덕분에 몰리는 꽃이 핀 나무에 앉아 지저귀는 새소리를 들으며 아프리카에서의 첫 아침을 맞았다. 보통의 젊은 미국인이라면 아프리카에 오면서 포기해야 할 현실적인 조건들—좋은 아파트, 오래 사귄 남자친구, 대학원 과정과 병행할 수 있는 괜찮은 강사 자리—에 마음이 쓰였을 텐데 몰리는 모험을 즐기기에 바빠 이런 것들은 조금도 개의치 않았다.

그녀는 매일 아침 일찍 일어나 사람으로 붐비는 만원 버스를 타고 다카르 시내에 가거나 도시 서쪽 대서양과 접한 바위투성이 해안가로 나갔다. 알록달록 화려하게 색은 칠했지만, 굴러가는 게 신기할 정도로 낡은 버스도 자주 탔는데, 사람들은 그 버스를 "신을 찬양하라"는 뜻의 아랍어, '알함두릴라Alhamdulilah'라고 불렀다. "목적지에 어떻게든 도착하면 '알함두릴라' 할 일이니까요." 버스에 같이 탔던 남자가 킬킬 웃으며 알려주었다. 버스를 가득 메운 학생, 일꾼, 아기를 안은 엄마들 틈에 끼여 그녀는 교육부에도 가 보고 대학에도 직접 찾아가 보았다. 무슨 방법이 있지 않을까 싶어서였다. 그러면서 점점 길 위에서 펼쳐지는 풍경들에 매료되고 있는 자신을 발견했다. 수레를 끌고 혼잡한 도로 위를 요리조리 빠져나가는 말들, 여자들이 입은 선명한 색상의 전통의상 부부가 모래바람에 나부끼는 모습, 부부와 절묘하게 색을 맞춰 머리를 감싼 스카프, 이런 모든 광경이 새롭기만 했다. 뽀얀 먼지 이는 길가에는 한 무리의 아이들이 양동이를 뒤집어 놓고 장단을 맞추면 그 옆에서 어린 소녀들이 빙글빙글 원을 그리며 춤을 추었다. 늦은 저녁, 몰리는 활기찬 도시의 삶에 푹 빠져 정해놓은 목적지도 없이 시내 이곳저곳을 걸어 다녔다. 거리 한복판에 임시로 만든 운동장에서 축구를 하는 10대 소년들, 나무 상자 위에 체스판을 올려놓고 길가에 옹기종기 모여 앉은 남자들 옆을 걸었다. 시장은 그녀가 정말 좋아하는 장소였다. 가판 위에 놓인 오래된 트레이드 비즈*, 약용 식물과 허브, 미래를 점치거나 악령을 쫓는데 사용됐던 염소 뿔과 별보배고둥 껍데기처럼 이국적인 것들이 가득했다. 복잡한

---

* 16~20세기 아프리카에서 돈 대용으로 사용되었던 유리구슬

거리, 좁은 보도 위를 한 남자가 '바알레bale! 바알레!(빗자루! 빗자루!)'하고 외치며 지나갔다. 몰리는 걸음을 멈추고, 좁은 어깨 위에 빗자루를 잔뜩 짊어지고 아슬아슬하게 걸어가는 그의 모습을 한참 동안 바라보았다.

얼마 뒤, 스티브는 미국으로 돌아가 하던 공부나 마저 끝내겠다고 했지만, 몰리는 세네갈에 남아 다른 방법을 찾아보기로 했다. 무엇 때문인지 정확한 이유를 설명할 수는 없어도 비행기에서 내려 정신없고 답답한 공항으로 걸어 들어가던 그 순간부터 그녀는 이곳에 사랑할 수밖에 없는 뭔가가 있다는 생각을 하게 됐다. 그리고 몇 주가 지나면서 낯설고도 경이로운 그 감정이 차츰 구체화되는 걸 깨달았다. 그곳에서 그녀는 어쩔 줄 모를 정도로 행복했고, 고향에 온 듯한 깊은 소속감을 느꼈다.

몰리는 앨버트 프레더릭 멜칭Albert Frederick Melching과 애나 비비안 라인베리 멜칭Anna Vivian Lineberry Melching의 두 딸 중 둘째로, 1949년 휴스턴Houston에서 태어났다. 세일즈맨이었던 아버지 '앨'은 몰리가 태어난 지 6개월이 되었을 때 직장 때문에 가족들을 데리고 미주리Missouri주 히긴스빌Higginsville로 이사했다. 멜칭 가족은 그곳에서 몰리가 여섯 살이 될 때까지 살았고, 그다음에는 일리노이주 중부의 댄빌Danville로 이사했는데, 그곳은 기껏해야 영화배우 딕 반 다이크Dick Van Dyke의 출생지로 알려진 게 전부인 촌스러운 시골 동네였다.

몰리의 어머니, 애나는 '앤'이라는 애칭으로 불리기를 좋아했다. 원래 미국의 모든 라인베리 가문 사람들은 매년 열리는 바이올린 콘테스트와 퀼트로 유명한 버지니아Virginia주 갤락스Galax, 블랙 마운틴 타운Black Mountain town 출신이라고 알려져 있었지만, 앤은 미주리주 매디슨Madison에서 어린 시절을 보냈다. 앤은 1941년 캔자스 시티Kansas City에서 비서로 일하다가 인디애나Indiana주 포트웨인Fort Wayne에서 온 앨을 만나게 됐다. 파머스 인슈어런스 그룹Farmers Insurance Group의 영업사원이었던 앨은 193cm가 넘는 큰 키에 늘 주위 사람들을 웃게 만드는, 특유의 따뜻함을 지닌 사람이었다.

두 사람은 1년 뒤 결혼했다. 서른 살의 앨과 스물아홉 살의 앤은 하루빨리 가정을 꾸리고 싶어 했다. 하지만 결혼 생활을 시작한 지 4주 만에 앨에게 2차 세계대전에 참전하라는 징집 명령이 내려졌다. 다른 신병들보다 비록 나이는 많았지만, 앨은 나라를 위해 봉사하게 됐다는 생각에 오히려 기뻐했다. 이전부터 그는 전쟁 중인 국가를 위해 아무것도 한 게 없다는 죄책감을 안고 있었기 때문이었다. 1944년 9월 27일, 그는 유타 해변에 상륙한 뒤 프랑스를 가로지르는 긴 행군을 시작했고, 룩셈부르크, 독일, 영국을 차례로 거치며 지나갔다. 당시 미국 군인들이 대부분 그랬던 것처럼 앨 역시 보병대원으로서 목격하게 될 수많은 죽음과 고통에 대해 전혀 마음의 준비가 되어 있지 않았다. 그는 유럽에 있는 동안 앤에게 보낸 편지에 이렇게 썼다. "전쟁이 너무 지옥 같아 눈앞에 헛것이 보일 정도라오. 힘들지만, 가장 중요한 건 우리의 미래라고 생각하니까." 1947년 집으로 돌아온 이후에도 앨은 그때 경험에 대해 거의 말하지 않았지만, 모든 것을 황폐화시킨 전쟁에 대한 충격은 가슴 속에 고스란히 남아있었다.

남편이 전쟁터에 나가 있는 동안 앤은 계속 비서로 일하다가 1947년 첫째 딸, 다이안이 태어나면서 직장을 그만두었다. 전업주부이자 엄마로 사는 일은 버거웠다. 어린 두 딸을 돌보는 일 말고는 아무것도 하지 못하고 작은 집에 온종일 갇혀 살아야 했기에 앤은 종종 불행하다고 느꼈고, 앨의 직장 문제로 6년이라는 기간 동안 유타에서 텍사스주로, 미주리에서 다시 일리노이주 댄빌로 계속 이사를 하다 보니 안정감을 느끼기도 힘들었다. 거기에 모성애를 칭송하고 자녀를 잘 돌보는 것이 여자들의 지상과제라고 여기던 1950년대의 시대 분위기까지 더해져 그녀를 더욱 힘들게 했다. 행복한 주부의 이미지에 합치해야 한다는 사회적 압박은 당시 세대의 많은 여자처럼 앤을 안으로만 움츠러들게 했다. 때로 그녀는 벽장 속에 숨어 울었다.

앤은 오래전 포기한, 전문직 여성이 되는 꿈에 대해 자주 생각했다. 1920년대에 여섯 명의 자식들, 그리고 네 명의 딸 가운데 하나로 태어난 앤은 여성이 전문 분야로 진출하는데 제한이 많던 시절이었지만, 어떻게든 꼭 대학을 나오겠다고 마음먹었다. 대공황이 정점에 달했던 1931년, 그녀는 윌리엄 우즈 대학William Woods College에 입학했다. 하지만 겨우 한 학년을 끝냈을 때 힘겹게 농장을 운영해 나가던 아버지 프레드Fred가 더는 교육비를 대줄 수 없다고 선언했다. 계속 대학에 남아있기 위해 할 수 있는 일은 뭐든

지 했고 오빠에게서 100달러를 빌리기도 했지만, 학비를 충당하기엔 역부족이었다. 그녀는 대학을 중퇴하고 허프 비서 학교Huff Secretarial School에 들어갔다. 그리고 웨스트게이트 그린랜드 정유 회사Westgate Greenland Oil Company에 취직해 계속 승진을 거듭하다가 마침내 사장 비서까지 하게 됐다.

　엄마가 되고 일을 포기한 후에도 앤은 아이들 너머의 세상과 연결 고리가 끊기지 않도록 최선을 다했다. 매일 저녁 주식을 공부했고, 클래식 음악을 즐겨 들었으며, 닥치는 대로 책을 읽었다. 하지만 남편은 그런 쪽으로는 전혀 취미가 없었다. 앤이 세상 돌아가는 일과 정치에 관심이 많고 늘 몸가짐이 바른 정확한 사람이라면, 앨은 가족의 광대이기를 자처했다. 가족들은 그를 "울 애기"라고 불렀다. 예전부터 짓궂은 장난으로 유명했던 그는 '멜칭어'라고 이름 붙인 말장난을 활용해서 늘 어린 딸들을 웃게 했다. 한번은 라이언 씨에게서 전화가 왔었다며 전화번호를 적은 쪽지를 아내에게 건네, 앤이 적힌 번호로 전화를 걸었더니 그곳은 다름 아닌 시내의 한 동물원이었다. 트리니티 루터 교회에서 예배를 볼 때는 찬송가 책의 엉뚱한 페이지를 펴놓고 딸들에게 다른 사람에게도 다 들리게 큰소리로 노래를 부르라고 시키기도 했다. 어느 여름에는 앤의 언니, 델마Thelma가 그 무렵 머리카락이 점점 빠지는 앨에게 머리카락을 길러보라고 말한 적이 있었다. 그 길로 앨은 다이안과 몰리를 데리고 옥수수밭으로 가 옥수수수염을 따왔다. 그리고 머리가 벗겨진 부위에 테이프로 옥수수수염을 붙여 금발 가발을 만들었다. 그날 밤, 저녁 식사 자리에서 델마가 왜 모자를 벗지 않느냐고 묻자, 앨은 모자를 벗고 새로 자란 머리카락을 보여주며 가족들을 배꼽 쥐게 했다.

딸들은 아버지의 익살스러운 행동을 좋아했지만, 앤은 그 모습이 바보처럼 보인다며 질색했다. 앤 멜칭이 가장 소중하게 여기는 것을 딱 한 가지만 고르라고 한다면, 그건 바로 겉으로 드러나는 모습이었다. 그녀는 먼지 하나 없도록 집안을 쓸고 닦았는데, 그 정도가 거의 강박에 가까웠다. 집을 어찌나 깔끔하게 해놓았는지 가정집이라기보다는 견본 주택처럼 보일 정도였다. 몰리와 다이안이 고등학교에 다닐 때는 집으로 친구를 데려오지도 못하게 했고, 베이지색 체크 무늬 소파에도 앉지 못하게 했다. 그 소파는 앤이 돈을 아껴 산 값비싼 소파였기 때문이었다. 만약 친구를 꼭 불러야 한다면, 앤이 집을 대청소할 수 있게 최소 3일 전에는 미리 알려주어야 했다.

앤은 집을 관리하는 만큼 딸들에 대한 통제도 심했다. 다이안과 몰리가 아주 어렸을 때부터 예의 바르게 행동하고 바른 이미지의 사람이 되라고 가르쳤다. 특히 부적절한 언어를 사용하면 빈민층 취급을 받는다고 생각해 어법에 맞는 말을 쓰도록 잔소리를 했다. 동네 구멍가게에 갈 때조차 아이들은 한참 공을 들여 매무새를 가다듬지 않고서는 집 밖으로 나가지도 못했다. 이처럼 딸들을 감독하는 어머니 때문에 몰리는 특히 힘들어했다. 그녀는 아버지의 큰 키—고등학교 3학년 때 키가 178cm였다—뿐 아니라 삶에 대한 열정도 그대로 물려받아 늘 활달하고 기운이 넘쳤으며, 누구에게나 친근하게 다가가는 성격의 소녀였다. 앤은 딸이 바른 몸가짐과 예절이 몸에 밴 어린 숙녀가 되기를 바랐지만, 몰리는 항상 몸을 적극적으로 움직이는 일을 할 때 기분이 더 좋았다. 그래서 공연, 학교 신문사, 그리고 (노래를 그리 잘하는 편은 아니었지만) 성가대 활동에도 참여했다. 그리고 응원단, '퐁페트' 멤버로 활동하며 남학생들이 운동 경기를 할 때 찾아가 응원도 했다('싸우자, 댄빌! 댄빌 고교 파이팅!'). 그럴 때 그녀는 정말 즐거웠고 생기가 넘쳤다. 나중에 자신의 삶을 되돌아보며, 몰리는 긴 시간 그저 춤을 춰도 괜찮은 그런 곳을 찾아 그토록 헤매다녔다는 생각마저 들었다. 그녀는 집에서 또는 길거리에서, 같이 춤을 추자며 친구들의 팔짱을 끼기도 했고, 언니와 엄마의 팔을 붙잡고 흔들기도 했다. 당연히 앤은 제멋대로인 딸의 행동에 당황하며 꾸짖었다. 이런 일이 벌어질 때마다 몰리는 혼란스러웠다. 아무런 즐거움도 없이 밋밋하게 세상을 사는 게 도대체 무슨 의미가 있단 말인가?

몰리의 언니 다이안은 이렇게 기억했다. "어머니는 간섭이 정말 심했어요. 특히 몰리한테는 더 그랬고요. 그래서 몰리는 어머니를 무서워했어요. 어렸을 때부터 몰리는 똑똑하기도 했지만, 창의력도 뛰어난 아이였어요. 방에서 몇 시간씩 그림을 그렸고, 미술 시간을 무척 좋아했죠. 그러다 보니 주변을 약간 어지럽히기도 했는데, 그 아이 기준에는 약간이었지만 어머니한테는 많이 실망스러운 모습이었죠. 그래서 혼날 때가 정말 많았어요. 어머니는 항상 몰리에게 당신의 사고방식을 따르기를 고집했어요. 사회에서 인정받고, 경제적으로 안정되고 풍족하게 사는 게 얼마나 중요한지 알아야 한다고 늘 말씀하셨죠."

몰리는 그런 어머니의 엄한 훈육과 통제가 한때는 심술궂은 성격 때문이라고 생각했지만, 어른이 되고 나서야 그게 아님을 깨달았다. 특히 1985년에 딸 조에를 낳고 보니, 어머니의 행동은 당신이 어린 시절 경험한 힘든 일들을 딸이 겪지 않길 바라는 마음에서 비롯된 배려와 사랑의 표현이란 것을 알게 되었다. 어머니와 아버지는 최악의 경제 공황과 잔혹했던 전쟁을 겪으며 믿을 수 없을 만큼 힘든 시절을 살았고, 특히 앤은 가난한 집안에서 자라며 느꼈던 수치심이 큰 상처로 남아있었다. 경제적 어려움에서 벗어나기 위해 늘 발버둥 치듯 살다 보니, 자식들만큼은 자신이 얻지 못한 기회를 갖게 해주겠다는 희망으로 많은 희생을 감내하며 살아왔다. 다이안과 몰리가 학교에 입학하자, 앤은 다시 교사로 일하기 시작했다. 연봉이 9,000달러 정도였지만, 그 돈을 꾸준히 투자해서 마흔 살 무렵에는 딸들의 대학 등록금과 자신의 노후자금, 그리고 장례비용까지 해결할 정도로 충분한 돈을 모았다.

이후 몰리의 가족은 이모들이 모여 사는 애리조나로 이사했다. 그리고 여러 해가 지나도록 몰리와 다이안은 어머니가 그처럼 많은 돈을 저축했다는 사실을 알지 못했다. 워낙 앨과 앤이 묵묵히 자기 삶을 살아내는 그런 부모들이다 보니 멜칭 가족에게 그 정도의 비밀은 그리 이상한 일도 아니었다. 두 사람 모두 자식에게 자신들이 치렀던 희생, 참고 견뎠던 고난의 세월에 관해 함구했고, 세상에서 벌어지고 있는 나쁜 일들, 가령 가난, 인종차별, 폭력 같은 문제마저 가급적 알려주려 하지 않았다. 나쁜 소식이 딸들 근처에 얼씬도 하지 못하게 하여 유쾌하고 긍정적인 집 분위기를 만들 수만 있다면 두 사람은 무슨 일이든 마다하지 않았다는 것을 몰리는 나중에야 깨달았다. 그들은 딸들이 생각대로 따라주고, 일이 항상 원하는 대로만 이뤄진다면, 아무 문제도 일어나지 않을 거라고 여겼는지도 모르겠다. 어쨌든 세상을 맘대로 주물러 완벽하게 만들 수 없으니, 어쩔 수 없이 겪어야 하는 불합리한 것들과 함께 지내며 전쟁·가난·경제 공황을 견뎌내야 한다면, 적어도 내집 거실 분위기만큼은 완벽하게 만들고 싶으셨던 모양이라고 그녀는 추측했다.

몰리는 스스로 결심한 일은 어떻게든 끝까지 해내고야 마는 그런 성격이었고, 일단 뭔가를 결심하고 나면 누구도 그녀를 말리지 못했다. 아주 어린 아이였을 때부터 그랬다. 여덟 살 무렵, 몰리는 강아지를 키우는 게 소원이었지만, 어머니가 들어줄 리 없었다. 그러던 중 친한 친구 릴리네 개가 새끼를 여러 마리 낳자, 몰리는 계획을 세웠다.

"다음 주가 내 생일이거든. 그날 아침에 강아지 한 마리를 데리고 우리 집에 와." 릴리에게 말했다.

생일날 아침 릴리가 집에 오자, 몰리는 깜짝 놀란 척하며 친구가 가져온 예상치 못한 선물에 감격하며 말했다. "강아지를 생일 선물로 주겠다고? 나 정말 행복해!" 화가 난 어머니의 표정을 본 몰리는 부엌으로 따라 들어가며 작은 소리로 속삭였다. "엄마, 강아지를 돌려보낼 수는 없어요. 어쨌든 선물이잖아요. 게다가 릴리는 강아지들을 돌보느라 무척 고생하고 있단 말이에요." 그렇게 몰리는 강아지를 키우게 됐다.

댄빌 고등학교에 입학한 후 얼마 되지 않았을 때도 그녀는 어떻게든 프랑스에 가겠다고 결심했다. 그리고 목표를 이루기 위해 예전과 꼭 같은 집요함을 드러냈다. 9학년* 때 처음 프랑스어 수업을 듣기 시작하면서 몰리는 외국의 문화와 사람들에 관심이 많을 뿐 아니라 언어를 습득하는 데도 놀라운 재능이 있다는 사실이 금세 드러났다. 그녀는 그때를 떠올리며 이렇게 말했다. "지금도 뭐라 설명하기는 어렵지만, 아주 어렸을 때부터 다른 나라의 문화에 매력을 느꼈던 것 같아요. 우리와 다른 점이 있다면 그게 뭐든 상관없었어요. 내가 자랄 때 주위 사람들은 익숙한 것만 찾으려고 했었죠. 하지만 난 항상 색다른 것에 끌렸어요."

열다섯 살, 법적으로 일하기에는 아직 어린 나이였지만, 프랑스로 여행 갈 경비를 마련하기 위해 그녀는 나이를 속이고 '레드우드 인'이라는 뷔페식 레스토랑에 종업원으로 취직했다. 주말에는 레스토랑에서 서빙을 하고 주중 저녁에는 아이 봐주는 아르바이트를 하면서 그렇게 몇 달이 지나자 비행기 표를 살 수 있는 돈이 모였다. 고3이 되기 전 여름방학—그 무렵 그녀의 프랑스어 실력은 반에서 최고였다—에 그녀는 프랑스 중부 투르에 있는 한 고등학교가 주선하고, 푸아티에대학University of Poitiers에서 4주간 진행되는 언어 몰입 프로그램을 신청했다. 10대 아이들이 몇 주 동안 유럽에 간다는 소식은 당시 댄빌 주민들에게는 꽤 신선한 충격이어

---

* 중학교 3학년

서 그 일은 지역 신문에 기사까지 났다.

　일리노이주 중부의 작은 동네에서 매일 반복되는 일상이 따분하기만 했던 몰리는 프랑스에 오자마자 그곳의 매력에 푹 빠졌다. 그녀는 투르의 한 가정집에서 홈스테이를 했고, 시간이 지날수록 그 집 가족들과 점점 더 가까워졌다. 미국의 친엄마와는 다르게 홈스테이 엄마는 요리를 좋아해서 매일 저녁 정성 들여 만든 음식을 푸짐하게 차려주었다. 오후에 수업이 끝나면, 열다섯 살 몰리는 자전거를 빌려 타고 옛 성터가 있는 교외 이곳저곳을 돌아다녔다. 그리고 주말에는 버스를 타고 파리로 나가 도시와 주변 지역을 관광했다. 그녀는 그때를 회상하며 말했다. "아주 사소한 것까지도 넋을 잃고 바라보곤 했었어요. 프랑스 사람들이 세 시간에 걸쳐 식사하는 모습이 특히 신기했어요. 투르 외곽의 들판으로 나가면 땅을 향해 허리를 숙이고 일하는 농부들을 볼 수 있었는데, 부인, 손자 할 것 없이 온 가족이 모두 나와 농사일을 거드는 광경도 새로웠고요." 유럽 전역에서 온 학생들과 함께 공부하면서 몰리는 처음으로 자신이 우물 안 개구리였음을 자각했고, 그러면서 한편으로는 세계가 하나라는 생각도 갖게 됐다. 일리노이주 댄빌 너머에는 정말 넓고도 흥미진진한 세상이 펼쳐져 있었다.

　2년 뒤 몰리는 프랑스에 다시 갔다. 1967년 일리노이대학 어배나-샴페인Urbana-Champaign 캠퍼스 프랑스어학과에 입학했는데, 학교에서 진행하는 해외 유학 프로그램에 지원하여 이번에는 프랑스에서 1년간 공부할 기회를 얻은 것이다. 사실 해외 유학 프로그램은 학교 규정상 3학년만 지원할 수 있었지만, 당시 2학년이었던 몰리도 지원서를 냈다. 학교 담당 직원은 다음 해에 자격이 되면 신청하라며 지원서를 받아주지 않았지만, 학교에서 거절하면 할수록 그녀는 더욱 강하게 고집을 부렸다. 그리고 1968년 8월, 마침내 학교의 승인을 받아 뉴욕에서 출발하는 프랑스행 배에 올라탔다. 30명의 학생 중 유일한 2학년생이었다. 그들은 먼저 두 달간 그르노블*에 머물렀다가 다시 노르망디 지역의 루앙대학교University of Rouen로 이동해 그곳에서 1년간 공부했다.

열여덟 살에 다시 찾은 프랑스는 열다섯 살 때의 기억만큼이나 황홀한 곳이었다. 그녀는 프랑스 문화와 예술, 공연, 그리고 학교에서 배우는 프랑스 문학에 완전히 푹 빠져들었다. 사르트르와 카뮈를 알게 됐고, 실존주의와 정치 철학을 공부했으며, 대학의 청년 좌파 모임에도 나갔다. 루앙에서도 그녀는 홈스테이를 했는데, 이번 집에서는 아버지에게서 특히 강한 인상을 받았다. 3개 국어에 능숙했던 그는 2차 세계대전 중 어쩔 수 없이 독일군을 따라다니며 통역을 하다가 전쟁 포로로 잡혀 수용소 생활을 했던 사람이었다. 매일 저녁, 그는 식사를 마치고 식탁을 정리하고 나면 고통스러웠던 과거에 대해 몇 시간씩 이야기를 들려주곤 했다. 몰리의 질문에 답을 하는 그의 손은 너무 많이 피운 담배와 잊을 수 없는 과거로 인해 끊임없이 흔들렸다. 이후 몰리는 자기 방에 혼자 남게 됐을 때, 아버지에게 이런 편지를 썼다. "처음으로 아버지 삶이 전

---

* 프랑스 동남부의 도시

쟁터에서 싸우는 것과 다름없었을 거라는 생각을 하게 됐어요. 아버지도 잘 아시겠지만, 우리 세대가 세계대전의 의미와 그때 벌어진 일들을 정확히 이해하기란 정말 힘든 일이에요. …… 여기 사람들에게 전 항상 자랑스럽게 말하고 있어요. '네, 저희 아버지도 프랑스 사람들과 함께 싸우기 위해 여기에 오셨었어요. 이렇게 먼 곳까지 와서 목숨을 걸고 싸우신 용감한 분이세요.'라고요."

방학이나 휴일에는 늘 여행을 떠났다. 여름 방학 동안에는 미국인 여자 친구 한 명과 50달러만 들고 루앙을 떠나 한 달 동안이나 히치하이크로 유럽 여기저기를 누비고 다녔다. 잡아탄 차의 목적지에 따라 그들은 독일에서 오스트리아로, 아래쪽 유고슬라비아로 갔다가 다시 그리스로 이동하며 여행을 다녔다. 프랑스로 돌아오기 직전에는 배를 타고 크레테 섬에도 들렀다. 호스텔에서 잠을 잤고, 빵과 초콜릿, 요거트로 끼니를 때우면서 아낀 돈으로는 박물관과 외딴 시골 미술관을 찾아다녔고, 오스트리아 빈에서는 발레와 오페라 공연도 보았다. 여행에서 돌아온 후에는 프랑스 북부 해안 도시, 캉Caen의 알제리인 거주 지역에서 활동하는 프랑스 봉사단체에 가입하여 자원봉사자로 일했다. 그곳에서 그녀는 지역개발사업이 무엇인지 처음 알게 됐고, 어떻게 실패하는지도 지켜보았다. 몰리는 다른 자원봉사자들과 함께 이웃 어린아이들이 사용하게 될 센터 건물을 보수하고 벽에 페인트칠하면서 몇 주를 보냈다. 마침내 작업이 모두 마무리된 다음 날 아침, 사람들은 간밤에 건물이 엉망으로 부서지고 더럽혀진 것을 발견했다. 그 지역 거주민들의 소행이었다. 누군가 왜 그런 행동을 했는지 묻자, 그곳 사람들은 단체에서 자신들의 의견을 묻지 않았고, 활동에 관해 설명해 주지도 않았기 때문에 이런 활동이 어떤 의도와 목적으로 이뤄지는지 의심이 생겼다고 말했다. "그 일을 교훈 삼아 다른 사람을 진정으로 도우려면 어떻게 해야 하는지 알게 됐어요." 몰리는 당시를 회상하며 말했다. "반드시 사람들 말에 귀 기울이고, 사업 초기부터 사람들을 직접 참여시켜야 해요."

주말동안 간 파리 여행에서 몰리는 미국 문화원American Cultural Center에 들렀고, 거기서 우연히 시카고 아트 앙상블Art Ensemble of Chicago의 조셉 저먼Joseph Jarman을 만나 대화를 나누게 됐다. 시카고 아트 앙상블은 당시 프랑스에서 대단한 명성을 얻고 있던 모던 재즈 그룹이었다. 저먼은 몰리의 유창한 불어 실력에 감탄하며 통역으로 함께 일해 볼 생각이 없냐고 제안했다. 재즈에 대해 아는 건 거의 없었지만, 그녀는 그런 일을 제안받았다는 사실에 뛸 듯이 기뻤다. 며칠 동안 저녁마다 저먼과 밴드 사람들을 따라다니며 회의에도 참석하고 파리 시내에 있는 지하 재즈 클럽에도 갔다. 클럽 내부 공기는 담배 연기로 자욱했지만, 그녀에게는 연기마저 가능성으로 보였다. 몰리는 술을 거의 마시지 않았고, 담배나 마약에도 전혀 관심이 없었지만, 고향에서의 삶과 극과 극처럼 다르다는 이유만으로 그곳의 떠들썩하고 흥분되는 분위기가 좋았다. 하지만 때로는 자신과 어울리지 않는 곳이라는 느낌에 괴로울 때도 있었다. 저먼과 밴드 멤버들은 모두 그녀보다 최소 열 살 이상 많았기에 그녀는 가끔 자신이 그들보다 세상 경험도 부족하고 미숙하다는 생각을 했다. 그리고 그런 자의식을 감추기 위해 더욱 열심히 일했다.

그러던 어느 날 밤 클럽에 갔다가 머리를 크게 한 방 맞은 것 같은 경험을 하게 되었다. 밴드 연주가 한창 무르익을 무렵, 그리 멀지 않은 곳에 앉아있던 한 여자가 자리에서 일어서더니 관객석 중앙으로 걸어 나가 춤을 추기 시작했다. 전통적인 미인의 모습은 아니었지만, 키가 크고 풍기는 분위기가 매우 우아한 여인이었다. 몸매를 드러내는 긴 드레스를 입고 팔을 움직이고 몸을 흔드는 그 모습을 보며 몰리는 세상에서 제일 멋진 광경이라고 생각했다. 어찌나 고혹적이던지 평생 그 여자가 춤추는 것만 바라보며 살 수도 있을 것 같았다.

그 순간 '나도 저렇게 살고 싶다'고 생각했다. 그리고 그렇게 춤을 춰도 괜찮을 그런 곳에 가고 싶었다. 스스로 일어나 방 중앙으로 걸어 나가 눈을 감고 팔을 들어 올리고, '바보처럼 보이진 않을까, 실수하진 않을까'하는 걱정은 접어두고, 눈곱만큼의 자의식도 없이 그렇게 자유롭고 아름답게 마음껏 춤추고 싶었다.

1970년 몰리는 일리노이대학 서클 캠퍼스Circle Campus에서 학업을 마무리 짓기 위해 시카고로 갔다. 그리고 12월에 졸업을 한 후에는 유명 백화점 마샬 필드 앤드 컴퍼니에서 옷 파는 아르바이트를 하다가 대체교사로 학생들을 가르쳤다. 그 무렵 그녀는 자신의 삶이 어디로 가고 있는지 확신할 수 없어 마음이 불안했다. 특별히 불행하다고 느끼진 않았지만, 여러모로 어머니를 실망시키고 있다는 생각을 완전히 떨쳐버리기가 힘들었다. 앤은 딸들이 성공한 사람으로 자라 경제적으로 안정된 삶을 사는 것이 늘 소원이었지만, 몰리는 그런 데 조금도 관심이 없었다. 그녀는 단순히 돈을 벌기 위해 애쓰지 않았고, 엄마가 되고 싶다는 바람은 있었지만 일리노이주 교외의 흰색 담장 안에 갇혀 사는 삶은 상상하기도 싫었다. 부모님을 뵈러 댄빌에 갈 때마다 앤은 막내딸이 인생을 낭비하고 있다며 잔소리를 늘어놓았다. 많은 재능과 능력을 겸비한 젊은 딸이었음에도, 어머니는 희생과 고난의 삶에서 자신을 보호해줄 한 가지, 즉 경제적 안정을 얻으려는 노력은 하지도 않고 시간만 허비하고 있다고 걱정했다.

몰리는 언젠가는 교사나 통역사로 일하길 바라며 프랑스어를 더 공부하기 위해 1972년 일리노이대학원에 입학했다. 그리고 그 무렵에는 어머니를 기쁘게 하겠다는 마음도 아예 포기해 버렸다. 특정 방식대로 자신을 틀에 가두려는 어머니의 바람이 어쩌면 젖은 비누를 손에 넣고 모양을 만들려는 것과 다름없다고 느꼈기 때문이었다. 세게 누르면 누를수록 비누는 결국 손에서 미끄러져 바닥에 떨어질 뿐, 마음대로 할 수 있는 게 아니라고 생각했다.

4

새로 온 사람

와그-비스 비 — Wàcc-bees be

1974년 10월에 다카르에 온 이후, 결국 몰리는 대학 관계자들을 설득해 교환 프로그램을 원래대로 진행시키는 데 성공했다. 그녀는 한 달 50달러의 장학금을 받으며 석사 과정을 밟게 되었고, 여자 기숙사에 방도 한 칸 얻었다. 한 달에 16달러를 내고 다른 대학원생과 함께 쓰는 조건이었다.

"지금 생각해 보면, 어떻게 학교 사람들을 설득했는지 모르겠어요. 그냥 계속 사무실을 찾아가 '저 못가요. 여기 있고 싶어요. 제발 공부하게 해주세요.'하고 말했었죠. 내가 얼마나 세네갈을 좋아하게 됐는지 그 사람들도 알게 된 것 같았어요. 그래서 승낙할 수밖에 없었던 거죠."

대학 생활은 처음부터 쉽지 않았다. 자신의 프랑스어 실력이면 세네갈에서 지내기에 별문제가 없으리라 생각했는데, 이곳 사람들은 프랑스어가 아닌 월로프어를 주로 사용했다. 월로프어는 월로프족 사람들과 다른 부족 사람들이 시장거래를 할 목적으로 사용하기 시작했지만, 지금은 세네갈 인구의 80%가 사용하는 가장 일반적인 토착어였다. 물론 몰리는 월로프어를 한마디도 할 줄 몰랐고, 어쩌다 의사소통이 되는 사람을 만나도 살아온 배경이 너무 달라 더 깊은 관계로 발전되지는 않았다. 이해되지 않는 상황도 많았다. 주말마다 몰리는 공연이 벌어지는 곳이나 해변, 색다른 현지 시장을 둘러보기 위해 혼자 씩씩하게 밖으로 나가곤 했는데, 그때마다 기숙사의 다른 여학생들이 자신을 이상한 눈으로 쳐다보는 것 같다고 느꼈다. 집과 고향에서 처음으로 멀리 떨어져 지내게 된 학생들이 많았기에 몰리는 학교생활이 어떤지 묻기도 하고, 읽고 있던 아프리카 문학에 대해 의견도 물으면서 그곳에 섞여보려고 노력했지만, 그들은 거의 말을 하지 않았다. 그리고 미국인은 모두 부자라고 생각했는지 돈을 빌려달라는 사람들이 많았다. 그녀는 줄 수 있는 게 없기도 했고, 자신을 밀어내려고 그런 식으로 말하는 거라 여겨 기분이 상하기도 했다. 몰리는 세네갈행 비행기 표를 사기 위해 댄빌 은행에서 1,000달러를 대출해 여기까지 왔고, 가진 돈도 충분치 않아 매일 저녁 방에서 직접 바나나 마요네즈 샌드위치를 만들어 먹거나 여자 기숙사 옆 길거리 노점에서 산 빵으로 끼니를 때우는 형편이었다.

또한 어떤 면에서는 자신이 최근 막 벗어난 시대로 회귀했다는 느낌도 들었다. 1960년대 후반 대학에 다니면서 그녀는 개인적으로나 정치적으로 그야말로 엄청난 변화의 시기를 겪었다. 대학에 처음 들어갈 때만 해도 그녀는 엄격한 기독교식 교육—비록 진심으로 믿지는 않았지만—을 받은 성실하고 보수적인 공화당원의 마음가짐을 지니고 있었다. 몰리와 언니 다이안은 6학년 때까지 댄빌의 가톨릭 사립학교인 트리니티 루터란 학교Trinity Lutheran School를 다녔고, 가족들은 루터교 중에서도 보수 성향이 강한 미주리주 의회 소속의 교회에 빠지지 않고 나갔다. 교회는 성경의 엄격한 해석을 강조하며, 모든 인간은 죄인이고, 구세주인 예수 그리스도를 믿고 따르는 자만이 천국에 갈 수 있다고 가르쳤다. 일요일마다 몰리는 바바리안 스타일로 지은 작고 소박한 교회에 나가 긴 예배시간 내내 꼼짝 않고 앉아있어야 했고, 그곳에 맞게 행동하려고 최선을 다했다. 그녀는 당시를 회상하며 말했다. "신도들이 어찌나 등을 꼿꼿하게 세우고 앉아있던지 등에다 대나무 꼬챙이라도 끼워놓은 줄 알았다니까요. 쉽진 않았지만, 그 사람들을 흉내 내려고 노력도 많이 했어요. 그런데도 나는 늘 문제아 취급을 받았었죠." 고등학교 재학 시절, 부모님의 정치적 신념에 따라 그녀는 배리 골드워터Barry Goldwater*의 선거 운동에도 참여했다. 그리고 한번은 지역 신문사 기자와 짧은 인터뷰를 했는데, 당시 10대 소년들 사이에서 유행하던 덕 테일 헤어스타일**에 대해 어떻게 생각하느냐는 질문을 받고 몰리는 이렇게 대답했다. "짧은 머리가

---

* 공화당 내에서도 특히 극우보수파로 알려진 정치인
** 엘비스 프레슬리의 머리 모양으로 잘 알려져 있음

더 깔끔하다고 생각해요. 긴 머리는 너무 불량스러워 보이잖아요."

하지만 일단 대학에 들어간 후부터는 곧 보수적인 믿음과 이상을 하나둘씩 버리기 시작했다. 주변에서 일어나는 사회 변화와 정치적 행동주의에 강한 흥미를 느꼈던 몰리는 반전 운동과 시민권 보장을 위한 시위 활동에도 참여하기 시작했다. 그리고 막 움트기 시작한 여성 운동이 점차 세력을 확장해 가는 모습도 지켜보았다. 정숙하기를 거부하고, 동등한 권리, 여성의 자유를 외치는 그들의 주장이 몰리는 무척 마음에 들었다. 그녀는 머리카락을 길렀고, 고등학생 시절부터 입었던 속치마와 구두를 팔고 샌들, 커다란 링 귀걸이, 헐렁하고 화려한 색상의 웃옷을 샀다. 미니스커트의 단은 접어 올려 다른 사람들만큼 짧게 만들었으며, 태어나 처음으로 다른 여자 친구들 앞에서 옷을 벗고 있기도 했다. 어머니가 자신에게 항상 강요했던 정숙함이 이제는 우습게 느껴졌다. 도대체 왜 여자는 자신의 몸을 부끄러워해야 한단 말인가?

세네갈에 오니 이런 운동이나 변화를 전혀 겪지 않은 시간과 장소에 도착한 듯한 느낌이 들었다. 하지만 그녀도 이곳 여자들처럼 지내던 때가 있었다. 엄격한 사회 기준과 기대들로 늘 경직돼 있었고, 다른 사람의 눈치를 보느라 있는 그대로 자신을 드러내지 못했었다. 아마도 종교의 영향이 큰 것 같다고 생각했다. 세네갈은 인구의 94%가 이슬람교를 믿는 무슬림의 나라였다. 세네갈 여자들은 대부분 얼굴을 가리고 다니지는 않았지만, 종교 교리를 무척 충실하게 따르며 살았다. 여자들이 외부 출입을 잘 하지 않고 자기 생각을 거의 표현하지 않는 것도 그런 이유 때문인 것 같았다. 하루는 룸메이트가 몰리에게 다가오더니 이곳 사람들은 아침부터 벗은 엉덩이를 보면 온종일 재수가 없다는 월로프 속담을 믿는다면서 제발 아무 데서나 옷을 벗지 말라고 부탁했다.

"그런 행동을 멈추면 기숙사의 다른 학생들도 모두 감사해할 거야." 그녀의 말에 몰리는 무척 당황스러운 기분을 느꼈다.

드디어 몰리에게도 친구가 생겼다. 그녀의 이름은 은데이였고, 세네갈 북쪽 모리타니 출신이었다. 학생 식당에서 점심을 먹다가 만난 두 사람은 그때부터 자주 만나 함께 시간을 보냈다. 은데이의 고향은 모리타니 동부의 셀리바비Sélibaby라는 마을이었고, 세네갈 국경에서 몇 시간 떨어진 거리에 있었다. 가족들은 셀리바비에 살면서 아버지는 구급차를 운전하고 어머니는 어린 여동생들을 돌본다고 했다. 몰리는 셀리바비 같은, 문명의 이기가 결여된 아프리카의 외딴 시골 마을 출신의 사람을 만나본 경험이 없었기에 그곳 생활이 어떤지 무척 궁금했다.

"심심할 때는 뭘 해? 전기 없이 사는 건 힘들지 않아? 어떤 음식을 먹어?"

"자꾸 묻지만 말고 직접 와서 봐. 타바스키Tabaski 때 나랑 같이 우리 집에 가보자." 어느 날 오후 은데이가 말했다. 타바스키는 선지자 아브라함Abraham이 신의 뜻대로 자기 아들마저 기꺼이 제물로 바치려 했던 일에서 유래된 이슬람 최대 명절 중 하나로, 사람들은 아브라함의 깊은 신앙심을 기리는 의미에서 명절 기간 집집마다 양이나 염소를 잡아 신에게 제를 올렸다. 몰리는 일주일 동안 새로운 나라를 찾아가 아프리카 시골의 한 가족이 특별한 명절을 지내는 모습을 직접 목격하는 일보다 더 좋은 경험은 없으리라고 확신했다.

그로부터 몇 주 뒤, 1974년 12월 말의 아직은 그리 덥지 않은 어느 날 아침이었다. 미국의 가족들은 다가오는 크리스마스를 위해 집을 화려하게 장식하고 있을 무렵, 몰리는 은데이와 수십 명의 학생들을 따라 바마코 급행열차Bamako Express를 타기 위해 다카르 기차역으로 갔다. 1923년 개통된 바마코 노선은 서아프리카에서 가장 황량한 지역들을 관통하며 다카르에서 말리의 수도까지 승객들을 실어 날랐고, 한때는 아프리카 사람들 사이에서 가장 호화로운 여행 코스로 주목받기도 했었다. 하지만 몰리와 은데이가 기차에 올라탄 그날 아침에는 호화스러움이라곤 찾아보기 힘들었다. 열차 수가 줄면서 차 안은 명절을 쉬기 위해 고향으로 가는 승객들로 이미 꽉 차 있었고, 복잡한 통로에는 얇은 금속 쟁반에 땅콩과 오렌지를 놓고 파는 사람들까지 계속 돌아다니고 있어 그야말로 아수라장이었다. 몰리와 은데이는 앉을 자리를 찾아 사람들 사이를 비집고 꾸역꾸역 앞으로 나가면서 키디라Kidira까지 열두 시간을 내내 서서 갈 수밖에 없으리라는 예감이 들었다. 키디라는 세네갈 동부, 말리와 접한 국경 근처의 작은 도시인데, 두 사람은 그곳에서 부쉬 택시bush taxi*를 타고 셀리바비까지 갈 예정이었다. 그러다 참 운이 좋게도 식당차 뒤편에 마지막 남은 두 자리를 발견했고, 몰리와 은데이는 커다란 여행 가방에 다리 위까지 짐꾸러미를 올리고 앉아있는 다른 승

---

* 운행 일정이 고정되어 있지 않으며 주로 오지를 오가는 미니버스

객들 사이에 겨우 끼여 앉았다. 마침내 기차가 삐거덕거리며 출발하자, 머지않아 그들은 복잡하고 소란스러운 도시를 뒤로하고 끝없이 펼쳐진 듯 보이는 건조한 대초원과 넓은 관목지대로 들어섰다.

길고도 느린 여행이었기에 주변 승객들은 금세 지루하고 따분해져서 가만히 있질 못했고, 종종 식사 테이블에 머리를 대고 엎드리기도 했다. 하지만 몰리는 열두 시간을 이동해 다른 나라로 가는 지금 매 순간이 너무 행복해 기차 안팎의 풍경과 분위기에 푹 빠져있었다. 창밖으로 펼쳐진 아프리카는 지난 2개월간 다카르에서 보았던 풍경과는 완전히 다른 모습이었다. 기차는 한참 동안 잡목 숲과 모래 외에는 아무것도 존재하지 않는 듯한 지역을 지나갔다. 그러다 가끔 한 번씩 풀숲 안쪽에서 고대 조각상처럼 자리 잡은 작은 사막 마을이 나타나곤 했다. 마을 양쪽으로는 지평선과 맞닿은 거대한 바오밥 나무숲이 집들을 포근하게 둘러싸고 있었다. 몰리는 화려한 색상의 천을 몸에 감아 두른 여자들이 커다란 양동이에 물을 길어 머리에 이고 집으로 조심스럽게 걸어가는 모습, 말이 끄는 수레에 올라탄 남자와 소년들이 들에서 긴 일과를 마치고 돌아가는 모습을 열심히 바라보았다.

기차가 마침내 끼익 소리를 내며 키디라에 멈춰 선 시각은 밤 10시가 조금 안 됐을 때였다. "일단 여기서 강을 건너 말리로 갈 거야. 그리고 내일 마을 회관 앞에서 부쉬 택시를 타고 모리타니로 들어가려고 해." 기차에서 내리며 은데이가 설명했다. 역에서 나와 강을 향해 걸어가면서 몰리는 다리가 보이는지 열심히 둘러보았지만, 다리 같은 건 보이지 않았다. 대신 강둑을 따라 물가로 내려가자, 그곳에 커다란 카누 모양에 바닥이 납작한 통나무배가 기다리고 있었다. 몰리, 은데이는 기차에서 내린 다른 학생들 몇과 함께 배에 올라탄 뒤, 20분 거리에 있는 말리로 가기 위해 세네갈강을 건너기 시작했다. 은은한 파란 달빛이 강을 비춰주었다.

강 건너편에 도착해 작은 마을 안쪽으로 조금 걸어 들어가자, 인근 마을에 사는 한 여인이 다가와 여섯 학생 모두 자기 집에서 자라며 집으로 초대했다.

"처음 보는 사람 집에서 자도 괜찮은 거야?" 몰리는 다른 학생들을 따라 걸으며 은데이에게 속삭였다.

"물론이지. 몰리, 여기는 아프리카야! 이곳 사람들은 도움이 필요한 사람을 그냥 지나치지 않아. 너도 아프리카에서 더 오래 지내려면 이런 걸 잘 알아두는 게 좋아. 또 누가 알아? 다음번엔 우리가 이 여자의 아이들을 도와주게 될지?" 여자는 그들을 어느 소박한 집으로 안내하더니, 바닥에 잠자리를 깔아주고 동네 시장에서 사 온 빵과 정어리로 저녁밥을 차려주었다.

다음 날 아침, 뜨거운 태양 아래에서 부쉬 택시가 오길 기다리며 몇 시간을 서 있었다. 드디어 셀리바비 방향으로 가는 커다란 트럭 한 대를 만나 차를 불러 세우니 차의 열린 짐칸에는 이미 짐과 가방, 그리고 사람들로 가득 차 있었다. 은데이와 몰리, 그리고 다른 학생들은 트럭 뒤로 올라탔고, 아무 표지판도 없이 건조한 사바나 지역을 가로질러 나 있는 흙길 위를 덜컹거리며 세 시간을 넘게 달린 끝에 은데이의 고향에 도착했다.

마을은 아름다웠고, 진흙으로 만든 벽에 초가지붕을 얹은 작은 오두막집들 앞으로는 커다란 베란다가 딸려있었다. 전기도 수도도 들어오지 않는 곳이었기에 시간을 거슬러 역사 그 이전의 세상으로 건너온 것 같은 기분이 들었다. 예전 유럽에서도 몽생미셸의 아주 오래된 수도원 실내나 아테네의 아크로폴리스 계단 위에 서서 비슷한 느낌을 받은 적이 있긴 했지만, 그때와는 또 다른 새로운 느낌이었다. 은데이는 몰리를 데리고 마을 이곳저곳을 걸어 다니며, 집집마다 들러 인사를 하고 사람들에게 즐거운 명절을 보내라고 말했다. 몰리는 그 모습을 지켜보며 2000년 전 사람들이 어떻게 살았는지 눈앞에 그릴 수 있겠다고 생각했다.

그녀는 은데이 방에 얇은 매트리스를 깔고 잠을 자며 마을에서 일주일을 지냈다. 당시 몰리는 일기를 꾸준히 썼는데, 그때 쓴 일기에는 이렇게 적혀있었다. "늦은 토요일 오후, 많은 사람에 둘러싸인 채 기차를 타고 다카르 시내를 빠져나가면서 문화 충격을 받더라도 너무 놀라지 말자고 다짐했다. 다카르도 아프리카이긴 하지만, 아프리카가 항상 다카르 같지는 않을 테니까." 다카르는 프랑스 영향을 많이 받았기 때문에 현대식 영화관, 프랑스나 미국 음식을 파는 멋진 카페 같은 서양식 편의 시설이 많았고, 그런 곳에는 늘 외국인들이 모여 맥주를 마시며 정보를 나누곤 했다. 하지만 셸리바비에서 지낸 며칠 동안 몰리는 이곳이 서양식 문명과는 완전히 다르지만, 그리고 여기 사람들 역시 월로프어를 사용해 의사소통을 전혀 할 수는 없었지만, 이곳이 '진짜' 아프리카라고 생각했고, 문화충격도 전혀 받지 않았다. 오히려 사람들로부터 환대를 받으며, 나고 자란 진짜 집보다 더 내 집처럼 느껴질 정도로 친숙함을 느꼈다. 은데이 가족에게 지금 가장 중요한 일은 손님인 몰리를 즐겁고 마음 편히 쉴 수 있게 해주는 것뿐이라는 듯 모두가 그녀를 편안하게 해주려고 애썼다. 그녀도 이곳에 빨리 익숙해지고 싶은 마음에 청바지를 벗고 다카르에서 샀던 긴 부부를 꺼내 입었다. 그리고 여자들 사이에 끼여 아침마다 우물에서 물을 길어오고 저녁에는 식사 준비를 도왔으며, 다른 사람들처럼 변소―땅에 대충 구멍을 파고 기장 줄기로 담장을 둘러 가린―를 사용했다. 밤에는 밥을 짓기 위해 피운 모닥불과 기름 램프 주위에 사람들과 둘러앉아 진심으로 가족의 일원이 된 것 같은 기분을 맛보기도 했다.

그해 타바스키는 12월 25일*이었다. 아침에 은데이의 방에서 눈을 뜬 몰리는 먼 곳의 가족들을 생각했다. 어머니는 크리스마스를 무척이나 좋아해서 늘 이맘때면 집안을 솜씨 좋게 꾸며 제대로 축제 분위기를 냈다. 지금쯤 고향 집은 커다란 나무와 고상한 조명, 그리고 여러 장식으로 아름답게 장식되어 있을 터였다. 몰리는 휴일을 맞아 다 함께 모였을 가족들을 흐뭇한 마음으로 떠올렸다. 하지만 지금은 타바스키 축제를 구경하는 게 우선이었다. 사람들은 모두 일찍 일어나 있었다. 남자들이 모스크에 간 사이, 여자들은 아침 특별 예배가 끝나면 제사를 지낼 수 있게 양을 준비했다. 오후 3시가 되자, 사람들은 모두 가장 좋은 옷을 꺼내 입고 밖으로 나가 집집마다 돌아다니며 이웃들과 서로 명절 인사를 나누었다.

---

* 이슬람력으로 12월 10일

타바스키가 끝나고 며칠 후, 기차에서 알게 된 마마두Mamadou라는 남자가 몰리와 은데이를 찾아왔다. 셀리바비 출신인 그는 의사가 되기 위해 다카르대학에서 공부 중이었고, 아내와 아이들은 계속 이곳에서 살고 있었다. 키가 크고 호리호리한 체격의 그 남자는 바닥에 깔아 놓은 매트 위 푹신한 방석에 앉으며 은데이 집을 찾아온 이유를 설명했다.

"난 집에 있을 수 없어요. 오늘 딸아이에게 할례를 시켜주는 날이거든요." 그가 프랑스어로 말했다.

몰리는 혼란스러웠다. "딸에게 할례를 해준다는 게 무슨 말이에요?"

마마두는 내키지 않는 표정으로 은데이를 한번 보더니 대답했다. "그건 여기 사람들이 지키는 전통이에요. 여자아이 성기, 그러니까 클리토리스와 음순 부위를 잘라내는 거죠."

"진짜로요?"

"네, 진짜예요."

몰리는 믿을 수가 없었다. "그걸 왜 하는 거죠?"

"여자아이가 마을 사람들에게 인정받고 좋은 남편감을 찾으려면 반드시 치러야 하는 오래된 의식이에요."

"하지만 정말 끔찍하게 아프고 아이에게 위험할 수도 있는 일 아닌가요?" 몰리는 물었다.

"그렇죠." 전문 의료 지식도 없는 나이 많은 여자가 면도날을 사용해서 시술한다고 그는 설명했다.

"그런데도 어떻게 당신은—? 의사가 되려는 사람이잖아요." 몰리가 말했다.

"전 할례 시키는 거 반대지만, 내 의지보다 전통의 힘이 더 강한 걸요." 마마두는 멀리 들판에 서 있는 나무 한 그루에 시선을 고정한 채 말했다. "내가 굳이 집에 온 데는 어느 정도 이 일 때문이기도 해요. 딸에게 그걸 시키지 않았으면 좋겠다고 아내에게 말했지만, 아내와 어머니는 어떻게든 하고 말 테니 시술을 하는 동안 집에서 가까운 곳에 와 있기라도 하는 편이 낫겠다고 여긴 거죠. 정말 큰 문제가 생길 수도 있거든요." 그는 슬픈 얼굴로 몰리를 보았다. "딸에게서 멀지 않은 곳에 있어 주는 것 말고는 다른 도리가 없어요."

그날 내내 몰리는 머릿속이 복잡해 누구와도 제대로 대화를 나눌 수가 없었다. 은데이에게 그 일에 관해 물어보고 싶었지만, 아까 전 보았던 그 조용한 반응으로 볼 때 은데이는 그걸 입 밖에 내어 말할 정도로 생각이 열려있지는 않은 듯했다. 몰리는 궁금해 견딜 수가 없었지만, 그래도 친구의 기분을 상하게 하지 않는 게 더 중요하다고 여겼다.

★

다음 날 아침 일찍, 몰리와 은데이는 다시 짐을 싸 기차를 타기 위해 길을 나섰다. 일단 바마코 급행열차에 오르자, 몰리는 샌들까지 벗고 다카르로 돌아가는 긴 여정에 대비해 제대로 자리를 잡고 앉았다. 마마두와 했던 대화가 자꾸만 생각났다. 친어머니가 아무것도 모르는 여자아이, 그것도 자기 딸에게 이런 일을 한다는 게 믿어지지 않았다. 어떻게 20세기에 아직도 이런 일이 벌어지고 있는 거지? 자세한 내막은 몰라도 이처럼 위험한 행위 뒤에는 분명 뭔가가 있으리라 생각했다.

창밖으로 빠르게 스쳐 지나가는 아프리카의 사바나 풍경을 바라보며 그녀의 머릿속은 그동안 제대로 돌이켜본 적 없었던 어린 시절의 기억으로 쏜살같이 날아갔다. 물론 성기를 잘라내는 일과는 결코 비교할 수도 없는 일이었지만, 그때 기억을 떠올리니 어머니가 자기 딸이 고통받을 걸 알면서도 그렇게 하는 이유를 조금은 공감하고 이해할 수 있을 것 같았다.

세 살쯤 됐을 때, 몰리는 앞니가 꽤 심하게 앞으로 돌출되어 있었다. 여섯 살이 되어 학교에 입학한 뒤, 그녀는 자주 속이 상해 집에 돌아왔다. "다른 애들이 자꾸 내 이 가지고 놀려요. 나보고 뻐드렁니 비버래요." 울면서 엄마에게 말했다.

앤은 몰리를 치아교정 전문의에게 데려갔다. "이가 이렇게 된 원인은 아이의 습관 때문이에요." 당시 몰리는 윗니로 아랫입술을 물고 심하게 빠는 버릇이 있었는데, 그것 때문에 앞니가 자꾸 앞으로 돌출된다는 거였다. "그 버릇을 고치지 않으면, 교정을 해도 소용이 없을 겁니다."

앤이 아무리 노력해도 몰리는 이 행동을 멈추지 않았다. 밤마다 몰리는 아끼는 강아지 인형, 플루토를 안고 침대에 누워 인형의 부드러운 털을 쓰다듬으며 입술을 빨았다. 이 습관은 잠들기 전, 마음을 편하게 해주는 몰리의 오랜 의식이었다.

앤은 걱정이 되어 미칠 지경이었다. 그녀는 몰리가 외모 때문에 따돌림을 당하거나 매력 없는 아이라는 소리를 듣는 게 싫었다. 할 수 있는 건 뭐든 해야 했다.

다음 날 밤 앤은 몰리가 잠이 들자 몰래 딸의 방으로 들어갔다. 그리고 베개 옆에 놓여있는 플루토를 조용히 집어 들고 회색 털 한 조각을 조그맣게 잘라냈다. 다음 날 밤에는 꼬리 부위를 가위로 싹둑 잘라냈다. 매일 밤 몰리가 잠이 들면 앤은 몰리의 방으로 가 플루토를 조금씩 잘랐다. 머지않아 몰리는 밤사이 사랑하는 강아지가 조금씩 사라진다는 사실을 눈치챘다. 그녀는 엄마에게 달려가 외쳤다. "플루토한테 무슨 일이 벌어지고 있는 거죠?"

"엄마는 무슨 말인지 모르겠는데?" 앤은 시치미 떼며 말하곤 했다. 아침마다 몰리는 플루토가 밤사이 또 줄어있을까 봐 걱정스러운 마음으로 잠에서 깨보면, 플루토는 정말로 조금 더 줄어있었다. 그러던 어느 날 아침, 몰리는 잠에서 깨어 자기 옆에 있던 플루토가 귀 한 조각밖에 남질 않았다는 것을 알게 됐다. 귀 조각을 치워버리며 몰리는 너무나 슬펐고 외로웠다. 하지만 그 이후로 입술을 빠는 버릇은 사라졌다. 몇 개월 후 이빨에 교정기를 하자, 두통이 생기고 잇몸에 피가 나면서 너무 아팠다. 거기에다 학교에 갈 때는 헤드기어까지 써야 해서 더 당황스러웠다.

그녀는 엄마에게 투덜거렸다. "이런 건 왜 해야 해요?"

"그걸 해야 얼굴도 예뻐지고, 친구들도 안 놀리는 거야." 앤은 대답했다. 평소 그렇게 다정한 엄마는 아니었지만, 그녀는 몰리의 뺨을 어루만지며 말했다. "나중에, 남자친구랑 데이트할 때가 되면 너도 알게 될 거야. 지금은 왜 하는지 모르겠지만, 결국엔 너도 엄마한테 고마워하게 될걸?"

5

환영합니다

테랑가 지 ── Teraanga ji

"그러니까 왜 너 같은 여자애가 이런 곳에 계속 남아 있으려고 하는 거야?" 1975년, 몰리는 자신을 만나러 온 언니, 다이안과 다카르의 음식점에서 우연히 한 미국인 남학생과 같은 테이블에 앉게 되었다. 그는 방금 세네갈에 계속 있겠다고 말한 몰리의 말을 믿을 수 없다는 듯 물었다. "나는 여기서 잠깐 지낼 예정인데도, 지금은 집에 가고 싶은 마음뿐이야. 이곳은 어딜 가나 쓰레기랑 파리 천지잖아."

"파리 말고 사람들의 눈을 들여다봐. 세네갈이 나를 붙잡았듯이 네 허리춤도 붙잡을걸? 그럼 너도 떠나고 싶었던 마음이 싹 사라질 거야."

많은 서양인에게 이곳에서 계속 지내는 것은 상상하기조차 힘든 일이었기에 그런 반응도 무리는 아니었다. 하지만 이 나라는 확실히 이곳만의 방식으로, 때로는 사람을 압도하게 만드는 매력이 있는 곳이었다. 월로프어로 손님을 환대한다는 뜻의 '테랑가 Teraanga'는 단순히 말의 의미를 넘어 사람들의 삶의 방식을 드러낸 단어이기도 했다. 또한 이곳의 문화는 프랑스 문화의 고상함과 제3세계의 욕구가 흥미롭게 뒤섞인 모습을 하고 있었다. 분명 살기에 편한 곳은 아니었고, 특히 미국의 현대식 설비—뜨거운 물이 펑펑 나오는 수도, 에어컨, 언제든 쓸 수 있는 전기, 잘 포장된 도로, 그리고 파리도 거의 없었다—에 익숙한 사람이라면 더더욱 그렇게 느꼈을 터였다. 1974년, 이곳에 처음 도착했을 때는 몰리도 그렇게 생각했다. (연중 가장 더웠고, 말라리아가 끊임없이 창궐해 생명을 위협하고 있었다.)

심지어 세네갈에서 오래 살면서 이 나라와 문화에 익숙해진 지금까지도 그녀는 처음 자신을 그토록 격렬하고 빠르게 끌어당긴 이유가 무엇인지 설명하기 힘들었다. 몰리는 세네갈 사람들이 진심으로, 다른 곳에서는 한 번도 보지 못한 방식으로 다른 사람을 배려한다고 느꼈고, 어쩌면 그런 단순한 사실 때문에 이곳에 끌렸는지도 모르겠다고 생각했다. 또한 그녀는 신체 조건상으로도 이곳과 잘 맞았다. 학교 다닐 때 몰리는 늘 반에서 가장 키가 컸고, 자랄수록 그런 특성 때문에 자신이 "어딘가 어색하고 볼품없는" 사람이라고 느끼게 됐다. 키가 좀 클 뿐 마른 체격이었는데도 불구하고 어머니는 딸이 몸무게가 많이 나간다며 걱정을 했고, 음식을 가려 먹고 운동 좀 더 하면 훨씬 옷맵시도 나고 기분도 좋아질 거라고 잔소리를 했다. 하지만 세네갈에서는 정반대였다. 이곳에서는 조각상처럼 위엄 있고 덩치 큰 여자가 아름답다고 여겨졌다(세네갈에서 존경받는 여왕들, '링게르lingéer'들은 모두 키가 컸다). 그래서 다카르대학 기숙사에 사는 여학생 중에는 일부러 살이 찌는 약을 먹는 사람도 꽤 있었다. 다이안은 이렇게 말했다. "몰리는 고등학교 다닐 때 젓가락처럼 비쩍 마르고 키가 컸었죠. 인기도 많았고 사랑받는 아이였지만, 정작 자신은 자기 몸에 대해 그리 좋게 여기진 못했던 것 같아요. 걔가 세네갈에 가서야 키 큰 여자로서 인정을 받았고, 그러면서 여러 면에서 자신을 있는 그대로 받아들이게 된 것 같아요."

다이안의 설명은 맞았던 것 같다. 몰리는 세네갈에 온 지 얼마되지 않았을 때 일기장에 이렇게 썼다. "다카르라는 곳에 대해 제대로 설명할 수 있었으면 좋겠다. 이곳은 나를 웃게 하고, 춤추게 하고, 말하게 한다. 이 도시에서 매일을 산다는 것은……. 나는 다카르 사람이다. 다카르의 여자."

어쩌면 그녀는 부모님과 멀리 떨어져 지내게 되어 숨통이 트인다고 느꼈는지도 모르겠다. 전화 요금이 워낙 비쌌기 때문에 몰리는 부모님께 자주 편지를 썼고, 어떨 때는 일주일에 두 번씩 편지를 쓰기도 했지만, 이곳의 생활을 자세하게 알리지는 않았다. 편지에는 학교 수업에서 읽고 있는 아프리카 소설, 소포로 부쳐줬으면 하는 물건, 통역 일을 해서 용돈을 벌게 된 일, 아르바이트하며 만나게 된 다양한 고객들—불어와 영어를 사용하는 NGO 직원, 미국에서 온 블루스 밴드, 비료회사—처럼 일반적인 이야기들만 썼다. 그녀는 비료회사에서 일자리를 얻자마자 아버지에게 멜칭어를 사용해 이런 편지를 썼다. "벌써 제가 맡은 비료에 대해 공부하기 시작했는데요, 이 일 완전 똥 같아요."

하지만 주목할 사실은 부모님에게 말하지 않았던 얘기 중에 정말 중요한 사건들이 많았다는 것이다. 일리노이 댄빌 출신의, 호감은 가지만 어딘가 어색했던 여자아이, 몰리는 다카르의 삶에 차츰 적응하면서 세네갈의 가장 유명하고 영향력 있는 예술가와 지식인들 사이에서 없어서는 안 될 존재가 되어갔다. 그녀를 이 세계로 안내한 사람은 아프리카의 중요한 영화제작자이자 저명인사 중 하나로 손꼽히는 우스만 셈벤Ousmane Sembène과 그의 미국인 아내, 캐리 데일리Carrie Dailey였다. 일리노이대학의 한 교수님 소개로 알게 된 셈벤 부부는 도심에서 그리 멀지 않은 대서양 연안에 우스만이 직접 지은 집에서 살고 있었다. 시카고 외곽에서 자란 캐리는 인디애나 대학Indiana University 대학원에 다니며 우스만과 그의 작품을 주제로 박사 논문을 쓰다가 인터뷰를 위해 2년 전 세네갈에 오게 됐다. 두 사람은 사랑에 빠졌고, 1973년 결혼했다.

똑바로 섰을 때 키가 거의 183cm 가까이 됐던 캐리는 깜짝 놀랄 정도로 미인이었고, 번뜩이는 지성과 대담한 스타일로도 유명했다. 종종 머리를 면도칼로 밀고 아름다운 아프리카 의상을 입고 사람들 앞에 나타나면, 자신만만하고 우아한 그 모습이 모든 이의 시선을 압도하곤 했다. 몰리는 그녀와 금세 친한 친구 사이가 되었다. 그 당시 우스만은 영화 〈할라Xala〉 제작에 완전히 몰두해 있었는데, 훗날 많은 평론가 사이에서 그의 작품 중 최고라는 평을 받은 영화였다. 그가 서재에서 대본을 쓰는 동안, 몰리는 캐리와 함께 그 집 작은 부엌에서 함께 요리한 뒤, 테라스로 가지고 나가 울퉁불퉁한 바위투성이 해안—우스만이 '갈레 체도GALLE CEDDO(자유로운 사람의 집)'라는 명패를 새긴 집에서 가까운—을 내려다보며 저녁을 먹곤 했다. 가끔은 거실 바닥에 화려한 색상의 파뉴를 펼쳐놓고 커다란 접시에 음식을 담아 세네갈식으로 음식을 나눠 먹기도 했다. 2월이 되어 사하라 사막에서 먼지 바람 하르마탄harmattan이 불어오고 하늘이 흐릿해지면서 저녁 기온이 쌀쌀해지자, 두 사람은 난롯가에 불을 피우고 쿠키를 만들어 차를 마셨다.

우정을 쌓기에 딱 좋은 시기에 두 사람은 서로를 알게 됐다. 우스만보다 거의 스무 살 가까이 어렸던 캐리는 아프리카계 미국인으로서 온종일 파이프를 입에 문 채 서재에만 틀어박혀 있는 남편과 단둘이 고립된 마을에 살다 보니, 든든한 여자 친구 하나만 있었으면 좋겠다고 간절히 바랐다. 한편 몰리는 새로운 문화 안에서 경험한 이야기, 그리고 대학 생활에서 느끼는 불안감, 더 빨리 이곳에 적응하고 싶은 바람 등을 털어놓을 수 있는 사람이 필요했다. 당시 서른두 살로 몰리보다 여덟 살 위였던 캐리는 세네갈 문화에 관해 많은 것을 가르쳐주었다. 한 그릇에 음식을 담아 여럿이 함께 먹는 식사 자리에서 여자는 어떻게 앉으면 되는지 방법을 보여주었고, 수를 놓은 아름다운 부부를 빌려주기도 했다. 또한 허벅지를 내놓고 세네갈 길거리를 돌아다니는 것은 세네갈 여성이 가슴을 다 내놓고 미국 쇼핑몰을 걸어가는 것과 마찬가지라며 미니스커트는 절대 입지 말라고 일러주었다.

"미국에서는 옷을 입는 방식으로 개성을 표현하고 네가 자신에 대해 어떤 생각을 하는지 드러내지만, 이곳에서는 옷을 입는 방식으로 다른 사람을 향한 너의 태도를 드러내. 그러니까 다른 사람들처럼 옷을 입어야 사람들도 네가 그들을 존경한다고 생각할 거야." 캐리는 설명했다.

셈벤 부부는 정식으로 손님을 초대하지는 않았지만, 전 세계에서 몰려든 지식인들—유럽 음악가, 아프리카 출신 작가와 영화제작자, 우스만을 인터뷰하기 위해 세계 각지에서 온 기자들—은 일요일 오후에는 반드시 셈벤의 집에 가야 한다는 사실을 이미 다 알고 있었다.

아이티 난민이자 시인인 장 브뤼에Jean Brière는 이 모임을 자주 찾는 손님으로 구석 자리에 앉아 노트에 뭔가를 쓰고 있는 모습을 자주 볼 수 있었다. 글을 다 쓰고 나면 그는 사람들 대화에 불쑥 끼어들거나 갑자기 춤을 추었고, 큰 소리로 이렇게 외치기도 했다. "자, 이제 제가 시를 읽어드리겠습니다!"

그가 학구적인 분위기가 물씬 풍기는 프랑스어로 쓰인 송시를 과장된 몸짓과 목소리로 다 읊고 나면, 방 뒤편에 서 있던 그의 부인이 달려 나와 남편을 두 팔로 와락 끌어안으며 이렇게 감탄했다. "장, 뛰에 씨 브릴리앙tues si brilliant! 껠 뽀엠 엑스트하오디네흐Quel poème extraordinaire!(장, 당신은 정말 천재예요! 대단한 시야!)"

특히 거기서 만난 아프리카 사람들은 몰리의 인상에 강하게 남았다. 집 테라스의 커다란 나무 탁자에 앉아있으면 바다로 해가 지는 장관을 볼 수 있었는데, 더욱 흥분되는 점은 종종 아프리카 작가들, 현재 대학 수업 중에 읽고 있는 작품을 쓴 바로 그 사람들이 그 자리에 함께 있었다는 사실이었다. 그녀는 기니 출신의 유명한 소설가 카마라 라예Camara Laye를 만났고, 프랑스와 아프리카, 두 문화 사이에 다리를 걸친 인물이 겪는 딜레마에 대해 이해하게 해준 소설, 《라방튀흐 암비귀(미지의 탐험)L'Aventure Ambigue(The Ambiguous Adventure)》을 쓴 세네갈 작가, 셰이흐 아미두 카네Cheikh Hamidou Kane도 만났다. 그리고 나이지리아 출신 극작가이자 시인인 월레 소잉카Wole Soyinka 같은 인물도 만날 수 있었는데, 그는 나이지리아가 영국으로부터 독립하기 위해 투쟁을 벌일 때 독립운동에 매우 적극적으로 가담했고, 이후 1986년에는 노벨문학상도 받은 작가였다.

셈벤 부부를 만나고, 그렇게 세네갈에 오자마자 아프리카의 위대한 예술가들을 만난 경험은 몰리에게 매우 깊은 영향을 미쳤다. 그녀는 이 나라에 깊은 애정을 품고 있으면서 어떻게 하면 이곳에 더 잘 동화될 수 있을지 끊임없이 자문하곤 했다. 한편으로는 대학 기숙사에 살며 생각의 차이로 인해 여러 일을 겪을 때―돈을 빌려달라는 요구를 듣거나 자신이 바깥에서 안을 들여다보고 있다는 느낌이 들 때―마다 그녀는 자주 당황스럽고 외롭다고 느꼈다. "하지만 겉에서만 보고 한 나라의 문화를 어떻게 판단할 수 있겠어?"라고 그녀는 일기에 썼다. 당시 그녀가 품고 있던 가장 중요한 질문은 그 문장 조금 뒤에 나온다. "외부인이 다른 사회의 일원으로 인정받으려면 어떻게 해야 할까? 그리고 나는 정말 그렇게 되길 바라고 있나?"

이 질문에 대한 해답은 머지않아 셰이흐 안타 디옵Cheikh Anta Diop이라는, 그녀의 삶을 영원히 변화시킬 한 남자를 만나면서 찾게 되었다.

★

셰이흐 안타 디옵의 연구실은 다카르대학 블랙 아프리카 기초 연구소L'Institut Fondamental de l'Afrique Noir(the Fundamental Institute for Black Africa) 내의 방사성 탄소 실험실 안에 있었다. 몰리는 세네갈에 온 지 7개월째 되던 1975년 5월에 그를 만났다. 그 무렵 몰리는 월로프어를 배우기 시작했는데, 언어를 사랑했고 이 세계에 대해 누구보다 강렬한 호기심을 지닌 그녀였기에 그동안 사람들과 소통하지 못하며 너무 큰 좌절감을 느끼고 있었다. 2개월 동안 그녀는 다카르에 있는 한 어학센터에서 문장과 기초 어휘, 문법 등을 배웠고, 그런 다음 책이나 학습 지침서를 읽으며 독학으로 공부를 계속했다. 그리고 시간을 내주는 사람이 있으면 아무나 붙잡고 대화를 나눴다. 그녀는 영어로 딱 맞아떨어지지 않는 단어가 나오면 그 의미를 알 때까지 끊임없이 질문했고, 더 쉽게 이해할 수 있게 단어를 문맥에 맞게 사용하는 법을 보여 달라고 사람들을 졸랐다. 그런 식으로 그녀는 월로프어를 빠르게 익혀나갔다. (몰리가 월로프어를 배우기 시작한지 겨우 5년 뒤인 1980년, 주세네갈 미국 대사는 활동자금을 모금해주는 모 기관에 도움을 요청하는 편지를 쓰면서 그녀가 현지인만큼 월로프어를 잘한다고 쓰기도 했다.)

몰리는 이 언어의 소리와 리듬감이 좋았다. 하지만 월로프어에 끌렸던 가장 큰 이유는 언어를 배우면서 자신이 그토록 애착을 갖게 된 이 나라의 비밀을 조금씩 알게 되었기 때문인지도 몰랐다. 그녀는 한 민족의 문화와 가치는 종종 그들이 사용하는 언어 속에 숨어있다고 늘 생각해왔다. 고등학교 졸업반 시절, 몰리가 댄빌 신문에 기고한 글에는 이런 문장이 적혀 있었다. "한 나라의 핵심을 이해하려면 그 나라 사람들을 알고 의견을 교류해야만 한다." 그리고 지금, 이 생소한 외국어를 통해 그녀는 그동안의 서양식 관점에서 보는 것과는 너무나 다른 세계를 경험하고 그곳 사람들과 관계 맺는 법을 발견해 나가고 있었다. 항상 받아들이기를 강요당했던 미국식 가치—발전, 개인의 자유, 물질적 풍요와 번영—와는 달리, 세네갈 사람들 사이에서 가장 중요한 것은 다른 사람에 대한 관심, 그리고 가족과 이웃을 돌보는 일이라는 사실을 알게 되었다. 개인의 자유를 찬양하는 단어가 많은 영어와 달리, 월로프어에는 그런 단어가 아예 존재하지 않았다. 대신 친절하게 손님을 접대하는 일이나 평화, 통일, 우정과 관련된 단어들이 많았다.

월로프어로 말하고 이해하는 실력이 부쩍 늘었음에도 불구하고 그녀는 셰이흐 안타 디옵을 만나러 가는 길에 이 교수에게는 월로프어로 말을 걸지 않으리라고 결심했다. "젊은 미국인 여자가 월로프어를 배우려고 노력하는 모습을 보고 사람들은 자주 놀라워했지만, 나는 그 사람들에게 딱히 어떤 말도 해줄 수가 없었어요. 그리고 그날은 그럴 시간도 없었고요." 그녀는 도서관에서 필요한 책을 찾다가 그 책을 셰이흐 안타 교수가 먼저 빌려 갔다는 사실을 알게 됐다. 그의 사무실에 도착해 한참을 기다린 끝에 안에서 들어오라는 소리가 들렸다. 50대 초반의 세이흐 안타 교수는 키가 크고 운동선수처럼 건장—그는 프랑스 유학 시절 권투선수로 활동하기도 했다—했으며, 빳빳한 흰색 실험실 가운을 입고 있었다. 그런 당당하면서도 강한 인상의 사람과 마주치자, 몰리는 즉시 마음을 바꾸었다.

"나응가 데프Na nga def?" 그녀가 물었다. (안녕하세요?)

"망기 피렉Maa ngi fii rekk." 그는 의례적인 대답을 하며 즐겁게 웃었다. (나 여기 있어요.)

그 날 몰리는 세 시간 동안 그의 사무실에 앉아 있었다. 그리고 미국에서의 삶, 새롭게 발견하게 된 아프리카에 대한 사랑, 현재 공부하고 있는 문학 작품, 월로프어에 대한 흥미 등 다양한 주제로 그와 이야기를 나누었다. 다음 일요일, 셈벤의 집 넓은 테라스에 다른 사람들과 다 같이 모인 자리에서 몰리는 캐리에게 그를 만났던 이야기를 했다.

"지금 농담하는 거지? 그 사람이 누군지 알아?" 캐리가 말했다.

"대학교수예요. 세네갈로 돌아오기 전에는 프랑스에서 공부했다더라고요." 몰리가 대답했다.

"몰리, 그 사람은 '그냥' 대학교수가 아니야. 그는 우리 시대에 가장 유명하고 영향력 있는 아프리카 사람 중 하나이고, 세계적으로는 아프리카 역사에 대해 정말 중요한 학설을 제시한 사상가이기도 해." 9년 전인 1966년에는 20세기 아프리카 사조에 지대한 영향력을 끼친 학자로 인정받아 W. E. B. 두브와W. E. B. Dubois와 함께 상을 받기도 했다고 그녀는 설명했다. 아프리카가 독립을 이루기 위해서는 먼저 아프리카 인류 및 문명의 기원을 알아야 한다고 판단했던 그는 특히 이집트 문명에 대해 깊이 연구했고, 고대 이집트인들이 흑인이었다는 주장을 내놓게 되었다. "그의 주장은 이론의 여지가 있긴 하지만 매우 중요한 학설이야. 내가 너라면 그분과 더 오래 얘기하려고 노력할 거야. 다른 사람들은 그럴 기회조차 얻지 못해 안달이거든." 캐리는 말했다.

몰리는 캐리의 충고에 따라 곧 셰이흐 안타를 다시 찾아갔다. 그는 몰리를 반갑게 맞으며 책상 맞은편 의자에 앉으라고 권했고, 이후로 두 사람이 만나는 횟수는 점점 늘어났다. 두 사람은 현대 아프리카 흑인 문화에서 나타난 풍습의 기원을 따라 올라가면 고대 이집트 문명으로 이어진다는 그의 연구 주제에 대해 몇 시간씩 토론하곤 했다. 이런 새로운 관점은 당시 지배적이었던 식민지 시대의 서사 방식에 대안을 마련해 주었고, 몰리는 그 안에서 아프리카의 역사를 새롭게 해석할 힘을 보았다.

"그럼 이제, 여기 오지 않을 때는 뭘 하며 지내는지 한번 말해봐요." 그가 물었다. 그녀는 할 얘기가 정말 많았다. 이곳에 온 후로 그녀는 잠시도 가만히 앉아있지 못했고, 누군가—그 사람이 우스만과 캐리의 집에서 만난 유명 시인이든, 시장에 갔다 돌아오는 길에 우연히 얘기를 나누게 된 택시 기사든—의 초대를 받으면 무조건 받아들였다. 그녀는 셰이흐 안타에게 다카르의 사람들과 생활에 완전히 매료된 이야기, 세네갈 문화와 월로프어에 대해 자신이 관찰한 사실에 관해 이야기했다.

월로프어 얘기가 나오자, 셰이흐 안타는 월로프어로 말할 때는 순수한 형태로만 써야 한다고 강조했다. 세네갈이 처음 프랑스 지배 아래 들어가고 프랑스어가 공용어로 채택되면서 많은 사람, 특히 다카르 사람들 사이에서 프랑스어와 월로프어를 섞어 쓰는 경향이 생기기 시작했고, 그로 인해 풍부한 월로프어 어휘들이 많이 사라졌다고 했다.

"월로프어를 쓸 때는 절대 프랑스어 단어랑 섞어 쓰지 말아요." 라며 대화 도중 꾸짖듯 말하기도 했다. "그렇게 하는 것은 언어의 질을 떨어뜨릴 뿐이에요. 정확한 단어를 찾도록 노력해 봐요."

멘토를 존경하는 마음은 나날이 커져 몰리는 그를 기쁘게 하는 일이라면 무슨 일이든 하려 했다. 다른 남자들은 처음 만나면 결혼을 했는지, 아이가 있는지부터 물었지만, 셰이흐 안타는 그녀의 생각을 먼저 물었다. 그는 그녀를 학생이 아닌 학자처럼 대해주었고, 아프리카 개발에 미치는 언어의 영향에 대해서도 더욱 깊이 연구해 보라며 격려해 주었다.

학기 말이 다가오자, 몰리는 셰이흐 안타에게 세네갈에 남아 그와 연구를 계속해도 될지 물었다. 그는 기뻐하며 승낙했다. 그때 그녀의 결심에는 무기한 세네갈에 머물겠다는 의지가 어느 정도 엿보였다. 그 소식은 부모님, 특히 어머니에게는 무척 실망스러운 소식이 아닐 수 없었다. 다이안은 그때를 떠올리며 이렇게 말했다. "그렇게 멀리 떨어져 생판 다른 남의 나라에서 살겠다는 몰리를 엄마는 이해하지 못하셨어요. 저한테 전화해서도 매번 '네 동생은 도대체 언제 집에 온다니?'하고 똑같은 질문만 하셨죠."

6

토스탄

Tostan

아프리카에서 지내기 시작한 지 2년째 되던 해부터 몰리의 관심은 프랑스 문학 연구에서 지역개발사업으로 조금씩 바뀌기 시작했다. 그 무렵 그녀는 주로 통역으로 일했는데, 처음 그 일을 시작한 이유는 돈도 벌고 새로운 곳을 모험할 기회도 얻을 수 있겠다는 생각에서였다. 그녀는 부모님에게 보낸 편지에 이렇게 썼다. "저 이번에 말리에 가게 됐어요. 정말 너무너무 운이 좋은 것 같아요!"

시간이 지날수록 그녀는 지역개발 담당자들이 시골 마을을 방문할 때 동행하는 일을 특히 좋아하게 됐다. 그곳에서 그녀는 단순히 언어만 통역해준 게 아니라 세네갈의 문화를 알려주려 노력했고, 이때의 경험으로 시골 지역 개발에도 더 관심을 갖게 되었다. 마을은 너무 외딴 곳에 있어서 그곳에 가려면 마른 풀이 웃자란 들판 사이로 난 좁은 길을 지나가야 할 때가 많았고, 대부분은 전기, 깨끗한 식수 같은 기본 생필품조차 없었으며, 의료 수준은 아주 열악했다. 많은 아이가 의료 혜택을 받지 못해 예방접종만 하면 막을 수 있는 소아마비, 홍역, 파상풍 같은 질병을 앓고 있었다. 몰리는 예전에 영양실조에 걸려 배만 볼록 튀어나온 전형적인 아프리카 아이의 모습을 사진으로 자주 접했었는데, 이제는 세네갈 남동부의 외딴 마을에서 눈앞에 서 있는 그런 아이를 두 눈으로 직접 보게 되었다.

하지만 몰리를 가장 놀라게 했던 것은 개발 담당자들과 마을 사람들이 서로 대화를 나누는 모습이었다. "만나면 양쪽 모두 너무 경직돼 있었어요. 진심 어린 대화도 없었고, 마을 사람들을 위해 어떤 사업이 이뤄졌으면 좋겠는지, 무엇이 바뀌어야 한다고 생각하는지 깊이 있게 묻고 조사하는 과정이 완전히 생략돼 있었어요. 그런 대화가 이뤄지길 계속 기다렸지만, 거의 보질 못했어요." 그녀는 그 때를 떠올리며 말했다.

그러기는커녕 개발 사업가들은 성취하려는 목표와 바라는 결과물에 대해 명확한 그림을 그리고 이곳에 도착했고, 마을 사람들에게는 이런 목표를 공유할 의사가 있는지 없는지조차 물어보지 않았다. 문제를 더욱 나쁘게 만든 것은 대부분의 개발 프로젝트에 기본 교육 프로그램이 전혀 포함되어 있지 않아 소위 전문가들이라고 하는 사람들이 떠나고 나면, 주민들이 프로젝트를 효과적으로 관리하고 운영할 수가 없다는 데 있었다. 프로젝트를 유지할 수 있는 지식이 없었기에 사업은 방치되기 일쑤였고, 몇 년 뒤 기관 대표들이 이곳에 다시 와보면 운반 기구는 다 녹슬어있고, 곡물 분

쇄기와 펌프는 고장 나 있었으며, 보건 센터는 전혀 제 기능을 하지 못하고 있었다.

일이 끝나면 몰리는 다카르의 학교와 일상으로 돌아왔지만, 마을에서의 경험은 쉽게 잊히지 않았다. 특히 셈벤의 집과 셰이흐 안타 디옵의 사무실에서 시간을 보내고 온 후에는 더 자주 생각하게 되었다. 캐리나 셰이흐 안타와 이야기를 나눌 때, 그리고 일요일 오후 셈벤의 집에 모인 각국의 지식인들이 세네갈의 미래에 대해 열띤 토론을 벌일 때, 몰리도 적극적으로 자기 생각을 말했다. 당시 세네갈은 프랑스에서 독립한 지 겨우 14년밖에 지나지 않은 때였기 때문에 대화는 주로 탈식민 시대 아프리카의 삶을 중심으로 이루어졌다. 프랑스어를 공용어로 하는 서아프리카 나라들—대다수가 거의 동시에 독립을 이루었다—은 1960년대라는 대변혁의 시대를 지나며 시민들은 불안하고 혼란스러운 정치 현실, 독재, 사회 전반에 걸친 부패, 암울한 사회 상황과 맞닥뜨렸다. 사람들 사이에서는 '식민지 시대는 정말 끝난 것인가? 수십 년간 이뤄진 프랑스의 동화정책으로 우리가 정신적으로 종속되어 있지는 않나? 서아프리카 나라들이 독립을 선언한 그 순간부터 프랑스와 관계를 완전히 단절하는 것은 가능한가?' 등의 질문이 자주 제기됐다.

당시 세네갈 대통령은 레오폴드 세다르 셍고르Léopold Sédar Seng-hor였다. 독립 이후 초대 대통령에 당선된 셍고르—세네갈 출신의 시인이자 문화 이론가였다—는 생활 방식이나 정치 성향 면에서 프랑스식을 매우 선호하는 사람이었기에 우스만과 셰이흐 안타처럼 나라를 걱정하는 많은 이들이 그를 노골적으로 비판했다. 그들이 보기에 셍고르는 아프리카 문화의 부활을 입으로만 외칠 뿐, 사실상 자신은 서양의 사고방식과 이념을 간직한 생활을 고수하고 있어 프랑스어를 하지 못하는 대다수의 세네갈인을 사회적으로 소외시키고 있었다.

우스만은 몰리에게 이렇게 말했다. "셍고르와 그의 지지자들은 세네갈 시골 지역의 문제, 이 나라의 소중한 가치, 그리고 가장 중요한 모국어에 등을 돌렸어요." 우스만과 셰이흐 안타는 세네갈이 경제적·문화적으로 발전하고 "진정한" 독립을 이루기 위해서는 모국어 사용을 반드시 장려해야 한다고 생각했다.

상황은 매우 복잡했다. 프랑스어가 세네갈의 공용어로 지정되어 있긴 했지만, 실제 프랑스어를 유창하게 사용할 수 있는 사람은 인구의 20%에도 미치지 못했다. 사람들 대부분은 월로프어를 사용하거나 주요 국어로 지정된 '풀라르어Pulaar, 세레르어Serer, 졸라어Diola, 소닌케어Soninke, 만딘카어Mandinka' 다섯 개 언어를 사용했다. 그런데도 정식 학교 교육은 프랑스어로만 진행하도록 규정해놓고, 교사들에게도 기계식 암기 같은 프랑스식 표준과 기술을 활용해 학생들을 가르치도록 훈련했다. 세네갈의 문화적·사회적 환경은 거의 고려하지 않은 정책이었다. 이런 프랑스식 교육 시스템은 세네갈 국민 대다수의 발전을 저해하고 있다는 점에서 논쟁의 여지가 많았다. 학생들이 학교에서 집에서는 쓰지도 않을 언어의 정확한 발음을 배우느라 몇 주를 보내는 동안, 아동 네 명당 한 명은 다섯 살도 되기 전에 죽는 게 세네갈의 현실이었다. 또한 교육에 있어 여성은 남성보다 특히 뒤처져있었다. 국내에서 글을 읽고 쓸 수 있는 여성의 비율—23% 대 44%로—은 남성의 반을 겨우 넘었고, 시골 지역으로 갈수록 차이는 더욱 벌어졌다.

우스만과 셰이흐 안타는 월로프어를 세네갈 공용어로 지정할 것을 앞장서서 주창한 사람들이었다. '마슬라masla(어떻게든 다른 사람을 행복하게 해주는 일)' 문화가 핵심인 나라에서 살아온 두 사람이었기에 자신의 주장이 너무 과감해 논쟁거리가 된대도 두려워하지 않고 옳다고 믿는 바를 끝까지 밀고 나갔다. 우스만도 한때 프랑스어로만 글을 쓰던 때가 있었지만, 언젠가부터 월로프어로 영화를 만들기 시작했다. 아프리카 민족의 역사와 문화를 다룬 영화를 정부가 주도하여 만든 보여주기식이 아닌, 시골 사람들도 듣고 이해할 수 있는 수준으로 만들기 위해서였다. 그는 월로프어로《우편환Le Mandat(The Money Order)》같은 소설을 쓰고, 이후에 각색하여 영화로도 만들었다. 평범한 세네갈 남자, 이브라이마 디앙Ibrahima Dieng이 일반 대중에게 생경한 외국어를 쓸 것을 강요하는 나라에 살며 스스로 무능하다는 생각을 하게 되고, 그로 인해 좌절감과 굴욕감을 느낀다는 줄거리였다.

몰리는 이렇게 말했다. "내가 사람들에게 월로프어로 말을 걸고 대화를 할 때는 상대방이 훨씬 더 열의를 갖고 대답한다는 걸 알았어요. 그러면서 국가 발전을 위해 모국어를 사용해야 한다고 강조하던 우스만과 셰이흐 안타의 생각도 더 잘 이해하게 됐고요. 시골 마을을 방문해서 그곳 사람들을 도우려는 노력이 실패로 돌아가는 것을 보면서 이런 생각이 정말 가슴에 와 닿더군요." 그녀는 다른 사람들을 위한 봉사의 본질에 대해 고민하기 시작했고, 발전을 위한 외부의 노력이 아무리 좋은 의도를 가지고 있어도 바라는 대로 결과를 얻지 못하는 경우가 많다는 사실을 깨달았다. 어떻게 보면 이는 학교 교육이 프랑스어로 제한되어 있기 때문에 생긴 문제이기도 했다.

"가족들이 모두 프랑스어를 쓰는 집이 아니라면 세네갈 아이들은 과학, 지리, 문학, 예술 이런 분야의 지식을 어떻게 배울 수 있죠? 그리고 자기들이 쓰는 말과는 너무나 다른 언어를 학교에서 배우는 게 어렵지 않나요?" 몰리는 만나는 사람마다 물어보았다. 이런 교육은 아이들에게 낭패감만 줄 뿐이라는 생각에서 비롯된 질문이었다.

그 무렵 그녀는 늘 이런 생각들로 머리가 복잡했고, 그럴 때면 셰이흐 안타를 찾아가 이야기를 나누었다. 그는 몰리가 시골에서 목격한 이야기를 듣고도 놀라지 않았다. 아무리 좋은 의도라 할지라도 한정된 시야로 계획된 교육과 개발은 결국 스스로 좌초한다는 것을 드러낸 셈이라고 말했다.

어느 오후, 그는 책상 위로 몸을 굽히며 이렇게 설명했다. "아프리카인으로서 세네갈 사람들은 고유한 자기들만의 세계관이 있어요. 프랑스, 미국 같은 다른 세계에서 나고 자란 사람들이 지닌 시각과는 여러 면에서 다르죠. 그러니까 아프리카 지역사회, 특히 시골 마을 사람들이 추구하는 목표는, 근본적인 수준에서, 유럽 사람들의 목표와 다른 경우가 아주 많아요. 시각의 차이에서 생긴 당연한 결과죠."

몰리도 그의 생각에 동의했다. 변화를 불러오는 가장 좋은 방법은 지역사회의 구성원들이 마을에 가장 필요한 프로그램을 직접 시작하게 하여 자신들의 유산과 언어를 자랑스럽게 느끼도록 돕는 일이었다. "진정한 사회 변화, 진정한 개발은 그곳 사람들과 '함께' 할 때만 가능한 것 같아요. 그러니까 그들이 사는 곳을 기반으로 그들의 요구에 따라 변화에 필요한 것이 무엇인지 고려해 봐야 한다고 생각해요."

이런 생각을 셰이흐 안타에게 전달하자, 그는 이해했다는 듯 고개를 끄덕였다. "방금 했던 얘기에 딱 맞는 월로프어 단어가 있는데, 혹시 알고 있는지 모르겠군요."

몰리는 모른다고 대답했다.

"우리말에서 정말 아름다우면서도 중요한 단어지요. 문자 그대로는 병아리가 부화한다는 뜻인데, 병아리가 알을 깨면서 세상 밖으로 나오는 순간을 가리켜요. 병아리가 어미 닭이 되어 알을 낳고, 그걸 품어 다시 더 많은 병아리가 태어나고, 그 병아리들이 다시 어미 닭이 되고, 그렇게 세대를 거듭하면서 진보가 일어나죠. 마찬가지로 사람도 새 지식을 얻으면 그로 인해 주변 환경을 더 낫게 바꿔 나가고, 더 나아가 다른 이들과 그 지식을 나누게 되죠. 지식을 전달받은 사람은 또 자기 주변의 이웃에게 나눠주고요. 이 단어는 그런 개념까지 함축하고 있다고 나는 생각해요. 모두에게 익숙한 우리의 언어로 아프리카 마을 사람 스스로가 자기 이웃을 교육할 수 있을 때, 진정한 아프리카식 개발을 이루었다고 말할 수 있을 거예요. 그런 의미에서라도 이 단어만큼은 절대 잊지 말았으면 좋겠군요."

"그 단어가 대체 뭐죠?" 궁금증을 참지 못하고 몰리가 물었다.

셰이흐 안타는 잠시 말을 멈추고 미소를 지었다. "바로 '토스탄 tostan'이에요."

7

공감

마싸우 — Maasawu

1975년 7월, 몰리는 지역방송 프로그램을 위해 세네갈 남부 까자망스Casamance에 가게 된 세네갈 친구들로부터 함께 가자는 제안을 받았다. 그곳에서 그들은 졸라Diola 부족의 한 남자가 할례 의식을 치르는 모습을 다큐멘터리로 제작할 계획이었다. 소식을 듣고 몰리는 모험을 떠난다는 생각에 뛸 듯이 기뻤다. 이번 할례 의식은 다양한 연령대의 소년들이 참여하여 성인의 세계로 들어간다는 뜻에서 멀리 떨어진 숲에서 한 달이 넘는 기간 동안 머물다 돌아오게 되며, 이들을 축하하기 위해 정성스럽게 마련된 성대한 축제와 기념행사도 함께 열린다고 했다. 그동안 시기적으로 힘들고 재원도 부족하여 거의 20년 가까이 연기되었기에 외국에 흩어져 살던 친척뿐 아니라 세네갈 전역의 수많은 사람이 이번 행사를 위해 한 마을로 모일 예정이었다.

지리상 다카르와 정반대 편에 위치한 까자망스까지는 가는 데만 꼬박 하루가 걸렸다. 세네갈 서부 지역이 대부분 모래로 뒤덮인 바짝 마른 땅이라면, 까자망스는 이전에 그녀가 '아프리카' 하면 떠올렸던 풍경, 즉 짙은 초록의 울창한 나무숲과 망고나무 과수원이 있고, 나무 사이로 빼꼼 고개를 내민 원숭이 무리, 도로 한복판에 커다란 개코원숭이가 앉아있는 그런 고장이었다.

마을에 도착했을 때, 그곳은 이미 수많은 사람으로 붐비고 있었고, 말이 끄는 수레나 버스를 타고 그날 하루에도 수백 명 이상의 사람이 속속 마을로 들어오고 있었다. 마을 중앙에는 커다란 모닥불이 활활 타오르고, 남자들은 공중을 향해 총을 쏘았으며, 한쪽 풀밭에서는 '그리오griot(민족의 전승 설화를 이야기나 노래로 들려주는 사람)'들이 노래와 연주를 공연하는 동안 관객들은 주위를 서성이며 구경했다. 아침마다 사람들은 소와 양을 잡아 음식을 만들었고, 늦은 오후 무렵에는 지는 해의 열기와 배부르게 먹은 음식 탓에 모두 양고기 국물이 끈적끈적하게 묻은 손을 늘어뜨리고 졸음에 겨워했다. 몰리와 친구들은 밤이 되면 땅바닥에 매트를 깔고 별을 보며 잠을 잤고, 낮이 되면 축제 구경을 하며 그곳에서 삼사 일을 머물렀다. 그러는 내내 몰리는 외부인들은 거의 구경하기도 힘든, 이처럼 특별한 현장—그곳에 모인 수천 명의 사람 중에 그녀는 유일한 백인이었다—에 함께 있는 것만으로도 너무나 행운이라고 여겼다. 세네갈에 온 후로 자주 그런 생각을 했지만, 그때는 더욱 그렇게 느꼈다.

마을에 온 지 며칠이 지났을 때, 몰리는 주위 경치를 둘러보며 이리저리 걸어 다니다가 멀리서 나는 음악 소리를 들었다. 춤출 기회라면 절대 마다하지 않는 그녀였기에 사람들과 함께 어울리고 싶은 마음에 소리가 들리는 곳으로 향했다. 하지만 가까이 갈수록 음악보다도 거기 모인 사람들의 모습에 눈길이 끌렸다. 10대 소녀 스무 명 정도가 모여 있었는데, 모두 이마를 비즈로 장식하고 얼굴을 하얗게 칠한 채 전통 복장을 하고 있었다. 그러고는 앞사람 엉덩이에 발끝이 닿게 다리를 쭉 뻗고 한 줄로 바르게 앉아있는 모습이 마치 화려한 애벌레 한 마리를 보는 것 같았다.

강한 호기심을 느끼며 몰리는 한 여자에게 다가가 물었다. "이게 뭐예요?"

"이 아이들도 준비하는 중이에요." 여자가 대답했다.

"무슨 준비요?"

"할례 준비요."

몰리는 당황해서 여자의 얼굴을 쳐다보았다.

"여자아이들도 성년식과 할례를 치를 거예요." 그녀는 설명했다.

몰리는 모리타니에서 겪었던 일과 그때의 당혹감을 아직도 생생히 기억하고 있었다. 하지만 오후 내내 사람들이 여자아이들을 응원하고 행운을 빌어주며 춤을 추는 모습을 지켜보면서 그동안 자신이 오해하고 있었다는 것을 깨달았다. 이 의식은 생각처럼 그렇게 비밀스럽지 않았고, 오히려 소녀들에게 앞으로 무슨 일이 벌어질지 모두가 정확히 인지하고 있는 듯 보였다.

몰리는 더 자세히 알고 싶어져 친구들과 마을에 사는 여자 몇 명에게 이 일에 관해 물어보았다. 사람들은 특정 부족의 소녀들이 성년식을 준비하는 중이라고 설명하며, 어린아이에서 성인으로 넘어가는 중대한 통과의례이기 때문에 아프리카 여성들에게는 인생에서 가장 중요한 행사 중 하나라고 말했다. 지난 몇 년 사이 아프리카 부족 대다수가 성년식은 금지했지만, 할례는 지금까지 계속하고 있다는 말도 덧붙였다.

성년식은 크게 세 부분으로 이루어졌다. 먼저 할례 의식으로, 시술을 받는 동안 소녀들은 용기를 증명하기 위해 아무리 아파도 고통을 드러내지 말고 참아야 했다. 그다음에는 성인 여자로서 지켜야 할 새로운 의무에 관해 교육을 받았다. 그리고 마지막으로 성년식 동안 직접 겪고 보았던 어떤 일에 대해서도 침묵하겠다고 엄숙하게 맹세했다. 이는 성스러운 전통을 지키기 위한 약속이었다.

소녀들은 성년식이 치러지는 한 달 동안 가족들과 떨어져 이 의식을 위해 특별히 준비된 오두막에서 함께 생활했다. 대개 의식 초반에 아이들이 다 함께 할례를 받고 나면, 같은 부족 또는 주변 마을 여자들이 찾아와 아이들의 상처 부위를 씻고 소독해준 뒤, 정성스럽게 보살펴주었다. 어느 정도 상처가 아물면, 여자아이들은 들판으로 나가 예전 옷을 태우고 새로운 삶을 살게 됐다는 의미로 새 옷을 받았다. 여자들은 아이들에게 앞으로 좋은 일—좋은 남편을 얻고, 건강한 아이를 여럿 낳는 것—만 생기게 해달라며 기도했고, 그런 다음 교육을 시작했다.

딸들은 아내이자 어머니로서 참고 복종하며 예의 바르게 행동하고 다른 사람을 위해 봉사해야 한다고 배웠다. 말을 너무 많이 하거나 가족의 비밀을 말해도 안 되고, 부모와 친척들을 공경하며 남편을 존경하고 자식들을 사랑으로 돌봐야 했다. 다른 사람을 공경하는 방법도 배웠다. 말을 할 때 절대 상대방의 눈을 봐선 안 되며, 누군가를 맞이하거나 물을 갖다 줄 때 무릎을 꿇고, 작은 목소리로 부드럽게 말하며, 너무 큰소리로 떠들거나 웃어서도 안 되었다.

성년식을 치르면 이로운 점이 많았다. 사람들은 여자아이가 할례를 치르고 나면 성스러운 영혼의 보호를 받고, 공손과 존경의 보호막이 생겨 불운도 쉽게 뚫고 들어오지 못한다고 믿었다. 또한 아이는 다른 사람의 행동을 참고 견디는 법, 어려운 상황에 대처하는 법을 배울 수 있었다. 이처럼 어린 시절에 치른 성년식은 평생을 따라다니며 아이의 사회적 위치를 결정지었고, 무엇보다 중요한 것은, 이 의식을 모두 마쳐야 결혼할 자격이 생긴다고 여겨졌다.

주술사로서 이번 성년식 행사를 진행했던 몰리의 친구, 다우다 은자예Daouda Ndiaye의 말에 따르면, 몇몇 부족 사이에는 성년식과 관련하여 공통되게 전해져 내려오는 전설이 있다고 했다. 위대한 영靈이 땅 위로 내려와 최초의 남자와 여자를 만났을 때 벌어진 일에 관한 이야기였다. 위대한 영은 먼저 여자를 향해 살면서 가장 바라는 것이 무엇이냐고 물었다.

"저는 이 세상의 주인이자 창조자가 되고 싶습니다." 여자가 또렷한 목소리로 말했다.

"그렇게 될지어다. 너는 이 세상의 주인이자 창조자가 될 것이다. 하지만 그토록 중요한 역할을 맡는 대신 그에 걸맞은 대가도 치러야 한다. 너는 앞으로 많은 고통을 겪게 될 테지만, 절대 불평을 해선 안 된다. 이것은 네가 스스로 선택한 역할이다. 만약 불평한다면 너와 네 후손이 불행한 일을 겪게 될 것이다." 위대한 영혼이 대답했다. 여자는 후회했지만, 이미 돌이킬 수 없는 일이었다.

위대한 영혼이 남자를 향해 물었다. "너는 무엇을 바라느냐?"

"저도 이 세상의 주인이자 창조자가 되고 싶었지만, 여자가 먼저 선택했으니, 저는 여자의 주인이 되기를 희망합니다."

"그렇게 될지어다. 너는 여자의 주인이 될 것이다." 위대한 영혼이 말했다.

신화에 따르면, 그렇게 해서 여자들은 세상의 모든 지도자를 낳게 되었고, 또한 그들이 고통을 당하면서도 인류를 위해 바쳐진 제물로서 침묵하며 참아야 하는 것도 그런 이유 때문이었다. 그리고 남편과 아버지들이 자신의 주인이기 때문에 여자들은 그들의 말을 따르고 존중해야 했다. 그렇게 하지 않으면 가족 모두가 벌을 받게 된다고 믿었다.

며칠 후, 다카르로 돌아가는 길에 몰리는 이번에 알게 된 사실, 특히 성년식 과정의 일부였던 침묵의 맹세에 대해 곰곰이 생각해 보았다. 지금까지 알게 된 내용대로라면, 전통의식에 참여한 여자아이들에게 그 일을 말하는 것은 금기 사항이었다. 그 일을 말하는 여자는 나약한 사람으로 여겨져 자신의 가족에게 수치심을 불러왔다. 벌을 받지 않기 위해서라도 일어난 일에 대해 평생 함구하는 것이 그들의 의무였다.

몰리는 자동차가 지나가며 도로 위로 뽀얗게 만들어내는 먼지

구름을 바라보았다. 차창 밖으로는 야자수 잎을 엮어 만든 지붕이 끝없이 이어졌고, 길가에는 화려한 부부를 입은 맨발의 여자들이 비닐봉지에 우유를 담아 팔고 있었다. 이 소녀들은 사는 내내 모든 걸 감내하며 침묵해야 한다고 생각하자, 그녀의 눈에서 눈물이 솟기 시작했다.

침묵 속에서 고통을 참아내는 일이 어떤 것인지 그녀도 잘 알고 있었기 때문이었다.

★

그 일이 벌어졌을 때 그녀의 나이는 겨우 열일곱 살이었고, 일리노이대학에 입학한 지 얼마 되지 않았을 때였다. 그는 몰리보다 다섯 살이 많은 대학원생이었고, 대학 내 학생운동조직의 임원이었다. 반전 회의에 나갔다가 그를 알게 됐는데, 미국이 동남아시아 지역 내전에 참전한 정확한 이유에 대해 더 깊이 고민해 보라고 학생들을 향해 충고하는 그의 모습이 매우 열정적이고도 지적으로 보였다. 그처럼 능력 있고 매력 넘치는 선배가 모임이 끝난 뒤, 자신에게 다가와 함께 저녁을 먹으며 교내에서 진행할 집회에 관해 얘기해 보자고 말했을 때 그녀는 우쭐한 기분마저 들었다.

그는 금요일 저녁 7시에 데리러 오겠다고 했다. 일찍 준비를 마친 몰리는 흥분을 가라앉힐 수가 없어 기숙사 앞, 계단에 미리 나가 선배를 기다렸다. 하지만 약속한 시간이 한 시간이 지나도록 그는 오지 않았다. 이유도 모른 채 퇴짜를 맞고 그녀는 당혹스러운 기분으로 기숙사 방으로 돌아왔다.

다음 날 학생회관에서 공부하고 있는데, 그가 안으로 들어왔다. 그는 곧바로 그녀에게 다가와 어제 일을 사과했다.

"꼭 가야 하는 급한 회의가 생겼지 뭐야. 기숙사 전화번호도 모르고 해서 어떻게 알릴 방법이 없더라고." 그는 공부는 그만하고 지금 한창 지하신문 발간을 준비하고 있는 사람들을 만나러 운동본부에 같이 가보자고 했다. 캠퍼스를 벗어나 나무가 많은 조용한 주택가를 걸어가면서 몰리는 마냥 기분이 들떴다. 어젯밤 일은 오해일 뿐, 이 선배가 아직 자신에게 관심이 있다는 사실이 기뻤다.

운동본부 사무실—2층짜리 주택용 건물의 1층—의 문을 열고 들어선 바로 다음 순간, 거칠고 폭력적인 그의 손이 그녀의 웃옷을 잡아당기며 바닥으로 밀쳤다. 몰리는 너무 놀라 처음에는 어떻게 반응할지조차 알 수 없었지만, 머리보다 몸이 먼저 움직이며 그의 손을 강하게 뿌리치고 셔츠의 앞섶을 다시 여몄다. 하지만 훨씬 더 힘이 센 그는 몰리를 누르고 금세 옷을 모두 벗겨버렸다.

그 순간, 몰리는 바닥에 누워 이대로 당할 수만은 없다고 생각했다. 아직 남자와 자본 경험도 없었고, 예전에 남자친구와 키스 한번 해본 것이 다였다. 그 남자가 자신을 이런 식으로 성폭행하도록 가만히 있을 수는 없었다. 있는 힘을 다해 그를 뒤로 밀쳐낸 뒤, 현관문을 향해 재빨리 기어갔지만, 문은 열리지 않았다. 어느새가 안에서 문을 잠근 모양이었다. 밖으로 나갈 방법이 없었다.

그는 몰리를 질질 끌고 안쪽 침실로 갔다. 그제야 몰리는 이곳이 운동본부 사무실이 아니란 걸 깨닫고 정신이 번쩍 들었다. 그곳은 그의 집이었다. 침실에서 그는 몰리의 두 팔을 침대에 누르고 몸을 더듬었고, 그녀는 떨리는 목소리를 애써 진정시키며 그를 설득해 보려 애썼다.

"전 정말 이러고 싶지 않아요. 그냥 집에 가게 해주세요." 그녀는 말했다.

"그래, 집에 보내줄게. 너랑 섹스하고 난 다음에." 그의 목소리는 뻔뻔하고 잔인했다.

어쩌다 몸이 풀린 틈을 타 그녀는 재빨리 욕실로 뛰어 들어가 문을 걸어 잠갔다. 반쯤 정신이 나간 상태로 확인해 보니 밖에서는 열 수 없는 문이었다. 거울을 보니 팔다리에 온통 손톱자국이 나있었고, 피부에도 멍투성이였다. 그녀는 수건으로 몸을 감싼 채 차가운 타일 바닥에 그대로 주저앉았다. 몇 시간이나 지났는지 모르지만, 그녀는 옛날에 들었던 자장가를 조용히 읊조리며 스스로를 달래려고 애썼다.

다음 날 아침 일찍 그가 욕실 문을 발로 걷어차는 소리가 들렸다. "당장 내 욕실에서 나오지 못 해! 내 집에서 빨리 꺼지라고."

몰리는 잠시 기다렸다가 문을 살짝 열고 밖을 내다보았다. 그는 침대 위에 누워있었다. 몰리는 기회를 엿보다가 재빨리 밖으로 나와 다 찢어진 옷들을 집어 들었다. "운 좋은 줄 알아. 내가 전날 밤 다른 애들이랑 하느라 기운만 빼지 않았어도 넌 나한테 죽었어." 그가 중얼거렸다.

혼란스러운 마음으로 그녀는 기숙사를 향해 걸었다. 얼빠진 얼굴에 옷은 다 찢어지고 몸은 멍든 채 방으로 들어서자, 룸메이트는 너무 놀라 말을 잇지 못했다. "다들 얼마나 걱정했다고." 그녀는 몰리를 부축해 침대에 앉히며 말했다. 그리고 몰리에게 담요를 덮어 준 뒤 기숙사 사감을 부르기 위해 달려나갔다.

"그 남자 집에 갔었어요. 그는 저를 강간하려 했고요. 경찰에 신고해야겠어요." 몰리는 겨우 감정을 추스르며 말했다.

"어디 다친 데는 없니?" 사감이 물었다.

"몸싸움을 벌이다가 멍이 들고 피부가 까졌어요."

"그럼 가서 샤워부터 하렴."

"경찰서 먼저 가야죠."

"그럴 수 없어." 사감이 말했다.

몰리는 당황스러운 얼굴로 사감을 보았다. "왜요? 이해가 안 돼요."

"지금 상황이 어떤 것 같니? 경찰에 신고하고 나면 아마 훨씬 더 안 좋아질 거야."

"이해가 안 돼요." 몰리는 다시 말했다.

"네 발로 그 남자 집에 간 거였잖아. 맞지?"

"네, 그렇긴 하지만—"

"사람들은 네가 그럴 줄 알면서도 따라갔다고 할 거야. 그럼 달리 변명의 여지가 없어."

몰리는 방이 빙빙 도는 것처럼 어지러웠다.

"정말 나는 네가 경찰서에 가지 않았으면 좋겠구나. 네가 그런 몹쓸 일을 두 번 겪지 않았으면 좋겠어."

"하지만 뭐라도 해야죠. 다른 피해자가 또 생기는 걸 막기 위해서라도요." 몰리는 그때껏 참았던 울음을 터트리며 흐느끼기 시작했다. "제가 뭘 잘못했죠? 전 그냥 사람들이 신문 만드는 모습을 보러 간 거였다고요. 시간도 환한 대낮이었고—"

"쉿, 가서 샤워하고 좀 쉬어. 기분이 훨씬 나아질 거야." 사감이 말했다.

다음 날 아침 눈을 뜨자, 몸 여기저기가 쑤시는 듯 아팠고 방에는 아무도 없었다. 누군가 다녀갔는지, 대학 심리학과와 연계된 정신과 병원의 의사 이름이 적힌 메모가 남아 있었다. 그녀는 여전히 충격에 빠진 상태로 병원 상담실을 찾아갔다. 밝은 조명이 켜진 작은 방에 의사와 마주 보고 앉아 이야기를 반복하다 보니 어제 일어났던 그 충격적인 일이 조금 더 이성적으로 인식되는 기분이었다. "사회를 위해 옳은 일을 하고, 평화와 정의의 가치를 믿는 사람이라고 생각했었는데……. 이게 무슨 일인지 도저히 이해가 안 돼요. 폭력과 전쟁을 끝내자고 줄곧 말하던 사람이 이런 짓을 했다는 게." 그녀는 다시 울기 시작했다.

몰리의 이야기가 끝나자, 열심히 듣고 있던 의사는 고개를 끄덕였다. "학생이 이 일 때문에 왜 그렇게 힘들어하는지 알 것 같군요."

"정말요?"

"음, 학생도 그걸 좋아했던 거예요. 그렇죠?"

속에서 뭔가가 울컥 치밀어 오르는 기분이었다. "뭐라고요?"

"그걸 좋아했던 겁니다. 그가 당신에게 했던 행동들. 이렇게 기분이 상한 것도 사실은 그런 자신을 받아들이기 힘들어서일 거예요."

"도대체 지금 무슨 소릴 하시는 거예요?" 그녀는 가방을 움켜들고 벌떡 일어섰다. "내가 그걸 즐겼다니, 어떻게 그런 상상을 하실 수가 있어요?"

상담실을 나오며 그녀는 자신을 도와줄 누군가가 절실히 필요하다고 느꼈다. 어디로 가야 할지 모른 채 정신없이 걷다 보니 눈앞에 교내 루터 교회의 건물이 보였다. 몰리는 안으로 들어가 예전에 대화를 나눠본 적이 있는, 친절하고 수더분해 보였던 목사님을 찾았다. 몰리가 상황을 설명하자, 그는 할 말을 잊은 듯 아무 말도 하지 못했다. "하느님께서 당신을 용서하실 겁니다." 한참 후에 목사가 겨우 꺼낸 말이었다.

"하지만 전 잘못한 게 아무것도 없는걸요." 몰리는 더듬더듬 말했다.

"기도하십시오. 주님 안에서 평안을 찾을 겁니다."

몰리는 교회를 나와 공중전화를 발견하고는 당시 서던일리노이대학Southern Illinois University에 다니고 있던 언니에게 전화를 걸었다. 몰리의 얘기를 다 들은 다이안은 계속 울고 있는 동생이 걱정되는 듯 갈라진 목소리로 말했다.

"몰리, 이 상황을 이해할만한 사람을 찾아서 얘기를 해보는 게 좋겠어. 내가 적당한 사람이 있는지 알아볼게." 다이안과 친분이 있는 사람 중에 일리노이대학 학생상담센터에서 상담사로 일하는 사람이 있었고, 그날 오후 다이안은 몰리에게 전화해 그의 전화번호를 알려주었다.

그 남자 역시 뾰족한 해결책을 알고 있진 못했지만, 최소한 그는 처음으로 어제 있었던 일이 그녀의 잘못이 아니라고 말해주었다. "절대 학생이 죄책감을 느낄 일이 아닙니다." 그가 말했다. 그녀가 당한 일을 제대로 이해해주는 사람이 있다는 사실만으로도 안도감이 밀려왔다. 육체 폭력은 더 이상 없었지만, 정신의 고통은 그때부터 시작이었다. 두 번째로 그를 만났을 때, 그 사람은 더욱 놀라운 소식을 가져왔다. "이 남자한테 당했던 사람이, 우리가 아는 사람만 세 명이 더 있었어요. 우리를 찾아왔던 한 학생은 침대에 묶인 채 강간당했고, 지금은 혹시라도 임신이 됐을까 봐 걱정하고 있더군요. 그 학생은 입으로 깨물린 자국이 몸에 몇 군데나 남아있었어요."

"짐승 같은 놈." 몰리는 목이 메어 말이 잘 나오지 않았다. "다른 피해자가 생기는 걸 막기 위해서 뭘 할 수 있죠?"

"불행하게도 할 수 있는 일이 없어요. 그의 아버지가 정계에서 꽤나 영향력 있는 사람이었어요. 모든 일이 그의 집에서 벌어졌고요. 고소하려고 해도 증거가 없습니다. 이번 일로 경찰에 신고한다고 해도 그 남자가 순순히 강간했다고 인정할 리도 없고요. 오히려 그 남자 집엔 왜 갔냐고 물을 겁니다."

"허위 사실에 속아서 따라간 거라고 말씀드렸잖아요."

"압니다만, 그걸 법정에서 증명하실 수 있으시겠어요?"

그의 사무실을 나오며, 몰리는 수치심에 휩싸여 아무 생각도 나질 않았다. 어쩜 나는 나 자신을 이런 상황에 내몰았을까? 왜 자신을 더 잘 보호하지 못했을까? 같은 일을 겪은 다른 사람들과 이야기를 나누고 싶은 마음이 간절했지만, 1967년 당시에는 그런 상황에 부닥친 여성이 기댈 수 있는 곳이나 도움을 받을 기관이라곤 아무 데도 없었고, 여성 상담사조차 찾아보기 힘들 때였다. 몰리는 반드시 부모님에게 얘기하라던 상담사의 조언을 몇 번이고 곱씹어보았다.

며칠 뒤, 공중전화기 앞에 서서 집 전화번호를 누르는 몰리의 손이 가늘게 떨렸다. 이렇게까지는 정말 하고 싶지 않았다. 어머니는 성에 대해 말하는 것을 그리 달가워하지 않는 사람이었다. 몰리는 처음 생리를 시작했을 때조차 어머니에게 어떻게 말을 꺼내야 할지 몰라 대신 친구 엄마를 찾아갔었다. 성에 대해 앤이 몰리에게 해주었던 조언이라고는 결혼 전에 남자와 키스하는 건 아주 위험하다는 말뿐이었다. 그리고 결국 부모님은 이런 나쁜 일로부터 자식들을 보호하기 위해 그렇게 애쓰셨던 분들이 아닌가? 하지만 부모님 말고는 달리 의지할 곳이 없었다. 그 일 이후 그녀는 마음이 너무 혼란스러워 학교 수업도 제대로 나가지 못했고, 공부에 집중할 수도 없었다. 이러다가 학교생활을 완전히 망치게 될까 봐 두려웠다.

몰리는 전화로는 자세히 말할 수 없는 일이 있으니 부모님께 잠시 와달라는 얘기만 했다. 며칠 후, 그녀는 학교 커피숍에서 부모님과 마주 앉았고, 이야기를 들은 두 분은 가슴 아픈 표정을 감추지 못했다.

"그놈 사는 곳이 어디야? 내가 작살을 내버리겠어." 앨이 말했다.

"아니에요, 아빠. 그러지 마세요. 어쨌든 강간을 당한 건 아니었어요. 그냥 이런 일이 있었다고 털어놓고 싶었던 거예요."

앤은 대화 내내 조용히 듣기만 했지만, 며칠 뒤 몰리에게 이런 편지를 보냈다. "몰리야, 시련을 겪어보지 않은 사람은 완전히 충만한 삶을 살기 어려운 법이야. 엄마는 네가 겁먹고 숨어서 좁은 세계 안에만 갇혀 있길 바라지 않는단다. 네가 계속 다가오는 삶을 힘차게 맞이하고, 그 과정에서 온갖 선과 악을 겪게 될 때 그저 최선을 다했으면 좋겠구나. (중략) 왠지 모르지만 엄마는 네가 정말 나쁜 경험을 한 만큼 이 일을 통해 많은 걸 배울 수 있으리라는 생각이 드는구나. (중략) 그런 일이 존재한다는 건 알아도 그런 사건의 여파와 복잡한 상황들을 직접 당해 보지 않고서는 진정 알 수 없는 일이지. 어쩌면 지금, 이번 경험 덕분에 언젠가 너 자신이, 또는 다른 누군가가 더 나쁜 상황에 부닥쳤을 때 도와줄 수도 있지 않겠니?"

어머니의 편지는 몰리에게 정말 큰 위로가 됐다. 그녀는 편지를 서랍 속에 잘 넣어두고 틈날 때마다 꺼내 보았다. 그 이후 그녀는 그때 일을 혼자서만 간직할 뿐, 가족이 아닌 다른 사람에게 얘기할 수 있기까지는 정말 긴 시간이 필요했다. 그녀는 성폭력을 당한 뒤 보호를 받기는커녕 오히려 수치심을 강요당했고, 그 일에 관해 말할 방법도 알지 못했다. 그녀는 사건을 공개함으로써 소란을 일으키는 것도, 남들의 관심거리가 되는 것도 싫었고, 그 순간부터 강간당할 뻔했던 여자애 또는 문제를 일으킨 사람으로 낙인찍힐까 봐 그것도 두려웠다. 달리 어찌할 방법을 몰랐다.

그녀가 할 수 있는 유일한 행동은 이것뿐이었다. 침묵한 채 살아가는 것.

8

어제와 오늘

뎀브 악 데이 ― Démb ak Tey

1976년, 세네갈에서 지낸 지 2년 정도가 지났을 때, 몰리는 언제라도 미국으로 돌아갈 수 있다는 생각은 완전히 접어버렸다. 그리고 자신이 세네갈에서 진정 몰두하고 싶은 분야는 문학 공부—프랑스어로 쓴 아프리카 문학—가 아니라 지역개발사업과 아프리카 고유어 연구라는 중요한 사실도 깨닫게 되었다. "내가 읽은 아프리카 문학작품에는 두 문화 사이에 끼어 어디로 가야 할지 모르는 사람들이 자주 등장했어요. 하지만 내가 직접 아프리카, 그러니까 다카르의 시장과 도시 밖의 마을들을 직접 찾아다녀 보니, 이곳 사람들은 상처 입고 분열된 그런 사람들이 전혀 아니었어요. (중략) 자신들의 문화를 사랑했고, 고유한 삶의 방식에 확신이 있었어요. 가족, 친구, 따뜻한 정, 손님을 환대하는 문화를 바탕으로 사회에 대해 매우 명확한 관념을 가지고 있었고요. 모두 아프리카인이라는 사실을 자랑스럽게 여겼죠."

이 무렵, 몰리는 다카르대학에서 석사과정을 마치고 수료증을 받았으며, 일리노이대학 어배나-샴페인 캠퍼스에도 석사학위를 위해 다카르에서 썼던 "개발사업에서 모국어의 역할"이라는 논문을 제출해 받아들여졌다. 어떤 나라든 모국어 사용이 우선시 되어야 하며, 특히 학교에서만큼은 반드시 모국어로 교육이 이뤄져야 한다는 취지의 논문이었다. 그녀는 자신의 연구를 실제 생활에 적용할 수 있는 방법을 찾기 위해 다카르에 있는 평화봉사단Peace Corps* 사무실을 무작정 찾아갔고, 그곳에서 당시 사무소장을 맡고 있던 잭 셰이퍼Jack Schafer와 이야기를 나누게 됐다.

"제안 드리고 싶은 게 있어 찾아왔어요." 그녀는 소장 맞은편 자리에 앉으며 말했다. "학교에 가지 못하는 아이들을 위해 센터를 만들면 어떨까 싶어요. 월로프어로 된 책으로 아이들이 읽고 쓰기를 배우면서 문화 활동도 경험할 수 있는 그런 곳이요."

이미 몇 개월 전부터 고민해온 생각들을 그녀는 이야기했다. 다카르에 온 이후, 그녀는 줄곧 시내 보육원에서 자원봉사활동을 하면서 세네갈 아이들이 읽을 만한 책이 거의 없다는 사실을 알게 되었다. 다카르 시내의 서점이나 도서관에서 찾은 어린이 책은 모두 프랑스어로 쓰여 있었고, 자크가 파리의 지하철을 타고 모험을 떠

---

* 개발도상국을 돕기 위해 미국 정부에서 창설한 청년 봉사기구

난다거나 마리가 눈 덮인 알프스로 스키를 타러 간다는 이야기가 대부분이었다. 그런 이야기는 세네갈 아이들에게 맞지 않았다. "삶과 직접 관련된 읽을거리가 전혀 없는데 어떻게 아이들이 책 읽기를 좋아할 수 있겠어요?" 그녀가 말했다.

"글쎄요." 잭 셰이퍼는 조금 당황한 표정으로 대답했다.

"당연히 기대하기 힘들죠." 몰리는 계속 말을 이어갔다. "저희가 그걸 바꿀 수도 있을 것 같거든요. 센터에서 직접 책을 만들어 보면 어떨까요?"

그녀는 센터로 이용할 만한 적당한 장소를 찾는 일부터 시작해 모든 일을 계획해 둔 상태였다. 메디나Medina라고 부르는 인근 지역, 아프리카 문화원African Cultural Center에 빈방 두 개가 있는 것을 이미 확인해 두었다. 다카르 도심에서도 가까운 메디나는 1914년 선腺페스트가 크게 유행했을 때, 프랑스 정부가 소위 원주민 구역으로 지정해놓고, 유럽인 거주 지역에 살던 세네갈 사람들을 이 지역으로 강제 이주시켜 격리했던 곳이었다. 이후로 이 구역은 다카르 내에서도 인구가 가장 많고 못사는 동네로 계속 남아있었다. 방 두 개짜리 좁은 아파트 안에 대가족이 모여 살았고, 너무 가난해 학교에 가지 못한 아이들은 온종일 하는 일 없이 좁은 골목길을 어슬렁거렸다.

다카르를 찾는 관광객들은 웬만하면 피하는 동네였지만, 몰리는 이곳이 좋았다. 삶의 활기로 충만한 곳이었기에 몰리는 이곳의 에너지에 자꾸만 이끌렸다. 그곳 메디나 중심에는 열두 명의 자녀와 그보다 훨씬 많은 손주를 둔 한 여자가 살고 있었다. 사람들이

"마마"라고 부르는 그 여자는 항상 몰리를 두 팔 벌려 환영했고, 식사 시간이면 자리에 앉히고 밥을 챙겨주었다. 마마는 동네에서도 음식 솜씨가 좋기로 유명했다. 그녀의 작고 소박하지만 편안한 집은 수십 명의 아이로 늘 활기가 넘쳤는데, 그처럼 폐쇄된 구역 안에 사는 수천 명의 다른 아이들처럼 마마네 집 아이들도 밖으로 나가 뭔가를 배우거나 맘껏 뛰어놀만한 데가 전혀 없었다. 구상 중인 센터를 이곳에 세울 수만 있다면 메디나 아이들도 정말 잘 자랄 수 있으리라는 확신이 들었다.

"제가 세계적인 규모의 출판사 몇 군데에도 미리 연락해 두었어요." 몰리는 계속 설명했다. "아이들 책 중에 그림이 예쁘고 줄거리가 간단하면서 아프리카를 소재로 다룬 책들이 있으면 좀 보내 달라고 부탁도 해놨고요. 이 책들을 월로프어로 번역할 생각이에요. 그리고 세네갈 출신 작가와 예술가들에게는 아프리카 아이들이 흥미를 느낄만한 책을 직접 써보라고 권할 예정이고요."

"이 계획들이 나쁘다는 건 아니지만, 평화봉사단이 어떤 식으로 움직이고 있는지 잘 모르고 있는 게 아닌가 하는 생각이 드는군요." 몰리의 이야기를 다 듣고 셰이퍼 씨가 말했다.

"어떤 식으로 활동하시는지는 정확히 알고 있어요." 몰리는 말했다. 단원으로 활동하기 위해서는 그동안의 학력과 경력을 증명할 수 있는 서류와 추천서, 건강검진 기록 등을 제출하는 등 까다로운 절차를 거쳐야 했고, 경쟁률도 꽤 센 편이라고 알고 있었다. 그렇게 선정된 봉사단원은 평화봉사단이 배정한 직위에 임명되는 방식으로 채용이 되었다. "하지만 이번만큼은 조금 다르게 해 보시면 어떨까요?"

"어떻게 말이죠?"

"평화봉사단에서 지역아동센터를 건립할 수 있는 직책에 저를 채용해주세요."

몰리가 너무 고집스럽게 주장해서인지, 계획이 워낙 좋아서였는지 소장은 그렇게 하겠다고 대답했다. 셰이퍼는 몰리를 위해 기존 지원 절차를 특별히 면제해주었고, 세네갈 정부에서 재정지원을 받으며 3년간 일할 수 있는 자리도 마련해주었다. 기본 급료로 매달 200달러 정도가 지급되었고, '카하피드car rapide' 터미널 바로 옆의 매우 복잡하고 붐비는 산다가Sandaga 시장 안에 위치한 방 하나짜리 아파트도 제공해 주었다. 이후 몰리는 매일 밤 그 집에서 잠을 자고, 다음 날 아침 목적지를 외치는 버스 안내원의 목소리에 잠을 깨곤 했다. "그랑 다카르Grand Dakar! 그랑 다카르! 요프Yoff! 요프! 요프!"

평화봉사단에서 본격적으로 일을 시작하기 전, 몰리는 부모님을 만나기 위해 미국에 잠시 돌아갔다. 그때 몰리는 아버지 앨이 대장암 진단을 받았다는 너무나 충격적인 소식을 듣게 됐다. 결국 몰리는 5개월간 부모님 곁에 머물렀고, 비록 아버지가 편찮으시긴 해도 가족과 함께 시간을 보낼 수 있어 다행이라고 여겼다. 그동안 시간이 오래 흐른 만큼 아버지도 많이 변해있었다.

"몰리, 우리 동네에는 인종차별주의자들이 좀 있지. 하지만 나는 인종차별에 반대한단다." 어느 날 아버지가 말했다.

"하지만 예전에는 아빠도 그러셨잖아요. 제가 고등학교 때, 아

프리카계 미국인 친구들을 집에 데려왔더니 싫어하셨던 거 기억
안 나세요?"

"아, 그건 오래전 일이잖니. 몰리, 사람은 다 변한단다. 너나 네
언니가 요즘 그렇게 지내는데 어떻게 내가 변하지 않을 수 있겠
니? 이제야 나도 내 생각이 잘못됐다는 걸 깨닫고 있지만, 예전에
는 다들 그렇게 배운 걸 어쩌겠니? 그런데 말이야. 나도 요즘 평
화봉사단에 들어갈까 생각 중인데, 어떻게 생각하니? 그 사람들이
암에 걸린 사람도 받아줄까?" 아버지는 웃으며 말했다.

"아빠가 들어오신다면야 물론 대환영이죠." 몰리는 대답했다.
그리고 한 달 뒤, 아버지는 돌아가셨다.

★

아버지의 장례를 치르고 세네갈로 돌아오자마자 몰리는 아동센
터를 오픈하고 뎀브 악 데이Démb ak Tey(어제와 오늘)라고 이름 지었다.
그녀는 이후 그곳에서 6년 동안 근무했는데, 처음 3년은 평화봉
사단원으로서, 다음 3년은 시카고에 본부를 둔 스펜서 재단Spencer
Foundation에서 기금을 지원받아 일했다. 그녀에게 센터는 단순히
돈을 버는 직장이 아니라 삶 그 자체였다. 유일한 직원으로서 일
주일 내내 센터에서 시간을 보냈고, 성실하게 일했음은 말할 것도
없었다. 그리고 이 6년 동안, 수십 권의 동화책을 월로프어로 고
쳐 써서 모국어로 된 동화책만으로도 꽤 근사한 도서관을 만들 수
있을 정도가 되었다. 마마의 손주들은 물론, 60여 명의 아이가 매
일 센터를 찾아와 두 개의 교실은 늘 가득 찼고, 나날이 유창해지

는 월로프어로 몰리가 책을 읽어주면, 아이들은 이야기에 가만히 귀를 기울였다.

센터 아이들 사이에서 가장 인기 있었던 책은 몰리가 직접 쓴 책으로, 그녀가 다카르의 한 파티에 갔다가 겪은 가슴 아픈 경험담을 담고 있었다. 미국에서만 성장한 다른 백인들에 비해 몰리는 인종차별을 경험할 기회가 더 많았다. 그리고 어쩌면 자신이 늘 주류 집단에 속해 있었기에 자신과 다른 사람에게 끌릴 수 있었는지도 모르겠다고 스스로 인정하기도 했다. 그녀는 중학교 시절 가슴 따뜻한 추억 하나를 떠올렸다. 미술 시간 선생님이 학생들에게 교실에 있는 친구 한 명을 선택해 그림을 그려보라고 한 적이 있었다. 그때 찰스Charles라는 이름의 한 아프리카계 미국인 친구가 몰리를 모델로 그림을 그렸고, 다 그린 후에 그녀에게 완성된 그림을 보여주었는데, 그림 속 자신은 흑인 소녀의 모습을 하고 있었다. 왠지 모르게 감동받은 그녀는 찰스에게 그 그림을 간직하게 해달라고 말했다. 그리고 집에 가져와 어머니에게 보여주었다.

"몰리야, 이건 흑인 여자애잖니." 앤이 말했다.

"진짜 흑인 같죠? 저는 이 그림이 정말 마음에 들어요." 몰리가 말했다.

앤은 그 그림도 별로 좋아하지 않았지만, 몰리가 대학 2학년 때 새로 생긴 남자친구에 대해 말했을 때는 더더욱 싫어했다. 이름이 빅터인 그 남자친구는 작가였고, 어쩌다 보니 역시 아프리카계 미국인이었다. 몰리는 그와 4년간 사귀었고, 진심으로 사랑했다. 그러던 중 몰리는 빅터와 함께 길을 걸으면 사람들이 자신들을 흘깃거리거나 대놓고 쳐다본다는 사실을 깨달았다. 하지만 그 때까지도 흑백 커플의 모습이 이상해서 쳐다보는 게 아니라 자신 과 빅터가 너무 잘 어울려서 쳐다본다고 착각하고 있었다. 몰리 의 어머니는 이 관계 때문에 걱정이 무척 심했다. 처음에는 "공통 점이 많은" 커플이 오래 갈 확률이 높으니 배경이 비슷한 사람을 만나야 한다며 빅터를 그만 만나라고 설득했다. 몰리도 앤의 말 이 무슨 뜻인지는 알고 있었지만, 전혀 개의치 않았다. 그녀와 빅 터가 서로 다르다는 사실은 전혀 문제가 되지 않았고, 오히려 달 랐기에 더 좋았다.

"왜 나랑 똑같은 사람이랑 연애해야 하죠?" 몰리는 그 얘기가 나 올 때마다 따져 물었다. "그런 건 너무 지루해요. 인생은 새로운 것 을 배울 가능성으로 가득 차 있고, 나와 다른 사람을 만나면 더 많 이 배울 수 있잖아요. 사물을 다른 눈으로 볼 기회도 생기고, 삶에 대해 완전히 새로운 관점을 가질 수도 있고요."

이리저리 머리를 굴리던 앤은 결국 계속 빅터를 만나면 대학 등 록금을 대주지 않겠다는 협박성 발언까지 하게 됐다. 앤의 말에 너 무 화가 난 몰리는 두 번 고민할 필요도 없다고 생각했다. 바로 다 음 날 마샬 필드 백화점과 쇼어라인 호텔에 일자리를 구하고 어머 니에게는 앞으로 동전 한 닢도 받지 않겠다고 선언했다. 그 일로 몰리는 어머니와 심각한 불화를 겪게 되었지만, 앤은 관계를 회복 하기 위해 최선을 다했다. 이후 앤은 몰리에게 이런 편지를 썼다. "너와 빅터 사이를 이해하려고 매일 조금씩 노력하고 있다는 얘길 하고 싶었어. 앨도 옆에서 조언을 많이 해줘서 내가 그동안 너를 너무 어린애 대하듯 했다는 사실도 깨달았고. 그래, 이건 너의 삶이지. 엄마도 네가 하나의 독립체라는 현실을 직시하기 위해 부단히 노력하고 있다."

이런 세계관을 지닌 그녀였기에 세네갈에 온 이후 어떤 모임에 나가든 그곳의 유일한 백인일 때가 많았지만, 그래도 전혀 불편하게 여기지 않았다. 하지만 한 세네갈 친구의 생일 파티에 갔을 때는 아프리카계 미국인 몇 명이 자신을 보며 어딘가 이상하게 긴장한 듯한 낌새를 내비친다고 느꼈다. 아니나 다를까 결국 그 미국인 중 한 명이 몰리에게 다가오더니 특별한 이유도 없이 파티장에서 나가 달라고 큰 소리로 요구했다.

당황한 그녀는 그러는 이유가 뭐냐고 물었다. "내가 왜 나가야 하지?"

"이유야 뻔하지 않니?"

"아니, 난 잘 모르겠는데. 나도 초대받아서 온 거야." 몰리는 말했다.

"흠, 넌 여기에 안 어울려. 음식이나 빨리 먹고, 그 뚱뚱하고 하얀 엉덩이 좀 그만 치워주시지." 몰리는 심한 굴욕감을 느꼈다. 혹시나 자신을 초대했던 친구가 나서서 편을 들어주지 않을까 생각하며 그의 얼굴을 쳐다보았지만, 아무 말도 하지 않았다. 아직 입도 안 댄 음식 접시를 그대로 버리고 몰리는 그곳을 나왔다.

그녀는 3일 동안 집에 틀어박혀 울기만 했다. "그때처럼 많이 울어본 적이 없었던 것 같아요. 차별을 당한다는 게 어떤 건지…… 그게 사람에게 어떤 영향을 미치는지 그때 처음으로 이해했어요.

정말 끔찍한 기분이었어요. 피부색이 다르다는 이유만으로 얼굴 한번 본 적 없는 사람이, 나에 대해 아무것도 모르는 사람이 꺼지라고 하다니, 어떻게 그럴 수가 있나 싶었죠." 3일 내내 그 일을 곱씹던 그녀는 작은 탁자 앞에 앉아 이야기 한 편을 써 내려가기 시작했다.

★

멀고 먼 마을에 목이 긴 사람들이 살고 있었어요. 목이 어찌나 긴지 사람들은 그들을 '롱넥 부족'이라고 불렀어요. 작은 마을에서 평화롭게 살아가던 어느 날, 아니코Anniko라는 여자아이가 이 마을에 오자, 사람들은 모두 깜짝 놀랐어요. 그 사람들한테는 아니코가 너무 이상해 보였죠. "아니, 어쩜 저렇게 목이 짧지!" 사람들은 소곤거렸어요. 롱넥 부족은 목이 짧은 사람을 한 번도 본 적이 없어 어떻게 해야 할지 몰랐지만, 아니코가 워낙 배려심 많고 착한 아이인 듯 보여 함께 지내자고 했어요. 아니코도 그러겠다고 했죠. 그녀는 일도 열심히 하고 춤도 아주 잘 추었어요. 그래서 금세 친구를 많이 사귀었어요. 아니코는 매일 아침 마을을 이리저리 걸어 다니며 노래를 불러 사람들을 깨워주었는데, 사람들은 그 노래를 가장 좋아했어요. 롱넥 부족은 그런 노랫소리를 들어보지 못했기 때문에 모두가 그녀의 아름다운 목소리를 좋아하게 됐어요. 단 한 사람만 빼고요. 그 남자는 사람들이 모두 아니코를 좋아하자 심술이 났어요.

"넌 왜 계속 여기 사는 거니?" 어느 날 아니코가 기장을 털고 있는데, 못된 남자가 와서 말했어요. "너는 목이 짧잖아. 누가 봐도 우리랑은 안 어울려."

　남자의 말에 큰 상처를 받은 아니코는 무작정 달려 숲으로 들어 갔어요. 밤이 되자, 아니코는 길을 잃었다는 사실을 깨달았어요. 다음 날 아침, 아니코의 아름다운 노랫소리가 들리지 않자 마을 사람들은 걱정이 되기 시작했어요. 사람들은 그 못된 남자가 아니코 에게 나쁜 말을 했다는 사실을 알고, 그를 찾아갔어요. 혼이 난 남 자는 잘못을 빌며 아니코가 숲으로 갔다고 털어놓았어요. 어찌할 바를 몰라 롱넥 부족은 아니코가 돌아오도록 그녀가 불렀던 노래 를 다 함께 부르기로 했어요. 처음에는 잘 안 됐지만 계속 연습했 더니 마침내 긴 목에서 소리가 크게 울려 퍼졌고, 노랫소리는 나무 위 하늘 높이, 그리고 숲 깊숙한 곳까지 퍼져 나갔어요. 마침내 아 니코도 사람들의 노랫소리를 듣게 되었고, 소리를 따라 집에 도착 하게 되었어요. 사람들은 아니코에게 말했어요. "아니코, 너의 목 길이보다 마음씨가 더 중요해. 두 번 다시는 우리를 떠나지 마!"

　글을 마무리 지은 후에는 거기에 맞게 삽화를 그리기 시작했다. 몰리는 정성 들여 아니코와 롱넥 부족 마을을 그리고 여러 가지 색 으로 알록달록하게 색칠도 했다. 그렇게 몇 주에 걸쳐 만든 책을 뉴아프리칸 에디션즈New African Editions 출판사에 보냈더니, 출판사 에서는 2만 부를 제본해 서아프리카 여러 곳에 배포하겠다고 했 다. 마침내 뎀브 악 데이 센터에 아이들을 둥글게 모아놓고 큰 소 리로《아니코Anniko!》를 읽어주던 날, 아이들은 조용히 앉아 귀를 기울였고, 책장을 넘길 때마다 그림을 좀 더 가까이 보려고 자꾸만 앞으로 다가왔다. 모국어로 된 이야기를 귀로 듣고, 자신들과 꼭 닮은 사람들의 그림이 가득한 이야기책을 눈으로 보는 일이 아이들에게 얼마나 소중한 경험인지 몰리는 알 수 있었다. 책 읽기가 끝났을 때, 아이들은 몇 초간 꼼짝도 하지 않고 가만히 앉아있었다.

그리고 잠시 후 한 번 더 읽어달라고 외쳤다.

★

센터가 아무리 붐벼도 몰리는 누구 하나 그냥 돌려보내는 법이 없었고, 연극, 인형극, 미술 교실, 데생 수업 같은 프로그램도 조금씩 늘려나갔다. 그 무렵 예술가인 말릭 푸예Malick Pouye와 연극을 공부하는 볼르 음바예Bolle Mbaye가 자원봉사자로 센터에서 함께 일하게 되었다. 몰리는 두 사람의 도움을 받아 구전으로 전승되는 아프리카의 민요, 설화, 연극, 시, 속담 등을 다룬 문화·교육 강좌를 기획하고 아이들에게 매일 가르쳤다. 또한 볼르와 함께 일주일에 한 번은 아이들을 위한 라디오 방송도 하게 되었다. 매주 토요일 두 시간씩 월로프어로 진행되는 프로그램이었다. 몰리는 후원금으로 마련한 폭스바겐 버스를 타고 시골 마을들을 찾아다니며 사람들이 들려주는 신화, 전설, 민담 따위를 듣고 녹음해 왔다. 그리고 매회 보건과 위생에 대한 정보도 함께 끼워 넣어 방송했다. 라디오 방송을 하게 된 덕분에 몰리는 계속해서 다카르 시외로 나가 시골 사람들을 만났고, 지역사회가 직면한 문제들을 더 깊이 이해하는 한편 세네갈 시골 생활이 주는 기쁨도 누릴 수 있었다.

그녀는 진정 시골 마을을 사랑했다. 다카르 역시 여러 문제가 산재해 있긴 했지만, 도시지역이었기에 최소한의 의료시설과 사회 복지 서비스는 접할 수 있었다. 그러나 시골은 그런 것들이 전혀 없었다. 그런데도 몰리는 그곳에 가면 늘 엄청난 환대를 받으며 훈훈한 정을 느꼈고, 낙관적이고 활기 넘치는 사람들을 만났다.

1981년 센터를 운영한 지 6년이 흘렀을 때, 활동기금이 모두 바닥나자 몰리는 앞으로 어떤 일을 해야 좋을지 다시 고민하기 시작했다. 그러던 어느 날, 다카르 시내에 볼일이 있어 나가는 길에 우연히 해답을 얻게 되었다.

예전부터 알고 지내던 라마Rama를 만났는데, 그녀는 최근에 쌍둥이를 낳아 엄마가 된 여자였다. 그런데 라마의 팔에 안긴 남자 신생아의 모습이 너무 심각하게 아파 보였다. 두 눈은 쑥 꺼지고 작은 몸에는 갈비뼈만 앙상했다. 그리고 아이 몸에서 물이 다 빠져나간 것처럼 대천문—신생아 머리의 부드러운 부분—이 움푹 들어가 있었다.

"아들이 너무 아파서 지금 '마라부'를 찾아가는 길이에요." 무척 걱정스러운 얼굴로 라마가 말했다.

"병원에도 가보는 게 좋겠어요." 몰리가 말했다.

"아뇨, 주술사를 찾아가는 게 먼저예요. 아기 숨구멍이 쑥 들어간 건 악령이 들러붙었다는 표시라고 다들 그랬거든요." 라마는 버스로 몇 시간 거리에 사는 용한 주술사를 알고 있다며, 그 사람이 아기에게 붙은 악령을 떼어 낼 거라고 말했다. 몰리는 세네갈 사람들이 영혼 세계에 대해 얼마나 진지하게 믿고 있는지 잘 알고 있던 터라 라마를 설득하거나 꾸짖지 않았다.

세네갈에 처음 왔을 때 그녀는 많은 사람이 그리-그리_{gris-gris}라고 부르는, 작고 낡은 가죽 주머니를 팔뚝 위쪽이나 허리에 묶어 가지고 다니는 것을 보았다. 호기심이 생긴 그녀는 한 학생에게 그게 뭐냐고 물었다.

"세상에는 수많은 영혼이 존재하는데, 영혼 중에는 축복을 가져다주는 좋은 영혼도 있고 불행을 가져오는 나쁜 영혼도 있어요. 이런 영혼을 조종하는 특별한 능력을 갖춘 사람들을 '마라부'라고 하고요. 여기 사람들은 누구나 자신을 보살펴주는 '마라부'가 한 명씩 있어요. '마라부'가 코란 글귀를 써서 주면 사람들은 그걸 주머니 안에 넣고 꿰매서 지니고 다녀요. 악령을 쫓아내고 자신을 보호하는 방법인 거죠." 좋은 영혼을 불러들여 병을 치료하고 행운을 가져오는 그리-그리도 있다고 그는 설명했다.

이후 몰리는 다카르의 판 대학병원센터_{Fann University Hospital Center}에서 일하는 유명 프랑스인 정신과 의사, 앙리 콜롬 박사_{Dr. Henri Collomb}를 위해 통역을 하면서 영혼의 세계에 대해 더 자세히 알게 되었다. 그는 처음으로 아프리카 문화의 특수성을 고려하여 정신병 환자를 치료한 의사로 이 분야에서 매우 유명한 사람이었다. 세이흐 안타처럼 그도 몰리에게 무슨 일이든 이곳 사람들의 마음으로 생각해야 한다는 조언을 해주었다. "이곳 사람들은 우리가 익숙해 있던 것과는 정말 다른 신념체계와 세계관을 지닌 문화 속에 살고 있어요. 그렇기 때문에 당신이 이해하지 못하는 부분이 있더라도 그것을 우리 신념체계로 판단해서는 절대 안 돼요. 그러면 커다란 혼란만 초래할 뿐이죠. 사람들이 왜 그런 행동을 하는지 그 속에 담긴 이유를 진심으로 이해하려고 노력해야 합니다. 그러면 당신도 금세 알게 될 거예요. 이곳 사람들은 어떤 관습을 따르지 않으면 벌을 받게 된다는 두려움이 너무 강해서 그걸 믿고 지키는 수밖에는 달리 도리가 없다는 사실을요."

몰리는 늘 그의 충고를 기억하고 있었지만, 며칠이 지나도 자꾸만 그 아기가 걱정되어 결국 라마의 집을 찾아가 보기로 했다. 그리고 그곳에서 큰 슬픔에 빠진 라마를 만나게 되었다.

"'마라부'가 축복도 내려주고 그리-그리도 적어주었지만, 다카르로 오자마자 아기는 죽어버렸어요." 그녀는 울면서 말했다.

몰리는 라마의 집을 나온 뒤 곧바로 알고 지내던 세네갈인 간호사를 찾아갔다. 아기가 왜 그렇게 된 건지 알고 싶었다. 그리고 그때 보았던 증상을 설명하자, 간호사는 슬픈 표정으로 고개를 저었다.

"몰리, 말만 들어도 알겠어요. 그 아기는 탈수 증세를 보였던 거예요. 설사를 심하게 하면 반드시 수분을 다시 공급해 주어야 하거든요." 치료법은 정말 간단하고 비용도 저렴하다고 그녀는 설명했다. 소금, 설탕을 녹인 전해질 용액으로 잃어버린 체액을 보충해주고 몸에 수분을 공급해주기만 하면 되었다. "숨구멍이 푹 꺼졌다는 건 탈수가 무척 심했다는 얘긴데, 그때 바로 보건소에 갔었어야 했어요. 억지로라도 좀 데려가지 그랬어요, 몰리. 그랬으면 아기 목숨은 건졌을 텐데."

몰리는 며칠 동안 마음이 무거워 미칠 것만 같았다. 푹 꺼진 숨

구멍이 어떤 증상이었는지 그 정도의 기본 지식만 있었어도 간단한 치료로 아기를 살릴 수 있었을 거라는 생각이 머릿속에서 떠나질 않아 가슴이 아팠다. 자신이 부족해서 아기를 살리지 못했다는 사실에 그녀는 너무 큰 충격을 받았다.

★

그 일이 있고 얼마 후, 몰리는 다카르에서 한 시간 반 정도 거리에 있는 샴 은자이Saam Njaay라는 작은 마을을 방문하게 되었다. 그 마을에는 프랑스어를 할 줄 아는 사람이 하나도 없었고, 월로프어를 읽고 쓸 줄 아는 사람도 없었다. 주변 지역 36개의 마을 중에 공립학교는 단 한 곳뿐이었고, 아이들이 통학하기에는 거리도 너무 멀었다. 그나마 걸어서 한 시간 거리에 있는 가톨릭 사립학교가 가장 가까운 교육기관이었다. 그런 악조건 속에서도 이곳 주민들이 교육을 받기 위해 애쓰는 모습을 보며, 몰리는 아프리카 고유의 문화 활동을 활용해 개발 교육을 하는 프로그램을 이 마을에서 실험 삼아 시작해 보면 어떨까 생각하게 됐다. 그리고 마을 사람들과 이 일을 의논하기 시작했다. 또 다른 프로젝트를 준비하며 그녀는 이번이 세네갈에서 했던 8년간의 경험과 아동센터에서 개발한 자료들을 결합해 새로운 교육 프로그램으로 탄생시킬 기회라고 여겼다. 그 프로그램은 모국어로 진행될 것이며, 아이, 어른 할 것 없이 시골 사람 모두가 누릴 수 있는 교육이어야 했다. 그녀는 간단한 읽고 쓰기 교육뿐 아니라 문제 해결을 위한 토론, 자신감 획득을 위한 기술 교육, 보건 위생의 이해 등을 포함하는 전체론적 교육을 염두에 두었다. 이 프로젝트는 그저 문맹률을 낮추는 것 이상의, 그동안의 개발 방식과는 완전히 다른 시도가 될 터였다. 몰리는 세네갈 여인들이 입는 긴 전통 치마 '파뉴'와 관련된 속담 하나를 떠올렸다. "천 조각이 아무리 예쁘다고 한들 그 한 조각으로는 파뉴를 만들 수 없다." 개발 사업에 접근하는 방식 역시 마찬가지였다. 학교라고는 가본 적도 없는 이 마을 사람들에게 형식에 얽매이지 않은 전체론적인 기본 교육을 그들 고유의 언어로 제공할 수만 있다면, 라마 아들의 죽음과 같은 불의의 사고를 막을 수도 있으리라는 생각이 들었다.

다카르에서 이렇게 멀리 떨어진 지역으로 옮겨와 그나마 누렸던 생활의 편리마저 포기해야 한다고 생각하니 더럭 겁도 나는 게 사실이었다. 하지만 도시의 삶은 자신의 포부와 잘 들어맞지 않는다고 예전부터 느끼고 있었다. "가진 것은 적어도 절대 불평하지 않고, 늘 올곧은 자세로 살아가는 시골 사람들을 보면 배울 점이 정말 많으리라 생각했어요."

그래서 그녀는 단기간이라도 마을에 직접 거주하며 프로그램을 개발해 보기로 했다. 그리고 자신이 최선이라고 생각하는 것이 아닌, 마을 사람들의 목적과 욕구를 바탕으로 그들에게 필요한 지식을 전달해주도록 프로그램을 만들자고 다짐했다. 그렇게 해서 마을 주민들이 일단 지식을 습득하고 나면, 셰이흐 안타의 예상대로 그들 스스로 이웃에게 그 지식을 전달하게 되리라 확신했다.

9

깊이 배우다

니앙 무 후트 — Njàng mu Xóot

1982년 9월, 서른두 살의 몰리는 300명 정도의 인구가 모여 사는 샴 은자이 마을에 도착했다. 처음에는 몇 개월만 머물 생각이었지만, 결국 그녀는 그곳에서 3년을 살게 되었다. 그녀가 지냈던 집은 가로×세로 3m 넓이에 점토 벽돌로 지은 오두막으로, 지붕은 야자나무 잎으로 엮었고 바닥은 흙으로 덮여있었다. 그곳에 사는 동안 그녀는 전기 없이 생활했고, 심한 가뭄을 겪었으며, 말라리아에 걸리기도 했다. 결국 의사가 집까지 왕진을 와 검사를 했더니 몸속에 어찌나 많은 기생충이 살고 있던지 기생충 종류를 나열한 페이지 수가 무려 여섯 장이나 되었다. 하지만 또 한편으로는 이 마을에서 보낸 시간이 그녀의 인생에서 가장 중요하고 흥미로웠으며, 많은 깨달음을 얻었던 시기이기도 했다.

샴 은자이에 도착하던 날은 날씨가 무척 덥고 습했다. 마을 중앙의 작은 모스크 앞에 폭스바겐 버스를 주차하자, 몰리가 올 것을 알고 있던 사람들이 미리 나와 그 앞에서 기다리고 있었다. 수십 명의 아이―짧게 자른 청반바지를 입은 남자아이들과 촘촘하게 땋은 머리의 여자아이들―가 엄마 치맛자락 뒤에 숨어 수줍게 그녀를 쳐다보았다. 교육용 자료들을 가득 담은 짐가방에 전통의상 '부부'를 입고 월로프어를 쓰는 이 미국인 여자를 어떻게 받아들여야 할지, 처음에는 마을 주민들도 확신이 서지 않는 눈치였지만, 일단은 정중하고 반갑게 맞아주었다.

젊은 남자 몇이 그녀의 가방을 들어주었고, 여자아이 서너 명이 그녀를 오두막집으로 안내해 주었다. 그 집은 몰리를 위해 마을 사람들이 특별히 신경 써서 준비한 오두막으로 작은 간이침대와 나무 탁자 하나가 간소하게 놓여 있었고, 흙바닥에는 짚으로 엮은 돗자리가 깔려 있었다. 그녀가 짐을 다 정리하자, 여자들이 음식을 담은 그릇을 들고 찾아왔다.

"당신을 위해 만든 음식이에요. 많이 드세요." 음식을 탁자 위에 차려놓으며 한 여자가 말했다.

"고마워요. 이것도 좋지만, 저는 다른 사람들과 다 같이 먹는 걸 좋아해요." 몰리가 말했다.

그 말을 듣고 여자는 깜짝 놀란 듯했다. "하지만 당신은 우리에게 귀한 손님이에요. 당신이 여기 방에서 먹고 싶어 할 거라고 생각했는데요."

"아니에요. 다 함께 둘러앉아 같이 먹는 걸 훨씬 좋아해요. 여러분이랑 함께 먹을래요."

저녁 식사를 마치고, 몰리는 혼자 오두막집으로 돌아왔다. 사방이 고요한 가운데 모기장 아래 누워 마을 전체가 천천히 잠드는 소리에 귀를 기울이고 있자니, 마치 또 다른 세계에 온 것 같은 기분이 들었다. 세네갈은 그때가 연중 가장 더운 시기로 한낮 기온이 40도 가까이 오르곤 했다. 밤에는 체감온도가 더 높아 오두막 안은 열기로 그득했다. 신선한 바람을 쐬고 싶었지만, 작은 창문 하나도 열 수 없었다. 한밤중 집을 찾아오는 악령이 있다며 악령을 집에 들이고 싶지 않으면 문과 창문을 꼭 닫으라고 사람들이 신신당부하고 갔기 때문이었다.

깜빡 잠들었던 몰리는 오두막 지붕에서 나는 이상한 소리에 잠을 깼다. 깜깜한 어둠 속에서 그녀는 덜컥 겁이 났다. 주변을 어슬렁거린다던 하이에나인지 집안으로 몰래 들어오려는 사람인지 확인할 길이 없었다.

"여기요! 여기요! 밖에 아무도 없어요?" 그녀는 월로프어로 크게 외쳤다. 그래도 아무 반응이 없자, 더 큰 소리로 고함을 질렀다. "도와주세요! 누가 집 지붕으로 들어오려고 해요!"

몰리의 외침을 듣고 젊은 남자 몇이 달려왔다.

몇 분 뒤, 밖에서 웃음소리가 터져 나왔다. "수카이나, 이리 나와서 몰래 들어오려던 도둑이 누군가 한번 보세요." 한 소년이 말했다.

몰리는 조심스럽게 밖으로 기어 나와 범인을 확인했다. 이 야단법석에도 아랑곳하지 않고 당나귀 한 마리가 느긋하게 지붕 위 나뭇잎을 뜯어 먹고 있었다. 그 후 몇 주 동안은 마을을 지나갈 때마다 젊은 남자애들의 킬킬거리는 웃음소리를 들어야 했지만, 몰리는 애써 모른 척했다.

그녀가 살았던 오두막은 이 마을의 촌장이자 명망 높은 알라지 무스타파 은자이Alaaji Mustaafa Njaay의 가족 공동체 안에 속한 집이었는데, 그의 할아버지는 1750년 무렵 이 마을을 처음 세운 사람이었다. 알라지라는 호칭은 메카로 성지순례를 다녀온 사람에게 주어진 이름으로서, 그는 청년 시절 배, 비행기를 타거나 걸으면서 1년이 넘게 걸리는 아프리카 횡단 여정을 무사히 마친 경험이 있었다. 아흔 살이 넘은 지금은 현명한 종교 지도자로 존경을 받았고, 그에게 코란을 배우거나 축복을 받기 위해 세네갈 전역에서 사람들이 찾아오고 있었다.

촌장의 가족 공동체에는 독립된 여러 채의 오두막이 있었고, 가운데 마당을 둘러싸고 둥그렇게 배치되어 있었다. 각 집에는 네 명의 아내와 어린 자식들이 살았으며, 가족들의 일상은 대개 마당의 커다란 나무 그늘에서 이루어졌다.

이곳 생활이 어느 정도 안정되자, 몰리는 저녁마다 알라지 무스타파 은자이를 찾아가 조용한 그의 집 베란다에서 함께 시간을 보내곤 했다. 그는 중고 의류 시장에서 고른 안경을 항상 끼고 기도할 때 쓰는 모자를 우아하게 쓰고서는 해먹에 앉아 마을 돌아가는 사정이며, 이곳의 전통이 생기게 된 유래에 대해 말해 주었고, 때로는 세네갈 사람들의 마음을 이해하는데 핵심이 되는 중요한 애기도 해주었다. 또한 강하고 능력 있는 지도자가 되는 방법에 대해 조언해주면서 삶이 주는 교훈에 항상 마음을 열어놓고, 시작하려는 일이 무엇이든 최선을 다해야 한다고 충고했다.

어느 날 저녁 그가 해준 말은 그녀에게 평생 잊지 못할 교훈이 되었다. "무릇 지도자란 소를 치는 풀라니족Fulani 목동 같아야 해. 목동은 어떨 때는 앞에 서서 소 떼를 이끌어. 그러다 무리 중간에 끼어 일부가 되기도 하고. 또 때로는 뒤로 물러나 소들이 가고 싶은 대로 내버려 두고 그저 따라가기도 해. 좋은 지도자라면 노련한 목동처럼 항상 언제 어디로 가야 할지 알아야지."

★

몰리는 은자이를 '바이baay(아버지)'라고 부르고 그의 자녀들과는 형제·자매처럼 가깝게 지내면서 점점 은자이 가족의 일원이 되어 갔다. 아침에는 가족들 사이에 껴서 전날 저녁 먹고 남은 기장 쿠스쿠스*를 함께 먹었다. 한낮에 기온이 가장 높을 때는 다 같이 모여 차를 마시곤 했는데, 이곳 사람들은 '아타야ataaye'라고 부르는 오래되고 복잡한 아라비아식 예법을 따라 차를 만들었다. 먼저 세 개의 작은 잔을 준비하고 총알 모양으로 말린 녹차를 물에 우려 잔 세 개에 나눠 담았다. 첫 번째 차의 맛은 강하고 씁쓸했고, 두 번째는 좀 더 부드러웠으며, 세 번째 차는 무척 향긋했다.

"우정도 이와 같지. 시간이 지날수록 향기로워지거든." 차를 마

---

* 찐 곡식에 고기와 채소를 곁들여 먹는 북아프리카 음식

시는 몰리를 보며, 은자이가 말했다.

그녀는 특히 저녁 시간을 좋아했다. 샴 은자이 마을에는 전기가 들어오지 않았기 때문에 밤이 되면 사람들은 모두 마을 광장에 모여 모닥불을 피워놓고, 그 주변에 둘러앉아 아이들과 함께 시간을 보냈다. 누군가 그릇이나 양동이를 거꾸로 세워놓고 북을 치면 다른 사람들은 리듬에 맞춰 춤을 추었다. 또 어떤 사람은 일어나서 재밌는 얘기를 하거나 마을에 전해 내려오는 전설을 들려주기도 했다. 이곳 여자들은 '타아수taasu'라는 월로프식 짧은 시 짓기를 좋아했는데, 시를 읊으며 박자에 맞춰 손뼉을 치기도 하고 춤을 추기도 했다. 몰리를 주제로 한 특별한 '타아수'도 생겨났다.

"수카이나 은자이, 호부 렘 라Sukkéyna Njaay, xobu lem la."(수카이나 은자이는 달콤한 잎사귀 같아.)

"쿠 누 코 세할Ku nu ko sexal."(한번 맛보면)

"도 야비Doo yàbbi."(절대 뱉을 수 없지.)

구절이 반복되면 반복될수록 손뼉은 열띤 춤사위로 바뀌었고, 미친 듯이 흔드는 다리 주위로 긴 치마가 빙글빙글 돌아갔다. 그렇게 흥분이 극에 달한 사람들은 바닥으로 쓰러지며 웃음을 터트렸다.

교육 프로그램 개발에 있어 몰리가 가장 우선시했던 것은 이 교육의 근본적인 목표를 기억하는 일이었고, 그러기 위해서는 마을 주민들에게 필요한 것을 결정짓기 전에 그들에게 중요한 것이 무엇인지 먼저 알아야 한다고 생각했다. 그녀는 어떤 프로그램의 성공 여부는 결국 자신이 주민들과 어떻게 관계 맺느냐에 크게 좌우

된다고 믿었다. 그래서 처음 몇 달 동안은 샴 은자이 마을의 생활 방식을 배우고 사람들과 친해지는 데 온 노력을 기울였다. 다카르의 아동·센터에서 함께 일했던 볼르 음바예와 말릭 푸예도 샴 은자이까지 와 몰리를 도와주었다. 그들과 함께 몰리는 마을의 역사, 전설, 속담과 사람들이 가장 좋아하는 활동이나 노래들을 녹음하고 기록했다. 또, 어린 여자아이들이 빈 깡통과 천 조각을 가지고 월로프식 전통 인형을 만들면 그 옆에서 함께 인형을 만들었고, 야자나무 잎으로 낙타 만드는 방법도 배웠다. 남자아이들과 있을 때는 함께 철사로 자동차와 말수레를 만들어 모래에 길을 내고 굴리며 놀았다.

그녀는 마을의 연중 활동이 땅콩, 기장, 카사바*의 농사 일정을 중심으로 돌아간다는 사실도 알게 됐다. 사람들은 7월에 첫 비가 내리면 씨를 심었고, 10월에서 11월 사이에 수확해서 12월이나 1월 즈음 시장에 내다 팔았다. 모든 일은 비가 오는 시기에 따라 결정되었다. 물을 구할 수 있는 가장 가까운 곳이 1km 떨어진 마을의 우물이다 보니 밭에 물을 댈 수가 없었기 때문이었다.

몰리는 특히 마을 여자들이 하는 일에 관심을 쏟았다. 이전에도 샴 은자이 같은 마을을 방문한 경험이 많았기에 시골에 사는 여자들이 얼마나 힘들게 일하는지 잘 알고 있었지만, 가까이에서 지켜보며 노동의 강도를 직접 느껴보니 더더욱 놀랍다는 생각이 들었다. 몰리는 40대 나이에 세 아이의 엄마인 쿰바 사르Kumba Sar라는 여인

---

* 뿌리가 길쭉한 고구마 모양으로 생긴 열대 식물

과 금세 친해진 후, 그녀의 하루하루를 기록으로 남기기 시작했다.

마을의 다른 여자들처럼 쿰바도 아침 다섯 시면 일어나 옆 마을까지 30분 거리를 걸어가 물을 길어왔다. 그런 다음 가족들이 먹을 아침 식사를 준비하고, 밥을 먹고 치운 후에는 다시 땔감을 줍기 위해 길을 나섰다. 하루 식사를 준비할 정도의 땔감을 구하려면 쿰바는 한낮의 열기 속에서 몇 킬로를 걸어야 했다. 그다음 몇 시간 동안은 남은 집안일을 하며 보냈다. 가족을 위해 저녁을 준비했고, 때로는 스물다섯 명이 먹을 식사를 준비해야 할 때도 있었다. 설거지하고 아이들을 씻기고 옷을 입혔다.

쿰바는 어렸을 때부터 매일 이렇게 일해 왔다. 네 살밖에 안 된 어린아이였을 때도 그녀는 엄마와 숙모들이 일할 때 힘껏 거들어야 했고, 물과 땔감을 구해오거나 요리와 청소를 돕는 일은 물론이고 종종 나이 어린 동생들을 돌보는 일도 그녀가 할 일이었다. 몰리가 관찰한 결과, 여자들이 이렇게 종일 일하는 동안 남자들—밭에 나가지 않을 때—은 대개 아무 일도 하지 않았다. 만약 소년들에게 일을 도와달라는 부탁을 하면 그들에게는 특별한 혜택을 주어야 했다. 여자들과 소녀들이 우물까지 걸어가는 반면, 남자아이들은 수레 뒤에 커다란 양철통을 싣고 가서 물을 받아오곤 했다. 그런데도 하루의 마지막, 저녁을 먹을 때면 음식의 가장 맛있는 부분은 자연스레 나이가 많은 남자 몫으로 돌아갔다.

세네갈을 찾는 많은 서구인이 이 나라의 일부다처제 풍습을 보고 매우 놀라워하며 때로는 거세게 비난한다는 것을 몰리는 잘 알고 있었다. 하지만 샴 은자이에서 지내며 관찰한 대로라면 이런 제도가 오히려 시골의 여자들에게는 도움이 될 수도 있다는 사실을 깨달았다. 부인이 한 명 더 있다는 것은 집안일을 도울 일손이 더 많다는 뜻이기도 했기 때문이다. 첫째 부인이 3일 동안 요리와 청소를 포함한 집안일을 담당하면 그다음 3일은 둘째 부인이 도맡아 하는 식으로 일을 분담해서 여자들은 서로의 부담을 줄여주고 있었다.

여자들의 일이 아무리 고되고 힘들어도 그 고난에 관해 큰 소리로 떠드는 것은 풍습에 어긋나는 일이었다. 그들은 아주 어렸을 때부터 불평하지 않고 자기 일을 받아들이며, 오히려 그 일을 영광으로 여기도록 배운다는 것을 몰리는 알게 되었다. 가족을 건강하게 먹이기 위해, 때로는 단순히 생존하기 위해 여자들은 정말 많은 에너지를 쏟아부어야 했다. 힘든 시기가 자주 닥쳤기에 그렇게 하는 일이 절대 쉽지 않았다. 건기가 되면 마을에는 식수가 부족했고, 마을 남자들은 할 일이 없어졌는데, 그것은 수입이 없다는 뜻이기도 했다. 사람들의 영양 상태는 극단으로 악화되었고, 많은 아이가 균형 잡힌 식사를 하지 못해 영양실조에 걸렸다. 가장 가까운 진료소는 12km 떨어진 거리에 있어 그곳까지 가려면 말이나 수레를 타고 가거나 걷는 방법밖에 없었고, 그나마 샴 은자이에는 말이나 수레를 소유한 집도 드물었다.

몰리는 전혀 상상도 못 했던 방식으로 여러 문제들을 경험하게 되었다. 하루는 마을 밖 회의에 갔다가 돌아오는 길에 안타 지이트 Anta Jiite라는 한 여자가 나무 밑에 앉아있는 것을 발견했다. 그녀는 다리를 부부로 칭칭 감고 무릎을 꽉 끌어안고 앉아있었다. 그 무렵 안타는 임신 말기에 가까워져 몰리는 그녀가 곧 아이를 낳겠다고 생각했었다. 몰리는 인사나 하려고 안타에게 다가갔다가 얼굴에 핏기가 하나도 없이 매우 아파 보이는 그녀의 얼굴을 보게 되었다.

"얼굴빛이 너무 안 좋아요! 괜찮아요?" 몰리가 물었다.

안타의 눈에서 눈물이 샘솟았다. "아기가 죽었어요."

"네? 그게 무슨 소리예요?"

"잘 모르겠어요. 나오긴 금방 나왔는데, 숨을 못 쉬었어요. 왜 그런지 모르겠어요. 낳자마자 바로 죽었어요."

몰리는 안타의 손을 잡았다. "언제 그랬는데요?"

"몇 시간 전에요."

"아기는 어딨고요?"

"가족들이 데려갔어요. 벌써 땅에 묻었을 거예요."

"일어나요. 병원에 데려다줄게요." 몰리가 말했다.

"아니요, 괜찮아요."

"무슨 말이에요?" 몰리가 물었다.

"폐 끼치기 싫어요."

"꼭 가야 해요. 당신 몸 상태가 어떤지 확인해야 해요." 몰리는 자리에서 일어나 안타를 부축했다. 차를 타고 티에스로 가는 내내 안타는 아무 말도 하지 않았다. 몰리가 고집을 부리지 않았다면 안타는 절대 병원으로 따라나서지도 않았을 것이고, 심지어 도와달라는 말조차 누구에게도 하지 않았을 터였다. 그녀는 집 뒤편 들판 어딘가에 아이가 묻혔다는 사실만 알고, 자신이 할 수 있는 일은 아무것도 없다고 생각하며 그저 매일매일 잠에서 깼을 것이다.

여자의 삶이란 원래 그런 거라고 여기며.

10

가르치다

냥글레 미 — Njàngale mi

샴 은자이에 온 지 약 두 달 뒤, 몰리는 수업을 시작했다. 교실
로 쓸 만한 큰 방이 없었기에 일단은 매일 저녁 어느 가족 공동체
의 앞마당에서 수업하기로 하고, 그녀는 마을 사람들을 모두 초대
했다. 수업을 시작하는 첫날 저녁, 거의 50명 정도의 사람들이 잠
시도 가만히 있지 않는 아이들을 이끌고, 깔고 앉을 커다란 짚방
석을 들고 정해진 시간에 마당으로 모였다. 주민들 대부분은 도시
에서 취직하거나 떨어져 사는 다른 가족에게 편지를 쓰고 싶다며
글 배우기에 큰 관심을 표현한 바 있었다. 하지만 마을에는 책이
나 잡지, 신문 같은 읽을거리도 없었고, 간판 하나 걸려있지 않았
기에 문자를 구경조차 못 해본 사람이 수두룩했다. 이런 상황에서
몰리가 맡은 첫 번째 임무는 먼저 학생들에게 읽기가 무엇인지 이

해시키는 일이었다.

읽고 쓰기를 가르치는 다른 수업을 관찰하면서 "선생님" 자신은 정작 연필 한번 잡지 않으면서 교실 앞에 서서 학생들에게 글자를 암기하라고 시키기만 하는 모습을 보며, 몰리는 그런 수업 방식이 최악이라고 생각했었다. 그래서 자신은 다른 방법을 시도해 보기로 했다.

"글을 읽고 쓸 줄 알면 제일 먼저 뭘 해 보고 싶으세요?" 첫 수업을 하던 날 저녁, 그녀는 학생들에게 물었다.

쿰바가 첫 번째로 대답했다. "어머니에게 편지를 쓸래요. 우리 어머니는 10km 떨어진 마을에 살고 계시거든요."

몰리는 어머니에게 무슨 말을 하고 싶으냐고 묻고, 그 내용을 종이에 받아 적었다.

그녀는 쿰바에게 종이를 내밀며 말했다. "자, 이제 이걸 읽어 보세요."

쿰바는 어리둥절한 표정이었다. "그렇지만 난 읽을 줄 모르는 걸요."

"네, 방금 말했던 걸 그냥 말해 보세요. 여기 적힌 게 그 내용이에요."

"읽기가 그런 거라고요?" 쿰바의 눈이 휘둥그레졌다.

다른 학생들도 신이 나서 각자 하고 싶은 걸 말했다. "나는 속담을 좋아해요. 속담을 써서 다른 사람들과 함께 읽고 싶어요." 셰이흐Cheikh라는 이름의 한 남자가 말했다.

"좋아요. 그렇게 해 보자고요."

그녀는 종이 한 장을 꺼내 글씨를 쓰기 시작했다. "구멍을 열 개 파고 열 개 모두 메워버리면 먼지만 덮어쓸 뿐 남는 구멍은 하나도 없다." 그런 다음 셰이흐에게 그 문장을 다시 읽어보라고 말했다.

"나도 글을 읽을 수 있다!" 셰이흐가 손에 든 종이를 들여다보며 말했다.

마을 사람들이 알파벳과 친해지도록 하기 위해 몰리는 학생들과 마을 이곳저곳을 걸어 다니며 익숙한 물건들 속에서 자신이 보여준 글자와 닮은 모양을 찾아보라고 했다. 오두막 두 채의 지붕은 대문자 'M'이 되었고, 여자들이 짚으로 짠 방석은 알파벳 'O'와 똑닮아있었다. 그런 후에는 마당에 방석을 깔고 앉아 지금까지 관찰한 글자의 모양을 쓰는 연습을 했다. 처음에는 알파벳 글자를 썼고, 그다음에는 "쌀, 닭, 나무, '부부', 목걸이, 땋은 머리, 당나귀"처럼 특별히 좋아하는 단어들을 써보게 했다. 그리고 마을 여기저기에 중요한 장소나 사물을 가리키는 말들, 가령 "무스타파 은자이의 집, 바오밥나무, 의자, 방석, 담장" 같은 단어를 표지판에 적어 걸어놓았다. 사람들이 연필을 잡고 알파벳을 쓰는 데 완전히 익숙해졌을 즈음에는 각자 배운 단어를 다른 사람에게 서로 알려주고 익히도록 했다. 그렇게 사람들은 마을에서 자주 사용하는 어휘들을 조금씩 배우고 늘려갔다.

5개월이 지났을 무렵, 학생들의 읽기·쓰기 실력은 눈에 띄게 향상되었다. 대부분이 쓰고 싶은 내용을 편지로 쓸 수 있게 됐을 뿐 아니라 마을의 누가 언제 태어나고 죽었는지 기록하고, 마을 회의를 하고 난 후에는 간단한 회의록도 작성할 정도로 실력이 는 사람도 있었다.

몰리는 샴 은자이 주민들이 문맹에서 벗어나는 수준에서 그치지 않고 더 다양한 지식을 습득할 차례라고 여기고, 보건·위생에 관한 토론 수업을 진행해보기로 마음먹었다. 옆에서 지켜보며, 마을 사람들이 자신의 몸과 건강, 그리고 세균이 전파되는 경로에 대해 잘 모르고 있다는 사실을 발견했기 때문이었다. 이곳에서는 말라리아가 꽤 심각한 문제였는데, 모기가 가장 기승을 부리는 우기 때 망고가 익는다는 이유만으로 망고 때문에 말라리아에 걸린다고 잘못 알고 있는 사람들이 많았다. 게다가 예방접종을 왜 해야 하는지 알지 못했고, 손을 깨끗이 씻고 마을을 청소하는 것만으로도 설사 같은 여러 질병을 손쉽게 막을 수 있다는 사실도 알지 못했다.

그녀는 건강 지식을 전달하기 위해 독특하고 재미있는 방법을 구상해냈다. 예를 들면, 물이 담긴 작은 그릇에 향수 몇 방울을 떨어뜨리고 학생들에게 건네주면서 손을 물에 담근 뒤, 차례로 옆으로 전달시키는 식이었다. 사람들은 눈에 보이지는 않지만, 손에서 냄새가 나는 것으로 보아 물속에 뭔가가 있는 게 분명하다고 말했다. 몰리는 눈에 보이지 않지만, 쉽고 빠르게 퍼지는 이 무언가가 세균이라고 설명해주었다.

프랑스 문학을 전공한 몰리가 어떻게 이런 효율적인 언어 교수법과 신선하면서도 효과적인 학습법을 알고 적용할 수 있었을까? 세네갈에 오기 전부터 그녀는 대학을 졸업한 뒤 대체교사로 일했던 경력이 있었고, 대학원에서도 조교 생활을 하면서 직접 학생들을 가르친 경험이 꽤 있었다. 평소 교육의 힘을 열렬히 믿었을 뿐 아니라 가르치는 데 어느 정도 재능을 타고나기도 했는데, 그런 재능은 어머니에게 물려받은 것이었다. 거의 20년 가까이 교사로 일했던 앤은 언제나 교육의 힘을 깊이 믿어왔다. 마음껏 공부하지 못한 것이 한이 되었는지, 그녀는 딸들에게만큼은 최고의 교육 기회를 제공하기 위해 다이안과 몰리가 학교생활에 충실하도록 늘 격려를 아끼지 않았다. 경제 공황으로 대학을 중퇴한 이후에도 앤은 대학 학위를 따겠다는 꿈을 포기하지 않았다. 1964년, 51세의 나이에 일리노이대학 여름학기에 등록한 앤은 결국 58세에 학사학위를 취득했다. "매년 여름, 어머니가 학교에 가 20대 학생들 사이에 앉아있는 것을 보니 새삼 존경스러운 마음이 들더군요. 어머니는 대학 졸업장을 받고 말겠다는 꿈을 이루기 위해 무척이나 열심히 노력하셨어요. 정말 놀라웠어요." 몰리는 당시를 회상했다.

하지만 대부분은 새롭고 실험적인 방법을 시도하는 것을 두려워하지 않았던 그녀가 독학하고 연구한 교수법이었다. 그녀는 1970년대 초반, 1년간 대체교사로 학생들을 가르치기 시작했을 때, 자신이 학교에서 받았던 반복을 통한 암기식 교육과 학생과 교사를 엄격하게 구분 짓는 수동적인 교육이 아닌 색다른 방법을 시도해 보고 싶었다. 고민 끝에 좀 더 창의적이고 전체론적인 접근 방식을 찾게 되었고, 이후 일리노이대학 대학원에 다니면서 그 방법을 더욱 발전시켜나갔다. 강의 조교로 프랑스어학과 대학생들을 가르칠 기회를 얻었을 때도 그녀는 수업 내용을 기존의 문법·어휘 공부에 한정 짓지 않고, 학생들을 데리고 극장에 가 프랑스 영화를 보고, 시카고 미술관에서 프랑스 예술가들의 작품을 공부하고, 프랑스 음식 만드는 법을 함께 배우면서 프랑스 문화를 탐구할 수 있는 시간으로 바꾸었다.

샴 은자이에 온 이후, 몰리는 우연히 실비아 애쉬톤-워너Sylvia Ashton-Warner가 1963년에 쓴 《교사Teacher》라는 책을 구하게 되었고, 그 책을 읽으며 교육에 대한 그동안의 생각에 더욱 확신을 갖게 됐다. '읽고 쓰기에 대한 유기적 접근법'이라고 직접 이름 붙인 방법을 활용해 마오리족 아이들을 가르쳤던 애쉬톤-워너는 독립된 음절을 반복 연습시키는 대신 아이들의 삶이라는 문맥 안에서 의미 있는 사건을 주제로 다루는 교육을 선호했다. 애쉬톤-워너의 이런 접근법은 당시 새롭게 부상하는 교육 운동의 일부로서 사회에 팽배한 지배적인 권력 관계를 재정립하는 데도 의의가 있었다. 몰리 역시 대화, 역할 놀이, 학생 중심의 학습이 매우 가치 있다고 여기고, 이런 기법들을 샴 은자이 주민들을 가르치는 교수법의 기본으로 삼았다.

"그 책을 다 읽고 나니 '나도 이렇게 할 수 있겠다'는 생각이 들더군요." 그녀는 그때 기억을 떠올렸다. "굳이 대학으로 돌아가 읽고 쓰기를 가르치는 방법을 배울 필요가 없겠더라고요. 난 그저 사람들이 배우고 싶어 하는 것을 배우도록 돕는 가장 좋은 방법을 찾아내기만 하면 된다고 생각했어요."

교육에 접근하는 방식에 대한 생각은 이후 《여성들이 배우는 방법Women's Ways of Knowing》이라는 책을 읽고 더욱 굳어졌다. 이 책의 공동 저자들은 여성의 지적 발달을 연구하고, 그 결과를 1950년대 윌리엄 페리William Perry가 하버드 출신 남성을 대상으로 시행했던 유명한 연구와 비교·대조했다. 이 연구를 통해 여성이 학습하는 방법은 남성이 학습하는 방법과 몇 가지 다른 점을 보이며, 특히 "연관된 지식"이라고 일컫는 부분에 대해 실질적인 필요성 여부가 지식을 습득하는 데 큰 영향을 미친다는 사실을 밝혀냈다. 이 책의 주장은 특히 샴 은자이의 여성들에게 잘 적용된다고 몰리는 생각했다. 샴 은자이 여자들이 지닌 재능은 셀 수 없이 많았다. 그들은 하루에 두 번 30명이 넘는 사람들이 먹을 수 있는 많은 분량의 식사를 공들여 만들 수 있었고, 아주 적은 돈으로도 생존했으며, 어떤 물건이든 쓸모 있게 활용하는 방법을 알고 있었다. 대부분이 옷을 꿰매고, 돗자리를 엮는 기술을 알았고, 특히 머리카락을 땋는 솜씨는 정말 예사롭지 않았다. 그런데도 그들은 '원래 아는 게 많은 그런 사람들도 있지만, 우리 여자들은 아니죠. 우리는 무식하고 아무것도 몰라요.' 같은 말을 자주 했다.

"그 말을 들을 때마다 나는 너무 화가 났어요. 그래서 이렇게 얘기해주곤 했죠. '여러분이 해놓은 걸 좀 보세요. 머리카락은 얼마나 잘 땋는지 보시라고요. 이런 기술을 배우려고 미국 사람들은 학원까지 다녀요. 미용실에서 이런 머리 한번 하려면 백 달러는 내야 한다고요.' 또 이런 말도 해줬어요. '요리 실력은 얼마나 훌륭한지, 또 힘든 상황에서 돈 한 푼 없어도 얼마나 잘 버티는지 한번 생각해 보세요. 미국 사람들을 이런 환경에 데려다 놓으면 금방 미쳐서 죽고 말걸요. 여러분은 절대 무지하지 않아요. 누구는 똑똑해서 금세 배우고 누구는 아무리 가르쳐도 못 알아듣는다는 그런 말은 믿지 마세요.'라고요."

머지않아 몰리는 생활과 좀 더 밀접하게 관련되면서 상호 작용이 일어나는 교육을 했을 때, 마을 여자들—스스로 절대 똑똑해질 수 없고 뭔가를 배울 수도 없다고 주장했던 바로 그 사람들—이 내용을 더 빨리 이해하고 습득한다는 것을 깨닫기 시작했다. 또한 그들이 무척 즐거운 마음으로 수업에 참여하고, 새롭게 알게 된 지식을 열심히 남들과 공유하는 모습도 볼 수 있었다.

한번은 몰리의 친한 친구이자 교육 활동가인 데보라 프레도Deborah Fredo가 비정규 교육을 주제로 박사 논문을 쓰기 위해 샴 은자이를 찾아와 여성들과 인터뷰를 한 적이 있었다. 그때 은작 은자예Ndag Ndiaye라는 여성은 데보라에게 이렇게 말했다. "매일 수업시간이 무척 기다려져요. 수업에 가면 나를 가리고 있던 '부부'를 벗어던지고, 태어나 처음으로 내 마음과 생각을 자유롭게 이야기할 수 있거든요. 언젠가 교실 밖으로 나가도 나를 다시 가리지 않아도 되는 그런 때가 오면 좋겠어요."

몰리는 많은 여성이 점점 자신감을 키워가면서 그걸 바탕으로 마을의 특정 상황을 새롭게 바꿔나가려고 하는 모습을 보고 특히 감격스러웠다. 수업을 시작한 지 6개월 정도가 지났을 무렵, 샴 은자이 주민들은 마을에 안전한 식수를 공급하기 위해 공사를 벌이기로 했다. 남자들이 참여해 도랑을 파고 물을 끌어올 관을 묻은 다음, 마을 광장에 공용 수도꼭지를 설치했다. 그리고 마침내 수도꼭지로 물이 나오던 그 날은 샴 은자이 마을 역사상 가장 행복한 축제의 날이 되었다. 기념행사로서 여자들은 수돗가를 물로 닦는 의식을 했다. 그리고 모두가 가장 좋은 옷을 꺼내 입고, 생선과 쌀로 푸짐하게 점심을 차린 뒤, 밤늦도록 음식을 먹으며 춤을 추었다.

수도는 시작에 불과했다. 몇 개월이 지나 학생들은 기장 줄기를 엮어 교실을 지었고, 가스등도 설치했다. 그래서 집안일과 밭일을 모두 마치고 해가 진 뒤에도 수업을 할 수 있게 되었다. 그다음으로는 땔감을 구하러 매일 몇 킬로씩 걸어 다닐 필요가 없도록 조림지를 조성할 계획을 세웠다. 진흙과 모래를 이용해 나무로 불을 피우는 요리용 화덕도 50개 이상 만들었다. 화덕을 사용하면 열 손실을 줄여 적은 나무로도 요리할 수 있었다. 그리고 1983년, 건강 진단 프로젝트를 구상하여 계획안을 월로프어로 작성하고 지역 보건 센터에 보내 승인도 받았다. 이 프로젝트는 주민 한 사람이 주변 27개 마을의 모든 환자에게 25센트씩 받고 건강 상태를 매일 꼼꼼하게 기록하여 보건 센터에 전달한 뒤, 센터에서 각각의 상태에 맞게 말라리아, 결막염, 상처, 설사, 전신 피로와 관련된 치료법을 알려주면 그 처방을 다시 각 환자에게 알려주는 제도였다.

그러나 모든 일이 시행착오 없이 순조롭기만 했던 것은 아니었다. 몰리는 마을 주민들이 오래전부터 채소밭 가꾸기를 바라왔다는 사실을 알게 됐다. 채소를 직접 기를 수 있다면 영양 상태를 개선할 수 있고, 매주 음식 재료를 구하기 위해 티에스의 시장까지 나가지 않아도 되며, 채소를 판매해 수입까지 올릴 수 있었다. 몰리는 우물을 팔 기금을 마련하기 위해 계획서를 작성하고, 밭을 일구는데 필요한 장비와 용품, 씨앗, 비료를 구매하는 등 곧장 작업에 들어갔다. 모든 결정은 마을주민이 직접 내리게 하는 것이 그녀의 원칙이었지만, 몰리와 볼르는 채소밭을 공동으로 관리하겠다고 발표했다. '결국 이곳은 아프리카이고, 아프리카에서는 모든 게 다 집단으로 이뤄지잖아?'라는 생각을 했던 것이다. 우물을 파고, 땅을 갈고, 씨앗을 뿌리는 등 모든 준비가 다 끝났을 때, 처음에는 주민 40명이 나와 밭에 물을 주고 채소를 돌보았다. 다음 날에는 30명이 나왔다. 그리고 일주일이 지나자, 겨우 10명밖에 나오지 않았고, 나중에는 몰리와 볼르 두 사람만 밭에 남게 되었다. 몰리는 약간 냉정을 잃은 상태에서 회의를 소집했다. "뭐가 문제죠? 왜 계속 밭에 나와 일하지 않는 거죠?"

모두 아무 말도 못 하다가 마게예 은자예Magueye Ndiaye라는 남자가 드디어 입을 열었다. "뭐랄까, 거긴 '당신' 채소밭이잖아요."

"무슨 말이에요?" 몰리가 물었다.

"채소밭을 계획하고 준비한 방식은 우리가 여기서 하는 그런 방식이랑 달라요." 마게예가 대답했다.

"그럼 여러분은 어떻게 하시는데요?"

"글쎄요, 우리는 농사에 참여한 가족에게 각각 몇 이랑씩을 배정해주고 그런 다음 씨를 심고 채소를 가꾸는 식으로 해요."

"잘 이해가 안 돼요. 왜 좀 더 일찍 이런 얘길 해주지 않은 거죠?" 몰리는 깜짝 놀란 한편, 조금은 무안해졌다.

"한 번도 물어보지 않았으니까요."

몰리는 말을 잇지 못했다.

"그리고 당신이 너무 신이 나 있어서 괜히 실망시키고 싶지 않았어요."

회의가 끝난 뒤, 몰리는 촌장에게 가서 물었다. "제가 이런 실수를 하고 있다는 걸 촌장님은 알고 계셨죠?"

"물론 알고 있었지."

"그런데 왜 그냥 내버려 두셨어요? 잘못하고 있다고 알려주셨어야죠."

"좋은 지도자는 실수를 통해 만들어지는 게야. 만약 내가 다 말해줬으면, 자네는 이번 일에서 아무 교훈도 얻지 못했을걸. 답을 얻으려면 스스로 길을 찾아야 할 필요가 있어요." 알라지는 말했다.

이후 몰리는 재빨리 채소밭을 재편했다. 주민들의 동의를 얻어 각 가정에 채소밭을 조금씩 나누어주고 비료와 관리비용으로 천 프랑(2달러)을 기부받기로 했다. 이날부터 샴 은자이 마을 사람들은 30년이 흐른 지금까지 무성한 채소밭을 가꾸며 살게 되었다.

★

샴 은자이에 온 지 1년이 지났을 때, 몰리는 마을에서 교육 사업을 계속 진행하며 규모를 확장하는 조건으로 미국 국제개발처 USAID에서 2년간 보조금을 받게 되었고, 보조금 안에는 3만 달러 정도의 개인 연봉도 포함되어 있었다. 당시 서른세 살의 몰리에게는 지금껏 받아보지 못한 큰 금액의 연봉이었다. 하지만 주변 사람들 모두 돈이 없는 상황에서 자신만 그렇게 많은 급여를 받는다는 사실이 영 불편하게만 여겨졌던 몰리는 돈이 필요한 사람을 보면 아낌없이 자기 돈을 줘버리곤 했다. (그녀의 노동윤리와 마찬가지로 이런 태도는 나이가 들어서도 쉽게 사라지지 않았다. 퇴직 기금도 그녀가 60세가 되자, 토스탄 임원회에서 고집하여 겨우 마련했을 정도였다.) 하지만 매달 일정 금액을 따로 떼어 어머니에게 송금하는 일만큼은 잊지 않으려고 노력했다. 그러면 어머니는 돈을 받는 즉시 몰리의 이름으로 된 예금 계좌에 저금했다. 비록 몰리는 돈을 저축할 필요성을 전혀 느끼지 못했지만, 안정된 생활을 위해 대비해야 한다며 끊임없이 잔소리를 늘어놓는 어머니를 안심시킬 요량으로 그렇게 했다. 인구 대부분이 백인이고 보수적인 애리조나의 소도시에서 지금쯤 어머니가 어떻게 하고 계실지 몰리는 너무나 잘 알 것 같았기 때문이었다. 막내딸이 지금 바로 미국으로 돌아와 좋은 직장을 구하고, 집과 차를 사고, 건강 보험에 가입할 수 있는데도 그렇게 하지 않고, 아프리카 오지에서 무슨 일을 하고 있는지, 그토록 적은 급여를 받으면서도 왜 계속 그곳에 있는지 이런 걸 사람들에게 설명하느라 어머니는 진땀을 빼고 계실 게 뻔했다. 어쩌면 어머니는 자신을 평생 이해하지 못하실 수도 있었다. 하지만 몰리에게 지금 하는 일─아프리카의 작은 마을에 살며, 교육 프로그램을 개발하는 일─은 선택이 아니었다. 당연히 해야 할 일을 '하고 있을' 뿐이었다. "저는 다른 일은 절대 못 했을 것 같아요. 어머니가 나를 사랑한다는 건 알고 있었어요. 하지만 그건 내가 당신이 원하는 대로 살길 강요하는 조건이 걸린 사랑이었어요. 오랫동안 내가 바란 건 어머니의 인정, 그거 하나뿐이었는데, 결국은 얻어내질 못했어요." 몰리가 말했다.

하지만 어느 순간 어머니의 인정을 받는 일도 그다지 중요하지 않게 느껴졌다. 앤에게 자신의 선택을 이해시키는 일은 정원용 호스로 사막에 물을 뿌리는 것과 마찬가지라는 생각을 하게 된 후부터였다. 어쨌든 샴 은자이 사람들만큼은 그녀가 정말 특별한 사람이라는 것을 알아주었다. 몰리의 친구, 캐리 데일리는 이런 말을 했다. "몰리를 보러 마을에 올 때마다 그녀에 대한 존경심이 점점 커지더군요. 저도 세네갈에서 30년 넘게 살았고 적응도 잘하는 편이었지만, 그렇게 살지는 못하겠더라고요. 몰리는 마을 사람들이랑 똑같이 지냈어요. 사람들이 먹는 음식을 먹고, 실외에 옥수숫대로 만든 간이 가림막 뒤에서 샤워를 했어요. 그중에서도 가장 놀라웠던 건 마을 여자들, 아이들과 서로 소통하는 모습이었어요. 그녀는 오지에서 사는 어려움을 의식조차 못 하는 듯했죠. 그녀의 눈에 보이는 거라곤 자신이 진정 사랑하는 사람들뿐이었으니까요."

마을 사람들도 똑같이 느꼈다. 몰리는 그들과 꼭 같은 마을의 일원이었다. 아기가 태어날 때, 누군가의 결혼식과 장례식이 진행될 때, 그곳에는 늘 몰리가 있었다. 저녁이 되어 더위가 좀 가시고 나면, 여자들과 아이들은 몰리의 집으로 몰려갔다. 그리고 새로운 춤동작을 가르쳐주면, 그녀는 나중에 마을 사람들이 모인 자리에서 새로 배운 춤을 선보이곤 했다. 그녀는 마을 사람들에게 빌린 말을 안장도 없이 타고 먼지 나는 긴 길을 여행했다. 밭에서 일하는 사람을 찾아가기도 하고, 이웃 마을에는 무슨 일이 있나 알아 오기도 했다. 알라지 무스타파 은자이는 그런 그녀를 두고 소금 같은 존재라고 자주 얘기했다. 마을에 몰리가 없다면, 사는 게 밋밋하고 재미없었을 거라고 말했다. 그들에게 그녀는 모든 것을 다 가진 그런 여자였다.

없는 게 한 가지 있긴 했다. 진정한 세네갈 여인이 되기 위해 필요한 것, 바로 남편이 없었다.

11

아내와 어머니

야바르 악 은데이 — Jabar ak Ndey

　몰리는 다음 해인 1984년 8월에 월터 윌리엄스_{Walter Williams}를 만났다. 미시시피주에서 태어나 자란 그는 최근 미국에 근거지를 둔 한 비정부기구에서 일하게 되면서 샴 은자이의 인근 마을로 와 프로젝트 활동을 벌이던 중이었다. 그 역시 과거 평화봉사단 단원으로 '자이르'라고 불렸던 콩고민주공화국, 그중에서도 상황이 무척 열악하다고 알려진 지역에서 몇 년간 자원봉사자로 일하다가 최근 세네갈에 오게 된 것이었다.

　몰리는 마을 근처에서 활동하는 미국인이 있다는 사실을 알고 무척이나 놀랐다. 그는 얼굴이 꽤 잘 생겼고, 몰리보다 세 살이 많았으며, 근래에 이혼해 독신이었다. 당시 서른네 살이었던 그녀는 아프리카에서 십 년을 사는 동안 몇 번 정도—일이나 친구를 통해 알게 된 세네갈 사람 두세 명과 비행기에서 만났던, 케냐에서 일하는 미국인 한 명—데이트를 해 보긴 했지만, 결혼하겠다는 생각은 이미 어느 정도 포기한 상태였다. 세네갈 남자의 아내로서 해야 하는 일이나 그 위치의 여자들에게 기대되는 여러 역할—요리, 명절과 집안의 경조사를 챙기는 일, 그리고 대가족과 함께 살며 보살피는 일—을 잘 해낼 자신이 없었다. 그러던 중, 현대 편의시설로부터 완전히 분리된 서부 세네갈의 오지 마을에 정착한 뒤, 이런 곳에서 잘 생기고 매력 있는 미국인 남편감을 만나리라고는 정말 기대도 못했던 일이었다.

몰리와 월터는 금세 사랑에 빠졌다. 월터는 이지적으로 판단하고 자기 일에 진지하게 몰두하는 모습이 무척 매력 있는 사람이었다. 그는 거의 매일 아침 4시면 집을 나와 이 마을 저 마을로 걸어다니며 현재 진행 중인 프로젝트의 안건을 처리하기 위해 사람들을 깨우고 다녔다. 그리고 저녁이 되면 항상 몰리를 찾아왔고, 두 사람은 몰리의 오두막이나 모닥불 앞에 앉아 그동안 살아온 이야기를 서로 들려주었다. 고등학교를 졸업한 뒤 베트남전에 참전했던 월터는 그때의 고통을 완전히 감추지는 않았지만, 그렇다고 전쟁의 실상을 낱낱이 얘기하려 하지도 않았다. 그런 모습이 2차 세계 대전에 나갔었던 아버지 앨을 떠올리게 했다.

두 사람이 만난 지 몇 달이 지났을 때, 월터는 몰리에게 부적 하나를 보여주며 말했다. "'마라부'에게 부탁했어요. 우리에게 나쁜 일이 일어나지 않게 막아주는 부적을 만들어달라고요. 그래서 우리가 영원히 헤어지지 않게 해달라고요."

만난 지 7개월 만인 1985년 3월에 두 사람은 다카르에서 간소한 예식을 치르고 부부가 되었다. 결혼식 날 몰리는 긴 흰색 '부부'를 입었고, 캐리 데일리가 신부 측 증인으로 함께 해주었다. 몇 주 전, 결혼 소식을 전하기 위해 앤에게 전화를 걸었을 때, 어머니는 무척 놀라면서도 몰리의 결정을 응원해주었다. 예전 남자친구였던 빅터처럼 월터 역시 아프리카계 미국인이었지만, 그 무렵에는 앤도 몰리의 선택을 좀 더 편하게 받아들일 수 있게 되었다. 몰리가 원하면 아무리 반대해도 막을 수 없다는 걸 앤도 깨달은 듯했다. 결혼식을 치르고 몇 주 뒤, 몰리와 월터는 다카르에 신혼집을 마련했다. 프네트흐 메흐모즈Fenêtre Mermoz라는 평화로운 동네에 방이 세 개 있는 널찍한 아파트였다. 매우 행복한 시간이었다. 두 사람은 종종 각자의 마을로 돌아가 하던 일을 계속하긴 했지만, 몰리는 다카르로 다시 오게 된 것도 무척 기뻤다. 결혼했다는 사실이 어쩌나 좋던지 집으로 돌아와 커다란 옷장에 자신의 '부부' 옆에 월터의 아프리카식 카프탄*이 걸린 것만 봐도 설레는 기분이 들 정도였다. 그동안 최소한의 가구와 살림살이에 익숙해져 있다 보니 몰리는 새 아파트가 너무 넓게 느껴져 어찌할 바를 몰랐다. 하지만 곧 집의 빈 곳은 몰리가 평생에 걸쳐 그 무엇보다 원했던 아이를 갖게 되면서 곧 채워졌다. 몰리는 딸의 이름을 애나 조에 윌리엄스Anna Zoé Williams라고 지었다.

---

* 띠가 달리고 소매가 긴 옷

★

　1987년, 애나 조에―모두 그냥 조에라고 불렀다―가 두 살이 되었을 때, 몰리는 미국 국제개발처의 비상근 자문직으로 세네갈 전역 242개의 센터에서 시행되고 있는 문자 해득 교육 프로그램을 평가하는 일을 맡게 되었다. 그 일을 하면서 몰리는 무척이나 놀라고 실망스러웠다. 수십 개의 센터를 찾아가 수업을 지켜본 결과, 프로그램에 꾸준히 참여하는 사람도 거의 없을뿐더러 그나마 계속 출석하는 사람도 긴 수업 시간 내내 무척 지루해하며 꾸벅꾸벅 졸기 일쑤였다. 수업시간 동안 학생들이 입을 여는 경우라고는 선생님의 지시에 따라 음절이나 글자를 다 같이 읊을 때뿐이었다. 교사들은 학생을 수업에 "참여"시키라는 말을 자주 듣긴 했지만, 구체적으로 어떻게 해야 하는지 방법을 훈련받은 적은 없었다. 그러므로 자신들이 아는 배우고 가르치는 유일한 방법, 권위적인 방식을 따를 수밖에 없었다.

　몰리가 샴 은자이 주민들을 가르쳐본 경험에 의하면, 아무 문맥이나 의미 없이 분리된 단어 조각들은 구멍 난 주머니 속 동전처럼 학생들의 기억에서 쉽게 떨어져 나갔다. 교사들은 좌절했고, 학생들은 뭐가 뭔지 이해할 수 없어 자포자기했다. 그런 모습을 지켜보며 몰리는 세네갈의 문맹률이 그렇게 높은 이유를 알 것 같았다.

　몰리는 이번 경험을 통해 예전부터 가지고 있던 생각을 더욱 군히게 되었다. 평소 그녀는 언어를 가르치는 교사는 다른 훈련을 받아야 하며, 문자 해득 프로그램도 좀 더 전체론적인 방식으로 접근

해야 한다고 믿었다. 교육적이면서도 재미있는 내용으로 학생들을 수업에 적극적으로 끌어들여야 했고, 무엇보다도 그들의 일상에서 겪는 일들을 소재로 다루는 것이 중요했다.

이 무렵 그녀는 미국 국제개발처에서 기금을 받는 또 다른 NGO 단체로부터 까올락Kaolack 지역에서 문자 해득 프로그램을 개발할 수 있게 도와달라는 요청을 받았다. 다카르에서 차로 세 시간 거리인 까올락은 '땅콩 분지'로 알려진 지역이었다. 이곳의 마을들 역시 예전에 경험한 시골 마을과 매우 비슷했지만, 더 덥고 건조해 먼지가 많이 일었고, 훨씬 가난하고 황폐한 곳이었다. 그녀는 이곳에서도 다시 한번 새로운 교육 모델을 만들어보겠다는 생각에 흥분하여 곧장 일을 시작했다. 그리고 예전에 사용했던 여러 자료, 즉 교육용 게임, 포스터, 샵 은자이 마을 주민들과 함께 협력해서 만들었던 읽을거리들을 챙기고 정리했다. 그리고 이 자료들을 문제 해결, 위생, 보건과 같은 단위 모듈로 나눈 뒤, 읽기와 쓰기, 숫자 계산 과정을 이 안에 통합시키기로 했다. 그리고 '우리는 마을을 위해 무엇을 원하는가? 왜 수업에 나왔나? 읽기와 숫자 계산을 배우는 이유는 무엇인가?' 같은 중요한 질문을 먼저 제시하며 프로그램을 시작했다. 그녀는 이 프로그램이 읽고 쓰기 교육에 대한 새로운 접근방식이 되리라 기대하며 첫 모듈의 내용을 막힘없이 써 내려갔다.

그 다음해, 까올락에서 진행한 프로그램이 드디어 성과를 얻기 시작했다. 주민들은 배우면 배울수록 더욱 교육에 목말라하며 교실로 모여들었고, 그런 열정에 보답하기 위해 그녀는 게임, 그림,

놀이, 시, 이야기 같은 활동 자료를 더 만들었다. 그러던 중 충격적인 소식이 들려왔다. 프로그램을 진행한 지 1년 만에 기금이 바닥나 더는 프로그램을 진행할 수 없다는 소식이었다. "그때 얼마나 좌절하고 낙심했는지 몰라요. 사람들이 필요로 하고 효과도 좋은 그런 프로그램을 만들었다고 생각했는데, 한순간에 문을 닫게 되니 정말 소중한 뭔가를 도둑맞은 기분이었어요." 그녀는 말했다.

엎친 데 덮친 격으로 월터와의 결혼생활에도 문제가 생기기 시작했다. 월터는 세네갈 인근 국가인 기니비사우에서 일하게 되었는데, 그곳은 다카르에서 차로 열다섯 시간 떨어진 곳이었다. 몰리는 남편과 멀리 떨어져 지내고 싶지 않았지만, 남편 곁에 있기 위해 무작정 세네갈을 떠날 수도 없었다. 어떻게든 까올락 프로그램을 지속할 방법을 찾아보고 싶었다. 처음으로 엄마가 되어 아이를 돌보는 일도 만만치 않았고, 남편과는 물리적으로 감정적으로 점점 멀어지고 있다고 느꼈다. 모든 일이 뜻대로 되지 않았던 이때를 그녀는 "인생에서 가장 어두웠던 시기"로 기억했다.

1988년, 드니 까이요Denis Caillaux 소장이 유니세프 다카르 사무소로 부임해 오면서 모든 상황을 반전시킬 기회도 함께 찾아왔다. 우연히 만난 자리에서 드니 소장은 아프리카 수백만 명의 아이들의 삶을 개선하는 일뿐 아니라 시골 지역 개발의 "준비"작업을 하는 데도 매우 관심이 많다고 말했다. 몰리는 그동안 자신이 해왔던 교육 활동을 설명하면서 까올락에서 꽤 괜찮은 프로그램을 진행하던 중 지원이 중단되어 낙심했다는 얘기도 털어놓았다. 그러자 그는 자기 사무실에서 따로 만나 얘기를 나누자고 제안했다.

"시골 지역에 프로젝트를 도입하기 전에 먼저 이뤄져야 할 일들이 있다고 생각해요. 뭐랄까, 기본 토대를 마련한다고 할까…….왜냐하면 그동안 시작만 했다가 실패로 끝난 프로젝트를 너무 많이 봤거든요." 몰리와 만난 자리에서 드니 소장이 제일 먼저 꺼낸 말이었다.

"맞아요!" 몰리는 모처럼 마음이 잘 맞는 사람을 만났다고 생각하며 대답했다. "이곳 사람들에게 필요한 건 고유의 문화 경험을 바탕으로 한, 모국어로 된 기본 교육이에요. 그렇게 해야만 사람들이 효과적으로 프로젝트를 받아들일 수 있어요. 제가 시골 지역 사람들과 서로 소통해 보니, 여자들은 특히 더 그랬어요."

"교육에 대한 당신의 생각이 실제로 어떻게 적용됐는지 보고 싶군요." 그가 말했다.

몰리는 그를 샴 은자이 마을로 데려갔다. 그는 주민들의 이야기를 직접 들어보고, 보건 센터와 기장 탈곡 장비 등을 둘러보았다. 몰리가 떠난 후에도 사람들은 이것들을 스스로 잘 관리하며 운영해 나가고 있었다. 마을을 방문하고 돌아온 뒤, 드니 소장은 몰리가 유니세프에 제안한 사업 계획을 곧바로 받아들였다. 그들은 은조로 은자예Ndioro Ndiaye 사회개발부 장관의 도움을 받아 티에스 인근 마을 몇 곳에서 몰리의 교육 프로그램을 시범 운영해 보기로 했다. 마침 몰리와 조에는 티에스의 방 4개짜리 주택으로 이사를 했는데, 월터도 돌아와 함께 지내고 있었다. 두 사람은 미래에 대해 많은 이야기를 나누었고, 결국 월터는 기니비사우에서 맡은 일을 그만두고 세네갈로 돌아와 직접 '아프리카 개발을 위한 문화 공동체Culture for African Development'라는 이름의 NGO 단체를 설립했다. 두 사람은 함께 활동하기로 뜻을 모으고, 몰리는 그 단체를 통해 유니세프 기금도 지원받았다. 이후 그녀는 그동안 하고 싶었던 일에 계속 집중할 수 있었다. 역동적이고 상호작용이 가능한 교육 자료를 개발했고, 학생들이 수업에 적극적으로 참여할 수 있는 분위기를 만들기 위해 전통 문화를 활용하는 방법을 교사들에게 교육했다. 월터는 직원을 관리하고 일반 행정 업무를 처리하면서 조직을 총괄했다. 그러면서 시골 지역에서 우물 파기, 채소밭 일구기, 재식림 사업, 축산농가 지원 등의 프로젝트를 실행했다.

몰리는 월터도 세네갈로 돌아왔고, 개발 활동도 공동으로 진행하게 되면서 그들의 결혼 생활 역시 예전처럼 좋아질 수 있기를 간절히 바랐다. 하지만 함께 일하게 된 이후 상황은 오히려 더 안 좋아지기만 했다. 몰리는 교육 프로그램을 위한 기금을 받은 반면, 월터는 주요 프로젝트들의 예산 규모가 워낙 크다 보니 재정 지원을 받기가 쉽지 않자, 무척 실망하고 좌절했다. 그다음 해에도 몰리와 그의 사이는 점점 멀어지기만 하더니 1990년 8월, 월터는 다카르로 거처를 옮기겠다고 했다. 그리고 얼마 지나지 않아 몰리는 그가 다른 여자와 함께 살고 있다는 사실을 알게 됐다. 몇 달 후, 결혼한 지 5년 만에 두 사람은 이혼했다.

12

밤이 제아무리 길어도

루 구디 기 약-약 — Lu Guddi gi Yàgg-Yàgg

1992년 초의 어느 날, 몰리는 알라지 무스타파 은자이의 아들로 부터 전화 한 통을 받았다. "수카이나, 아버지가 매우 편찮으세요. 당신을 보고 싶어 하시는데, 샴 은자이로 와줄 수 있어요?"

그녀는 그동안에도 정기적으로 마을을 방문하곤 했지만, 전화를 받은 후에는 곧장 차를 몰고 티에스의 집을 나와 마을로 향했다. 알라지 무스타파 은자이를 잃을 수도 있다고 생각하니 가슴이 덜컹 내려앉는 기분이었다. 15년 전 아버지 앨이 죽었고, 6년 전에는 셰이흐 안타 디옵마저 심장마비로 갑자기 세상을 떠났다. 그때 셰이흐의 나이는 62세였다. 알라지 무스타파 은자이는 올해로 104세나 되긴 했지만, 그래도 몰리는 그와 헤어질 마음의 준비가 되어있지 않았다. 그녀는 그를 아버지처럼 사랑했고, 위로나 충고가 필요할 때면 늘 그를 찾아갔다. 그리고 지금 그녀는 그 어느 때보다도 마음을 의지할 사람이 절실했다. 2년 전 결혼 생활에 파경을 맞이한 후에도 기존의 교육 프로그램을 계속 진행하고 싶었던 몰리는 직접 NGO 단체를 설립하기로 마음먹었다. 하지만 결코 쉬운 결정은 아니었다. 그동안 쌓은 경력—뎀브 악 데이 아동센터를 6년간 경영했고, 시골 지역에서 교육 프로그램을 매우 성공적으로 운영했으며, 문자 해득 프로젝트를 개발하는 등—에도 불구하고 그녀는 자신에게 정말 조직을 이끌어 나갈 능력이 있는지 끊임없이 자문하면서 자신감을 완전히 상실한 상태였다.

사실 이런 자기 불신은 1960년대 일리노이주 댄빌에서 자라면서 주변 사람들로부터 체득한 혼란스럽고 모순된 메시지에서 비롯되었다. 어머니 앤은 여자의 경제적 능력과 교육이 무척 중요하다고 여겼고, 워킹맘이 거의 없던 시절에도 딸들이 학교에 들어가자마자 다시 일을 시작했던 사람이었다. 그러면서도 한편으로는 딸들에게 여자의 능력에는 한계가 있다는 고정관념을 주입했다. 다이안은 이렇게 말했다. "우리 엄마는 성에 대해 매우 명확한 사회 기준을 가지고 계신 분이었어요. 우리가 공부를 잘해서 경제적으로 독립하길 바랐으면서도 여학생에게는 분명한 한계가 있다는 생각의 틀에서 벗어나질 못하셨어요. 예를 들면 여자들은 의례 과학이나 수학은 잘 못 하니까 되는 데까지라도 힘껏 노력하는 수밖에는 없다는 식으로 얘기하셨죠." 댄빌 고등학교의 여자 농구팀은 하프코트 경기만 뛰는 식이었고, 학교의 반 친구들 역시 대부분 같은 생각을 하고 있었다. 여자의 행복은 조신하게 성장해서 좋은 남편감을 만나는 게 최고라고 여기는 듯했다. 심지어는 대학에 들어가서도 여학생은 주로 여자들의 직업—비서, 사회 복지사, 간호사—이라고 여겨지는 일을 하도록 권유받았고, 몰리 자신도 외국의 언어와 문화에 관심이 많았지만, 선택할 수 있는 최상의 직업은 번역가나 통역가 정도라고 믿고 있었다. 한 친구는 몰리에게 이런 말을 했다. "흥미로우면서도 중요한 일을 하는 직업의 남편을 만나 결혼하면 재밌지 않을까? 같이 전 세계를 누비면서 살면 정말 좋을 것 같아." 당시에는 몰리도 그런 말에 별 반발심이 생기지 않았고, 이렇게 되물을 마음도 없었다. "글쎄, 그 흥미롭고 중요한 일을 하는 사람이 '우리'가 되면 더 좋지 않겠어?"

1990년, 직접 단체를 설립해 보자는 생각을 하게 된 뒤에도 두려운 마음이 앞섰던 것은 모두 그런 이유에서였다. 누구보다 뛰어난 성과를 올렸고, 지력으로 보나 독립심으로 보나 어디 하나 나무랄 데가 없었음에도 불구하고 그녀는 이런 내면의 모순을 해결하지 못해 자신의 능력에 대해 깊이 회의했다. 스스로 생각하기에도 자신은 춤, 연극, 노래, 그리고 스토리텔링을 기본으로 자료와 활동을 고안해 내어 한 번도 학교에 가본 적이 없는 사람들을 대상으로 창의적인 교육법을 개발하는 일만큼은 재능을 타고난 것 같았다. 교수법을 일부러 배운 적이 없는데도 그런 일이 너무 쉽게 느껴졌다. 하지만 직원을 채용하고 관리하는 일, 예산 수립, 사무실 운영 같은 업무는 흥미도 없을뿐더러 능력도 없었고, 그렇다고 시간을 들여 배우고 싶은 마음도 들지 않았다. 그녀는 그날그날의 운영을 남의 손에 맡길 때가 많아 항상 자신은 계획성 없는 사람이라고 여기곤 했었다. 게다가 주변에는 직접 NGO 단체를 조직하고 성공적으로 관리하는 여성 롤 모델도 없었기에 조언을 기대하기도 힘들었다.

"어렸을 때부터 여성의 역할은 남성을 보조해주는 거라는 고정관념을 갖고 있었기에 여자도 NGO 대표가 될 수 있다고는 생각을 못 해봤어요. 하지만 달리 방법이 없었어요." 그녀는 말했다.

활동을 계속하려면 유니세프 기금이 필요했지만, 유니세프 규정에 따르면 지원 대상자는 반드시 공식적인 조직이나 단체에 속한 사람이어야 했다. 선택의 여지가 없었기에 그녀는 없는 용기까지 끌어모아 1990년 12월, 미국으로 갔다. 그리고 새로운 단체를 설립하기 위한 준비과정에 들어갔다. 단체명은 셰이흐 안타 디옵을 추모하는 의미에서 토스탄이라고 지었다. 그리고 2개월 뒤인 1991년 2월 7일, 드디어 몰리는 토스탄을 공식적인 NGO로 인정한다는 문서를 받게 되었다. 그날은 셰이흐 안타 디옵의 사망 5주년이 되는 날이기도 했다. 이후 몇 달 동안 직원 20여 명을 채용했는데, 모두 아프리카 출신으로만 뽑았다. 그리고 15년이라는 시간이 흐르도록 몰리는 토스탄의 유일한 미국인 직원으로 남게 되었다.

알라지 무스타파 은자이가 아프다는 연락을 받은 것은 토스탄이 활동을 시작한 지 거의 1년이 다 되어갈 무렵이었다. 그동안 몰리는 정신없이 바빴고, 때로는 불안하고 조급한 시간을 보내기도 했다. 그녀는 조에와 살고 있던 주택의 앞쪽 방 세 칸을 토스탄 사무실로 사용하고 있었다. 그 집에는 애완 원숭이 지타, 강아지 달

바, 토끼 한 마리, 앞마당에 만든 작은 연못에서 주로 시간을 보내는 찰리라는 이름의 백조 한 마리까지 함께 살며 늘 북적거렸다. 조에(그때 조에의 나이는 다섯 살이었고, 영어, 불어, 월로프어를 모두 할 줄 알았다)가 매일 친구들을 모아놓고 작은 마당에서 노는 동안, 집에는 수십 명의 사람이 회의를 하기 위해 오고 갔고, 자원봉사자들이 일하기 위해 찾아왔으며, 이웃 사람들은 점심시간에 맞춰 이곳에 들렀다. 토스탄에서는 매일 오후 한 차례씩 생선과 쌀로 만든 식사를 준비해 큰 그릇에 내고, 여러 사람이 세네갈식으로 바닥에 둘러앉아 먹을 수 있도록 무료 점심을 제공하고 있었다. 그리고 이 모든 활동의 중심에는 마흔한 살의 싱글맘이자 NGO 단체의 대표이며, 무슨 일이든 자신의 힘으로 처리하려고 애쓰는 몰리가 있었다.

프로그램은 매우 성공적으로 운영—토스탄은 마흔네 개의 마을에서 수업을 진행했다—되고 있었지만, 몰리는 계속 자신감을 갖지 못하고 마음이 흔들렸다. 이성보다 감정이 앞서기 일쑤였고, 직원은 고용인이라기보다는 친구라고 여기는 사람이었기에 관리자의 위치가 힘겹게 느껴질 수밖에 없었다. 언니 다이안은 이렇게 기억했다. "몰리는 항상 다른 사람에게 쉽게 마음을 열었고, 아무나 잘 믿었어요. 어쩌면 우리가 자랐던 미국 중서부지역이 워낙 범죄가 없는 안전한 곳이라 몰리가 아무런 제약 없이 마을 곳곳을 돌아다니며 놀다 보니 그런 성격을 갖게 됐는지도 모르겠어요. 그 애는 설령 자신이 손해를 보는 상황에서도 타인을 믿는 마음을 거둔 적이 없었어요."

유니세프 다카르 사무소의 사미르 소비 소장은 몰리에 대해 잘 알고 있었다. "그녀는 굉장한 사상가예요. 믿을 수 없을 만큼 넘치는 상상력과 열정을 지닌 진정한 선지자죠. 하지만 또 한편으로는 너무 감정적이에요. 조직을 관리하는 데 그런 점은 전혀 도움이 안 되죠. 몰리는 어쩔 수 없이 직원을 해고하면서 울곤 했고, 때로는 감정에 치우쳐 사람을 잘못 판단하기도 했어요."

몰리도 그 당시 자신이 관리자로서 부적격이었음을 너무나 쉽게 인정했다. "그때 나는 그런 상황에 갑자기 내던져진 기분이랄까, 한 단체의 대표라는 사실을 전혀 실감하지 못했어요. 우리 조직에 뭔가 실수가 생기면, 거의 무조건 내 탓인 경우가 많았죠."

몰리가 도착했을 때, 알라지 무스타파 은자이는 침상에 누워있었고, 그의 아들 중 하나인 마게예가 옆을 지키고 있었다.

"두 분이 조용히 이야기 나누실 수 있게 시간을 드릴게요." 그는 몰리에게 말했다. 마게예가 나간 뒤, 몰리는 알라지 옆에 앉으며 쭈글쭈글한 그의 손을 잡았다. 너무 말라 뼈마디가 느껴질 정도였다. 열린 창문을 통해 어수선한 그의 방 안으로 가볍게 바람이 불어 들어오자, 장작 태우는 냄새와 바깥 베란다에 피워둔 향 냄새가 함께 맡아졌다.

"보러 와줘서 고맙네. 할 얘기가 있어서 불렀어." 거의 속삭이는 듯한 목소리로 알라지가 말했다.

"'바이', 무슨 말씀이신데요?"

"이제 곧 떠날 준비를 하는 중이야. 오래 살지는 못할 것 같으이."

"그런 말씀 마세요." 그의 말에 몰리는 목이 메었다.

"각자 자기만의 시간이 있고, 지금 내 시간은 끝에 다다르고 있어. 하지만 그 전에 세상을 떠나더라도 마음만은 항상 자네 옆에 머물 거라는 말을 해주고 싶었네." 그는 말을 멈추더니, 얇은 매트리스 안으로 더욱 푹 가라앉는 듯 한참을 힘겹게 숨만 쉬었다. "자네는 지금 훌륭한 일을 해내느라 애쓰고 있지. 하지만 무엇도 쉽게 이뤄지지는 않는 법이야. 그 과정에서 문제도 생길 테고. 살다 보면 정말 많은 문제를 겪게 되지. 자신이 바라는 더 나은 세상으로 가려면 반드시 이런 문제들을 겪어야 해."

몰리는 매고 있던 스카프로 그의 얼굴에 부드럽게 부채질을 해주었다.

"내가 그동안 여러 번 축복을 내려주었으니, 결국에는 길을 찾게 되겠지. 자네가 하는 일은 일단 시작되면 끝이 없이 이어지게 될 게야. 사람들의 말에 귀를 기울이고, 끊임없이 배워야 해. 그래야 다 함께 앞으로 나아갈 수 있어." 그는 눈을 감고 깊게 숨을 몰아쉬었다. 몰리는 그가 잠이 들었다고 생각해서 그의 손을 천천히 매트리스 위에 올려놓았다. 하지만 잠시 뒤 다시 이어졌다.

"수카이나 은자이, 더 힘든 일이 생길 수도 있어. 하지만 늘 내 말을 기억하면서 절대 희망을 잃지 말게." 알라지가 하는 말을 더 잘 듣기 위해 그녀는 앞으로 몸을 숙였다. "루 구디 기 약 약, 쟌트 비 디나 펭크Lu guddi gi yàgg yàgg, jent bi dina fenk. 밤이 제아무리 길다 한들 태양은 떠오르게 마련이지."

13

인권

산-사니 둠 아다마
— Sañ-Sañi Doom Aadama

토스탄은 계속 성장해 나갔다. 3년 전 44개의 마을에서 시작한 프로그램이 1994년에는 350개가 넘는 지역에서 운영되었으며, 사용하는 언어도 다섯 개가 될 만큼 다양한 부족이 참여하고 있었고, 참가자 수도 15,000명에 달했다. 토스탄은 자체 개발한 핵심 교육법을 커뮤니티 역량 강화 프로그램Community Empowerment Program(CEP)이라 이름 붙였는데, 이는 3년짜리 교육과정으로 수업은 일주일에 세 번 진행되었다. 처음 CEP는 '문제 해결 능력, 보건과 위생, 설사 치료와 예방접종을 통한 유아 사망 방지, 마을 프로젝트의 재정 운영, 리더십과 그룹 활동, 수익 창출 프로젝트 제안과 예비타당성 조사 실행'의 6개의 모듈로 구성되어 있었다. 읽고 쓰기와 숫자 계산은 각각의 과목 안에 통합되어 참가자들이 프로그램을 모두 이수할 즈음에는 기본 문자 해득 능력과 수학 실력을 갖추게 되었고, 이를 바탕으로 수업 시간에 토론도 하고 결정된 프로젝트에 직접 참여할 수도 있게 되었다.

처음부터 토스탄의 교육 철학은 세네갈의 전통적인 학교 시스템에 널리 퍼져있던 권위주의적인 교수법과는 완전히 달랐다. 그들은 교사를 "간사"라고 부르고, 학생을 "참가자"라고 불렀다. 그리고 가능하면 참가자와 같은 부족 출신의 간사—간사가 되기 위한 응시 조건은 최소 4년 이상의 초등교육을 받았거나 해당 부족의 언어를 읽고 쓸 줄 아는 사람이어야 했다—를 뽑아 교사는 "우러러볼 대상"이고, 학생은 수동적으로 받아들이는 사람이라는 일반적인 고정관념을 버리도록 훈련했다. 남자·여자 할 것 없이 많은 젊은이가 간사 자리에 응시했고, 그들은 일단 채용이 되면, 담당 마을에 가서 그들의 언어를 사용하며 주민들과 함께 생활했다. 그렇게 일을 하여 받는 월급은 세네갈의 일반 교사들과 동등한 수준으로 한 달에 대략 50달러 정도였다. 간사가 머물 숙소와 수업을 할 수 있는 공간은 프로그램에 참여하는 마을에서 제공하도록 했다. 또한 마을은 17명의 회원—그중 반 이상은 여성이어야 했다—으로 구성된 커뮤니티 운영위원회를 구성해야 한다는 조건도 있었는데, 수업 활동을 조정하고 새로 시작하는 개발 프로젝트를 관리하는 일을 운영위원회에서 맡도록 했다.

수차례 진행된 외부 기관의 평가에 따르면, 토스탄은 주민들에게 읽고 쓰기를 가르쳤을 뿐 아니라 그들 스스로 마을 프로젝트를 운영하고 관리할 수 있게 교육하는 데도 성공했다는 평가를 받았다. 교육 이후 예방접종을 하는 사람의 비율은 증가했고, 참가자들은 유아기에 주로 발병하는 주요 질병들의 원인·결과·예방법 등을 제대로 알고 있었다. 또한 참가자들은 수업 시간에 배운 문제 해결 방법을 적용해 마을의 실제 안건을 해결해 나갔고, 가능한 범위 내에서 변화를 주도하기도 했다. 그리고 많은 참가자가 교육을 받은 뒤, 자신감이 생겨 마을 활동에 더 적극적으로 참여했으며, 맡은 일을 더 잘 해낼 수 있는 능력도 생겼다고 보고했다. 조직이 설립된 지 2년 만인 1993년에는 유네스코UNESCO가 토스탄 프로그램을 "세계에서 가장 혁신적인 비정규 교육 프로그램"으로 선정하기도 했다.

프로그램이 초기부터 성공을 거두자, 몰리는 토스탄에서 제공하는 수업 모듈을 늘려야겠다고 생각했다. 그래서 1994년 뉴욕에 본사를 둔 사회 정의 단체인 '유대계 미국인 월드 서비스American Jewish World Service(AJWS)'라는 곳을 통해 기금을 지원받아 유아기 발달과 관련된 주제로 새로운 과목을 개발하기로 했다. 일곱 번째 모듈은 특히 여성들이 자녀의 발달과 성장을 향상시키는 방법을 이해하도록 정보를 제공할 계획이었고, 8개월짜리 CEP 과정을 마친 마을에서부터 시범적으로 시행하기로 했다.

모듈의 구체적인 내용을 정하기 전, 몰리는 세네갈 출신 여성 직원 다섯 명과 함께 일정 기간 동안 세네갈 시골 지역에 사는 각기 다른 부족의 수많은 여성을 집중적으로 인터뷰하면서 참여 연구를 시행했다. 여성들이 아이들의 건강과 복지를 위해 알고 싶어하는 정보의 종류를 파악한 뒤, 그 자료로 새 모듈의 토대를 만드는 것이 연구의 목적이었다. 그런데 몰리는 이 연구를 통해 전혀 예상하지 못한 새로운 얘기들을 듣게 되었다. 시골 지역의 여자들은 아이들의 건강에 대해서도 물론 관심이 많았지만, 그 전에 먼저 '자신'의 건강에 관해 더 알고 싶다고 말했다.

인터뷰한 대다수 여성이 토스탄 프로그램을 이수한 참가자들이었고, 교육으로 인해 여성들이 자기 생각과 의견을 말하는 데 좀 더 당당해지면서 비롯된 결과인지도 몰랐다. 몰리와 직원들은 여자들이 겪는 건강 문제에 관해 들으며, 너무 속이 상해 눈물을 흘리기도 했다. 이전에 그들은 그런 문제를 한 번도 공개적으로 말해 본 적이 없으리라는 것 역시 몰리는 쉬이 짐작할 수 있었다.

"거의 매일 벌어지다시피 하는 폭력들을 여자들이 어떻게 참고 살았는지 이야기하더군요. 뭔가 맘에 안 들면 남편이 부인을 때리는 일은 거의 다반사였죠. 하지만 그런 육체 폭력만이 아니라, 여자들은 여러 다른 형태로도 폭력을 당하고 있었어요. 가령 남편에게 인격적으로 무시를 당한다거나 아이들에게 먹일 음식을 사야 하는데 제때 돈을 주지 않는 식이었죠. 그리고 힘든 일을 오래 하다 보니 자연스레 건강도 나빠졌고요."

또한 그들은 몸이 작동하는 방식에 관해서도 무지했고, 특히 여성 생식 건강에 대해서는 더더욱 아는 게 없었다. 월경이 언제, 왜 시작됐다가 끝나는지, 가족계획은 어떻게 하는 건지 전혀 알지 못했다. 어느 지역에서는 폐경을 지칭하여 "침대에서 내려온다"는 뜻의 단어를 사용해서 생리가 끝난 여자는 남편이 자신과 더 이상 잠자리를 하지 않고 더 젊은 부인을 얻어도 묵묵히 받아들여야 한다는 식으로 이해하게 했다. 여자들은 건강한 성생활에 관해 배울 기회가 없었고, 생식기관의 사진을 본 적도 없었기에 성기의 구조 역시 잘 알지 못했다. 딸들에게만큼은 이런 주제들에 관해 더 잘 가르쳐주고 싶었지만, 자신의 몸조차 잘 알지 못하는데 어떻게 가르쳐 주겠냐는 게 그들의 생각이었다.

이렇게 건강과 몸에 대한 지식이 없었기에 의료서비스를 받을 때도 여러 문제가 발생하곤 했다. 쑥스럽게 털어놓는 여자들의 이야기를 들으며 몰리는 안타까워 어쩔 줄을 몰랐다. 그들은 온종일 걷거나 때로는 자전거 뒷자리에 타거나 너무 아플 때는 들것에 실려 보건 센터를 찾아가면, 정작 그곳에서 너무 형편없는 대접을 받았다고 말했다.

세네갈 북부 시골 마을에 사는 소흐나Soxna라는 한 젊은 여성은 남편이 다카르에 두 달간 머무르다 돌아온 직후부터 "아래쪽이 아프고 가렵기" 시작했다. 참다못해 보건 센터에 가서 검사를 받았더니, 의사는 그녀를 못마땅하게 쳐다보며 다른 남자와 부정한 관계를 맺지 않았냐고 물었다는 것이다. "이제 보건 센터에는 두 번 다시 가지 않을 거예요. 너무 수치스러웠어요." 소흐나는 말했다.

출산과 관련해서는 더욱 어이가 없어 말도 나오지 않았다. 세네갈 문화에서는 여자들이 아이를 낳을 때 소리 내어 울거나 고통을 토로하는 일이 금지되어 있어 그런 행동을 하면 산파가 산모를 때리기까지 한다고 했다. 조에를 낳느라 진통제도 없이 몇 시간씩 고통을 참던 그때를 떠올리니 이런 얘기들은 더욱 충격으로 다가왔다. 그래서 한 공공병원에 연락하여 토스탄 직원이 그곳에서 산모의 출산 과정을 관찰할 수 있게 해달라고 부탁했다. 병원에 다녀온 직원의 보고를 듣고 몰리는 무척 화가 났다. 직원은 산모들이 진통 중에 맞거나 조롱을 당하는 모습을 목격했다고 말했다. 특히 난산했던 한 산모는 아이가 나온 직후, 찢어진 부위를 꿰매야 했는데, 의사가 아래쪽으로 내려오라고 지시한 말을 못 알아듣고 가만히 있자, 의사가 상처를 꿰매다 말고 산모의 몸을 휙 잡아당겼다고 했다. 의사는 "아래로 내려오라"며 꽥 소리를 질렀고, 산모는 너무 아파 울었다고 했다. 토스탄 직원은 산파와 의사들을 추가로 인터뷰하기 위해 병원을 다시 찾아갔다. 병원 관계자들은 이런 행동이 모두 산모를 위한 것이라고 정당화했다. 산모가 아이를 분만하는 동안 강한 극기심을 발휘하지 않으면, 그 여자는 마을에서 제대로 대접을 받지 못한다는 설명이었다.

소흐나처럼 보건 센터를 찾아가지 않는다는 여자들은 꽤 많았다. 그들은 아이나 자신이 다치거나 병에 걸려도 예전 같은 창피와 망신을 또 당하느니, 그냥 알아서 해결하거나 주술사에게 기도를 부탁하거나 약초를 구해 치료하겠다고 말했다. 이런 현실은 통계 수치에서도 그대로 드러났다. 1990년에 나온 한 통계자료에 따르면, 세네갈 여성 10만 명 중 750명이 출산 과정 중에 사망했고, 아동 1,000명 중 139명이 다섯 살이 되기 전에 사망했으며, 그중 70명은 태어난 지 1년도 안 된 아기들이었다.

일 년 가까이 인터뷰를 진행하면서 몰리는 이런 일들이 생기게 된 근본 이유를 파악하기 위해 이 주제에 더욱 몰두하게 되었다. 예전에는 시골 사람들이 의료혜택을 누리지 못하는 가장 큰 이유는 의료시설까지 접근하기가 힘들고 비용이 많이 들기 때문이라고 여겼었다. 샴 은자이에서 지내며 일하는 동안에는 주로 그런 모습만 목격했기 때문이었다. 하지만 지금은 이 문제가 그렇게 단순한 게 아니라는 사실을 깨달았다.

"여자들은 차별과 홀대를 당하는 데 너무 익숙해져서 자신들이 더 나은 대우를 받을 가치가 있다고 믿질 않았어요. 그러니까 그 사람들에게 필요한 건 단순히 가까운 병원과 능력 있는 의료진이 아니라 새로운 자아상을 형성하는 일이었어요. 그래야 자신들도 존엄한 존재로 대접받을 권리가 있다는 사실을 이해할 테니까요. 더 좋은 대접을 받을 자격이 있다고 스스로 믿어야 그걸 요구할 수도 있고, 이런 해로운 관습을 끝낼 수도 있다고 생각했어요."

그녀는 사람들의 이런 태도와 믿음이 문화 속에 깊이 뿌리박혀 있다는 사실도 잘 알고 있었다. 토스탄 간사가 마을로 찾아가 여자들에게 더 나은 대우를 요구하라고 시킨다고 간단히 해결될 일이 아니었다. 행동 양식의 근거와 오랫동안 지속되어온 사회 기준을 고려하여 전략을 세우는 일이 필요했고, 그래야만 여성들의 사고방식을 바꿀 수 있었다. 여성을 포함한 모든 인간에게는 존엄하게 살 권리가 있으며, 이는 법적이고 천부적인 권리라는 사실을 이해하도록 도와주어야 했다.

1948년 12월 10일, 미국의 전 영부인 엘리노어 루스벨트Eleanor Roosevelt는 국제연합 인권위원회Human Right Commission 위원장으로서 유엔 총회에 참석했다. 2년 전, 이루 말할 수 없이 끔찍했던 제2차 세계대전을 겪고 난 후 국제 연합은 인권위원회를 발족시키기로 결정하고, 주로 학자나 국제법 전문가들을 선정해 위원회를 구성하였다. 그 중 예외적인 인물이었던 엘리노어 루스벨트가 위원장으로 선출된 데는 모든 개인에게는 잘 살 기회가 주어져야 한다고 믿으며, 뛰어난 지성과 열정으로 모든 인간의 존엄을 위해 깊이 헌신했던 그동안의 노력을 인정했기 때문이었다. 이후 2년간, 그녀는 세계 인권 선언Universal Declaration of Human Rights 채택을 위해 엄청난 에너지를 쏟아부었다. 그녀는 모든 나라들이 영구히 인정할 수 있는 기본 원칙을 선언문에 담기 위해 세부 조항을 구상하면서 일부는 직접 작성하기도 했다. 공식적인 검토를 위해 최종 선언문을 유엔 총회에 제출한 뒤, 루스벨트 위원장은 각국의 대표 앞에서 이렇게 연설했다. "우리는 오늘 국제 연합과 인류의 삶, 모두에 큰 의미가 있는 위대한 역사적 순간 앞에 서 있습니다. 이 선언문은 전 세계 모든 사람을 위한 국제적인 마그나 카르타Magna Carta* 가 될 것입니다. 우리는 유엔총회의 이번 선언이 1789년의 프랑스 인권 선언French Declaration of the Rights of Man and of the Citizen, 그리고 미국의회의 권리장전Bill of Rights 채택과 견줄 수 있는 사건이 되기를 바랍니다." 그날 유엔에서 채택된 선언문에는 모든 사람은 법 앞에서 평등하며 법의 보호를 받을 권리가 있음을 확인하는 내용이 담겨 있었고, 성별과 관계없이 재산을 소유할 권리, 자유 의지에 의해 결혼할 권리, 원하는 대로 생각하고 양심에 따라 행동하며

---

* 영국 국민의 법적·정치적 권리를 확인하여 입헌정치의 제 원칙을 확립하는 데 중요한 역할을 한 대헌장

종교를 선택할 자유가 있음이 명시되어 있었다.

이 선언은 인권에 대한 토론이 수십 년 동안 활발하게 이루어 지게 되는 계기를 만들긴 했지만, 규범으로서 효력을 갖지는 못하다가 20년이 넘는 긴 시간이 흐른 후에야 완성될 수 있었다. 엘리노어 루스벨트가 주장했던 두 가지 규약, '시민적·정치적 권리에 관한 국제규약'과 '경제적·사회적·문화적 권리에 관한 국제규약'이 유엔총회를 통해 채택된 것이었다. 두 규약은 기존 인권선언문의 내용을 보강하여 사람들의 생존권, 종교·언론·집회의 자유, 그리고 공정한 재판을 받을 권리뿐만 아니라 모든 사람의 노동권, 적절한 생활 수준을 누릴 권리, 강제 결혼을 거부할 자유를 인정했으며, 해당국들이 규약의 내용을 엄숙히 이행할 것을 요구하였다.

개인의 인권을 주제로 다룬 이런 문서가 만들어진 것만으로도 매우 중요하고 획기적인 진척이긴 했지만, 사람들의 인식이 점차 확대되자 1960년대에는 특히 여성이 겪고 있는 여러 형태의 차별에 대한 논의도 구체적으로 이루어지기 시작했다. 페미니스트 운동이 활발해지면서 세계 곳곳에서 활동하던 여성 운동가들은 국제 사회가 여성의 권리 보호와 증진에 대해 정확하게 다루어 줄 것을 요구했다. 그 요구에 대한 응답으로 유엔은 여성의 권리를 좀 더 상세하게 기술하기 위한 단계를 밟아나갔고, 드디어 1974년, 여성 차별 철폐에 관해 포괄적으로 다루는 한편, 국제적으로 유일하게 법적 구속력이 있는 문서를 완성하기에 이르렀다. 그로부터 5년 뒤, 유엔총회에서는 '여성차별철폐협약Convention on the Elimination of All Forms of Discrimination Against Women'이 채택되었다. CEDAW로 불리는 그 협약은 1981년 9월 2일 발효되었으며, 이는 이전의 그 어떤 인권 협약보다 진행 속도가 빠른 편이었다. 그 협약은 다음과 같이 크게 세 가지 영역에 초점을 맞추어 기술되었다. 첫 번째는 여성의 시민권과 법적 지위에 관한 것으로 여성의 투표권과 공직 활동을 할 권리, 교육과 고용의 기회를 차별당하지 않을 권리에 대해 밝혔고, 두 번째는 출산에 대해 선택하고 가족계획을 할 권리를 확인하면서 모성母性과 관련된 내용을 담았다. 세 번째는 성 역할에 영향을 주는 문화 요인을 다루면서 여성차별과 관련된 관습과 관행을 수정·폐지할 것을 요구하는 한편, 가족의 생활·교육·고용과 관련된 책임은 남녀 모두에게 있음을 확인시켰다.

여성 인권에 대해 가장 광범위하면서도 구체적으로 다룬 국제조약으로서 여성차별철폐협약은 전 세계 여성인권운동가들로부터 환영받았고, 186개국(그중 미국은 포함되지 않는다)의 지지를 받으며 역사상 가장 많은 비준을 받은 국제인권협약 중 하나가 되었다.

몰리는 이런 정보들을 처음 접하면서 세네갈 역시 1980년에 이 협약에 서명했고, 1985년부터 실행하기로 합의했다는 사실을 알고 무척 놀랐다. 세네갈 정부는 이 협약을 승인함으로써 성별 간의 평등 원칙을 지키고, 여성에 대한 모든 차별 행위를 폐지하는 데에도 동의했다.

유엔총회는 8년 후인 1993년에 여성에 대한 폭력 철폐 선언 Declaration on the Elimination of Violence Against Women도 채택하였고, 여성이라면 누구나 육체적·성적·정신적 폭력으로부터 자유로울 권리가 있다고 선언했다. 선언문 안에는 가정 폭력, 부부 사이의 강간, 지참금 관련 폭력 등 구체적인 내용도 포함되어 있었다.

"바로 이거야. 이거면 되겠어." 몰리는 문서의 조항을 훑어보며 생각했다. 아무리 널리 인정받는 규범과 특정 관습이 적용되는 사회에 속해 있다 할지라도 최소한 여성들에게는 학대와 차별로부터 보호를 요구할 수 있는 법적 권리가 있었다. 그런 정보가 이렇게 버젓이 문서화 되어 있으니 몰리는 이런 사실을 이곳 여자들에게도 알려주어야겠다고 생각했다.

물론 이 법률문서를 어떻게 활용하느냐가 가장 큰 관건이긴 했다. 그녀는 아프리카에서 활동한 다른 단체에서 인권을 활용해 교육을 진행한 사례가 있었는지 샅샅이 찾아보았다. 하지만 알아본 바로는 인권 교육이 사회적 규범 또는 예상되는 행동 양식을 변화시키는 수단으로 사용되거나 실용적인 수준에서 적용된 적은 단한 번도 없었다.

문제는 또 있었다. 이곳 여성들이 문서에 적힌 그런 종류의 차별대우와 폭력에 여전히 노출된 것은 너무나 명백한 사실이었지만, 언뜻 추상적으로 보이는 이 원칙들을 시골 지역 수준에서 구체적으로 적용할 수 있는 방법을 찾기란 여간 어려운 일이 아니었다.

이 질문에 해답을 찾을 기회는 곧 찾아왔다. 그 무렵, 라라_{Lala}라는 이름의 토스탄 직원 하나가 넷째 아이를 출산하게 되었다. 라라는 임신과 출산을 반복할 때마다 매번 무척 고생했고, 의사는 다음에 또 임신하게 되면 건강에 매우 치명적인 결과가 생길 수 있다고 경고했다. 그래서 라라는 의사의 충고대로 제왕절개수술 도중

난관을 묶는 수술도 함께 하기로 했다. 하지만 수술이 끝나고 마취에서 깨어난 뒤, 난관 수술이 되지 않았다는 것을 알게 되었다.

"왜 수술이 안 된 거죠?" 기운이 다 빠진 채, 라라가 믿을 수 없다는 듯 의사에게 물었다.

"허락을 받으려고 환자분 남편을 찾아갔더니 수술을 거부하셨습니다. 아이를 낳는 것은 아내의 의무라고 하시면서요." 의사가 설명했다.

의사의 결정에 당황스럽기도 하고 화가 나기도 해서 몰리는 이에 대한 법적 근거를 조사해 보기 시작했다. 그녀는 현지 인권변호사인 시디키 카바Sidiki Kaba*에게 자문을 구하고 이번 일에 여성차별철폐협약을 적용할 수 있는지 알아보았다. 의사의 그런 결정이 라라의 권리를 침해했다는 사실을 의사에게 이해시키고 싶었다. 그리고 며칠 뒤, 몰리는 토스탄 연구원 몇 명과 함께 초조한 마음으로 협약 내용이 출력된 종이를 손에 들고 병원을 찾아갔다.

"여성들이 자신의 몸과 관련된 건강 문제에 대해 스스로 결정할 수 있도록 인권 협약이 체결되었고, 세네갈 정부도 이를 비준했다는 사실을 알고 계시는지 모르겠습니다." 몰리는 서류가 수북이 쌓여 있는 병원 이사장의 책상 앞에 앉아 물었다. "이 병원의 한 의사가 여성 환자의 이런 권리를 인정하지 않아 지금 그녀는 건강이 위태로운 상황입니다. 그녀가 받아야 할 수술을 남편이 동의하지

---

* 이후 그는 국제인권연맹 회장, 세네갈 법무장관, 외교장관, 국제형사재판소 총회의장을 역임하고 2019년 현재 국방장관으로 일하고 있다.

않아 이런 일이 벌어졌는데, 혹시 알고 계십니까?"

"맞습니다. 우리 병원에서는 항상 그런 종류의 수술을 할 때 반드시 남편분의 동의를 구하죠. 그리고 지금까지 누구도 그 일에 의문을 제기한 적이 없었고요."

몰리는 라라를 변호하기 위해 준비한 장문의 글을 읽으려고 준비했고, 함께 간 세 연구원도 일제히 몸을 앞으로 숙였다.

하지만 그럴 필요가 없어졌다. 안경 너머로 상황을 살피던 이 사장이 손을 들어 몰리의 말을 중단시키며 말했다. "그런데 여러분이 옳다는 사실을 인정해야 할 것 같군요. 앞으로는 이런 일이 있을 때 여성 환자의 말에 귀를 기울이고 환자분의 뜻대로 하겠다고 약속드립니다."

"믿을 수가 없네요. 이렇게 말씀하실 거라고는 상상도 못 했습니다. 솔직히 말씀드리면, 병원에서 쫓겨날 줄 알았어요. 어쩌면 저희가 여성 보건을 증진할 정말 강력한 도구를 찾은 건지도 모르겠다는 생각이 드는군요."

14

딸들을 위해

은기르 스누이 도뮈 지겐
— Ngir Sunuy Doom yu Jigéen

1995년 참여 연구가 종료된 뒤, 몰리는 여성의 보건을 주제로 한 새로운 모듈 과정을 집필하던 중이었다. 그때 연구팀에서 함께 일했던 토스탄 직원 세 명이 몰리의 책상 앞으로 다가오더니 자기들끼리 줄곧 논쟁해온 주제가 있다며 얘기를 나누고 싶다고 말했다. 그것은 새 모듈 안에 여성 성기 절제 전통에 관련된 토론 수업을 포함할 것인지에 관한 얘기였다.

몰리는 깜짝 놀랐다. "나도 이 얘기를 처음 들었을 때는 '다들 제정신이 아니잖아? 말도 안 돼'라고 생각했지만, 당연히 지금은 그게 얼마나 민감하고 비밀스러운 주제인가 하는 정도는 알고 있어요." 몰리가 말했다. 그녀는 여성 성기 절제 관습을 처음 접하고 계속 알아본 후, 그 전통에 대해 깊게 이해했을 뿐 아니라 시술을 멈추려는 노력을 둘러싸고 정치적 이해관계가 복잡하게 얽혀있다는 사실 역시 알게 되었다. 특히 서구 문명에서 온 사람들이 관행을 막으려고 시도했을 때 현지인들의 반발은 더욱 거셌다. 어떤 아프리카 사람들은 자신들의 문제에 왜 서양인이 관여하느냐며 비난하기도 했다. 그동안 토스탄은 지역 주민들과 신뢰 관계를 쌓아가는 한편, 아프리카 전통문화 전반에 대해 존중하는 태도를 보였기에 교육 프로그램에서 성공을 거둘 수 있었다고 몰리는 믿고 있었다. 그렇기에 이 문제에 개입하는 게 맞는 일인지 확신이 서질 않았다.

토스탄이 세네갈을 근거지로 활동을 벌이고 있긴 했지만, 그래도 미국 단체라는 사실 때문에 그녀는 줄곧 공격의 대상이 되고 있었다. 유니세프 세네갈의 사미르 소비 소장은 당시 상황을 이렇게 떠올렸다. "몰리가 아프리카인이 아니라는 단순한 이유만으로 그녀를 욕하는 사람이 꽤 있었어요. 다른 NGO 단체들은 토스탄의 성공을 시기했고요. 그래서 유니세프에서 받는 지원금에 대해서도 말들이 많았죠. 지역 NGO에 돌아가야 할 기금을 외국인이 받아간다며 비난하기도 했어요."

하지만 직접 할례를 받은 경험이 있는 세 여성 직원의 태도는 단호했다. 인터뷰하는 동안, 여러 사람이 함께하는 토론이 끝나고 나면 따로 조용히 할 이야기가 있다며 찾아오는 여자들이 여럿 있었다. 그들은 전통에 대해 의혹을 품고 있었고, 그걸 말하고 싶어 했다. 그럼에도 아직은 이 전통이 코란의 율법을 따르는 일이라고 믿었기에 드러내놓고 너무 많은 얘기를 하지는 않았다. 하지만 어린 여자아이들이 겪는 몇 가지 문제가 단지 악령으로 인해 빚어진 게 아니라 어쩌면 그 시술 때문에 생긴 부작용이 아닌지 궁금해하고 있었다. 그들은 시술 후에 딸이 과다출혈을 일으키는 것을 목격했고, 그 일로 죽은 소녀도 보았다. 그리고 자신도 남편과 성관계를 할 때마다 고통을 겪고 있었고, 아이를 출산할 때는 더욱 고생이 심했다. 그들은 왜 그런 건지 자세히 알고 싶어 했다.

"토스탄에서 맡아야 할 주제는 아니라고 생각해요. 이런 일에 미국인이 관여했다고 불편해할 사람들이 아주 많을 거라고요." 몰리는 대답했다.

하지만 토스탄 직원들도 그대로 물러서지 않았다. "몰리, 토스탄에서 활동하는 아프리카 사람만 수백 명이에요. 단체에서 유일한 미국인인 대표님이 결정할 일은 아니라고 생각해요." 몇 주 뒤, 한 직원이 다시 이야기를 꺼냈다. "이 주제를 끄집어내야 할 사람은 바로 아프리카 여자들이죠. 그래서 그걸 우리가 하겠다고요. 우리는 그것 때문에 고통받았고, 죽은 아이들도 아주 많아요. 여성 성기 절제는 인권 문제예요. 그리고 이제 이 주제를 공개적으로 논의할 때가 왔다고 저희는 믿고 있고요. 대표님이 선택하세요. 우리를 도와주실 건가요?"

조에와 있었던 일도 결심을 굳히는 계기가 되었다. 이 무렵, 조에는 예쁘고 생기 넘치는 아홉 살 소녀로 자라있었다. 하지만 미국인 부모를 둔 혼혈 소녀가 아프리카의 소도시에서 살아가기가 늘 쉽지만은 않았다. 이제는 스물일곱 살이 된 조에가 당시를 회상했다. "그때 저는 제 정체성을 정확히 표현하는 게 거의 불가능했어요. 완전 흑인도 아니고, 완전 백인도 아니고, 그냥 다른 친구들보다 피부색이 조금 더 밝은 아이였죠. 국적은 미국인이었지만, 세네갈 시골에서 줄곧 컸으니 당연히 스스로 세네갈 사람이라고 믿었고요. 다섯 살 때부터 영어, 불어, 월로프어를 유창하게 말할 수 있었지만, 그 중 어느 게 내 모국어라고 말하기도 힘들었어요. 누군가 내가 어떤 사람인지, 어디에서 왔는지 물으면 저는 그냥 한 단어로 표현이 안됐어요. 대답은 늘 한 단락이 되어야 했죠. 지금은 이런 사실이 자랑스럽지만, 어렸을 때는 받아들이기가 쉽지 않았어요. 그냥 다른 친구들처럼 살고 싶었어요. 튀는 게 싫었어요."

어느 날, 아홉 살 조에가 매우 심각한 표정으로 엄마 앞으로 달려간 것도 이런 바람 때문이었을 것이다. 그날 오후 조에는 동네 친구들 몇 명과 어울려 놀다가 한 친구의 사촌이 할례를 받으려고 준비 중이라는 얘기를 들었다. 조에는 그게 뭐냐고 물었고, 친구는 여자아이가 결혼할 준비를 하려면 반드시 치러야 하는 전통이고, 세네갈 문화에서 매우 중요한 부분이라고 설명했다. 할례를 받지 않은 여자는 나중에 남편감을 구하기가 무척 힘들다는 말도 덧붙였다.

"엄마, 저는 이해가 안 돼요. 왜 지금껏 저한테 할례를 해주시지 않은 거죠?" 조에는 당장 울 것 같은 얼굴로 몰리에게 물었다. "왜 저에게 할례 얘기를 한 번도 안 해주셨어요? 제가 그걸 참을 만큼 용기 있는 아이가 아니라고 생각하신 거죠?"

몰리는 머리를 한 대 얻어맞은 기분이었다.

"조에야, 잠깐만. 할례가 정확히 어떤 건지 알고 이러는 거니? 그 시술이 어떻게 이뤄지는 건지 알고 말하는 거야? 잠깐 이리 앉아 봐. 엄마가 다 설명해줄게."

몰리는 당장 방으로 들어가 여성의 성기를 절제한 여러 종류의 사진과 그림을 모아놓은 자료들을 가지고 나왔다. 그리고 조에에게 보여주면서 그게 어떤 건지 정확히 설명해 주었고, 시술을 받고 나면 그 여성은 평생 어떤 일을 겪게 되는지도 말해주었다. 어찌나 당황했던지 말이 생각처럼 나오질 않았다.

몰리가 꺼내놓은 그림을 보고 눈이 휘둥그레진 조에는 엄마의 말에 귀를 기울였다. 몸에서 가장 민감한 부분의 살을 잘라낼 때의 고통이 대충 상상이 됐는지 더 보채거나 하지도 않았다. 몰리는 시술 후 과다출혈을 일으켰던 여자아이의 얘기, 서투른 시술로 낭종이 생겨 힘들게 치료한 사례 등, 다른 여자들에게서 들은 이야기도 모두 말해주었다.

"엄마, 이런 건 줄 몰랐어요. 진짜 몰랐어요." 조에는 쉰 목소리로 말했다.

"그때 진짜 깜짝 놀랐어요." 몰리는 당시를 회상했다. 미국인인 자신의 딸조차 전통을 지켜야 한다는 압박감을 느끼리라고는 전혀 예상하지 못한 일이었다. "전통의 힘을 몸으로 느낀, 결정적인 순간이었어요. 그제야 내가 무얼 해야 할지 알겠더군요."

이후 몇 개월 동안 몰리는 여성 보건과 관련된 정보—여성 성기 절제 관행과 인권에 대한 토론 수업을 포함해—를 어떻게 하면 시골 여자들에게 가장 효과적으로 전달할 수 있을지 방법을 찾는 데 전념했다. 그리고 마침내 제대로 된 정보를 담은 자료집을 만들었다고 생각되었을 때, 유대계 미국인 월드 서비스의 회장을 찾아갔다. 그리고 수많은 여성과 인터뷰를 했더니, 그들은 아이들의 건강 지식을 배우기에 앞서 자신의 건강에 대해 먼저 알고 싶어 했다고 설명했다.

"프로그램에 참여할 사람들의 이야기에 먼저 귀를 기울여야 한다는 생각에는 저희도 동의합니다. 그럼 그와 관련된 모듈을 먼저 신설하도록 하시죠." 회장이 말했다.

인권을 주제로 한 토론 수업을 포함한 여성 보건에 관한 새 모듈, 모듈 7이 세네갈 네 개 지역, 스무 개의 마을, 삼사천 명의 여성들을 대상으로 시범 운영되었고, 교육에 대한 반응은 거의 즉시 나타났다. 정해진 수업 일정이 모두 종료되고 몇 주 후, 피드백이 오기 시작하자 몰리는 머리가 어질어질해지는 기분이었다. "어느 마을에서는 아내를 자주 때린다고 알려진 한 남편을 혼내주기 위해 여성들끼리 대표단을 구성했다는 이야기를 듣고 정말 놀랐어요. 여성의 인권을 침해하는 일을 더는 두고 보지 않겠다고 으름장을 놓았다더군요. 그리고 처음으로 임신 단계를 알게 되어 산모들이 출산 날짜를 미리 짐작할 수 있게 되었다고 무척 좋아했다는 얘기도 들었어요." 그녀는 수업을 들은 한 여성으로부터 시도 받았다. "자신 없고 억압당하던 예전의 우리, 고개를 숙인 채 걸어 다녔지! 하지만 이제는 당당히 고개를 들었네." 한 마을의 여성 참가자가 쓴 "인권"이라는 제목의 시였다.

응가파루Ngaparou 마을의 여자들은 "모듈 7은 누구인가?"라는 시를 썼고, 그 시의 일부는 이런 내용이었다.

아! 모듈 세븐!

응가파루에 온 모듈 세븐이 우리 가족의 질병을 쫓아주었네.

오라, 모듈 세븐!

우리 세네갈 여자들에게 권리를 알려줘,

건강할 권리에 대해 특히 알고 싶어.

사람들이 자기 몸에 대해 알게 도와줘.

우리, 응가파루의 여자들이여,

이 지식을 딸들에게 가르쳐주자,

특히 사춘기의 딸들에게 말이야.

생리와 성에 대해 딸들에게 알려주자.

더 이상 부끄러워하지 마!

세네갈의 여자들, 모듈 세븐의 부름에 응하자!

"이야기를 들으면서도 무슨 일이 벌어지고 있는 건가 어리둥절하기만 했어요. 밤에 잠도 오질 않았죠." 몰리가 말했다.

그리고 몇 주 뒤인 1997년 6월 말의 어느 날, 그런 전화를 받게 될 줄은 정말 몰랐다고 그녀는 말했다.

★

"무슨 말인지 제대로 이해를 못 했어요." 토스탄의 티에스 지역 코디네이터인 말릭 게예Malick Gueye의 전화를 받고, 몰리가 말했다.

그는 방금 했던 말을 똑같이 되풀이했다. 말리쿤다 밤바라라는 마을에서 토스탄 수업을 들은 여자들이 모듈 7 과정이 끝나자마자, 여성 할례 관습을 그만두도록 마을 사람들을 설득했다는 얘기였다. 그러기까지 마을 여자들은 몇 달에 걸쳐 치열하게 토론과 논쟁을 벌였다고 그는 설명했다.

"실은 저도 처음 듣고 믿을 수가 없어서 어제 그 마을 간사 은데이를 통해 사람들을 직접 만나기까지 했어요. 정말 여자들이 마음을 굳게 먹었더군요. 올해는 시술을 받은 여자아이가 한 명도 없었대요." 말릭은 잠시 숨을 골랐다. "대표님, 저도 이런 일이 일어나리라고는 전혀 예상하지 못했어요. 하지만 이건 실제상황이에요. 진짜로 벌어지고 있는 일이라고요."

15

길을 보여주다

예유-예떼 — Yeewu-Yeete

　말리쿤다 밤바라의 소식은 빠르게 퍼져나갔고, 세네갈 전역에서 관심이 쏟아졌다. 몰리는 그때를 떠올렸다. "너무 걱정돼서 맘이 편치 않았었죠. 일이 어떤 방향으로 진행될지 누구도 몰랐으니까요. 용기 있는 결정으로 여겨질 수도 있었지만, 괜히 여자들만 조롱거리로 만들고 외면당할 수도 있는 상황이었거든요. 우리가 할 수 있는 거라곤 기다리고 지켜보면서, 잘 되기만을 기도하는 수밖에 없었어요."

　다행히 처음 보도된 내용은 긍정적이었다. 매체들은 말리쿤다 밤바라의 토스탄 참가자들을 깨인 여성들로 묘사했다. 마을 여자들이 여성 성기 절제가 건강에 미치는 부정적 결과와 인권에 대해 지식을 얻게 된 후, 관행에 의문을 품고 오랜 고민 끝에 마침내 중

205

단하기로 했다고 언론들은 설명했다.

하지만 곧 몰리가 걱정했던 대로 또 다른 이야기도 슬그머니 생겨나기 시작했다. 어떤 신문들은 여자들의 발표 때문에 마을 주민들이 충격을 받고 화를 냈으며, 배신감을 느낀 사람도 있었다고 보도했다. 또한 말리쿤다 밤바라의 여자들이 서양인의 농간에 놀아나고 있거나 전통을 포기하는 대가로 미국인에게서 돈을 받은 게 아니냐는 혐의를 제기하면서 그들에게 "혁명가"라는 꼬리표를 붙이고, 전통에 등을 돌렸다고 비난했다. 세네갈 일간지,《르솔레이 Le Soleil》는 부정적인 내용의 기사에 여자들이 "할례 의식을 치르는 오두막"에 불을 지르고 어린 소녀 하나가 엄마 뒤에 숨어서 '안티케 antiche(고마워요)'라고 말하는 만화를 삽입하기도 했다.

결정을 폄하하는 기사가 나올 때마다 말리쿤다 밤바라의 남자들은 점점 화가 나기 시작했고, 케르띠오 디아와라, 마이무나를 비롯한 토스탄 여성 참가자들은 점점 자신감을 잃어갔다. 케르띠오의 남자 친척 가운데 한 사람은 그녀에게 이렇게 화를 내기도 했다. "우리가 네 결정에 동의하긴 했지만, 네가 그렇게 은밀한 얘기를 마을 광장에서 발표하리라고는 꿈에도 생각하지 못했다. 이 일은 사적인 문제야. 공개적으로 거론할 일이 아니라고. 네가 그러기로 결정한 뒤에 그냥 조용히 넘어갔더라면 아무런 문제도 없었을 텐데. 전통문화와 관련된 비밀스러운 일을 네가 그렇게 떠벌리는 바람에 우리 꼴이 아주 우습게 돼버렸구나."

발표를 하고 몇 주가 지난 뒤, 몰리는 마을의 여자들이 어떻게 지내는지 보기 위해 말리쿤다 밤바라를 다시 찾아갔다. 열정적으로 토론을 하던 예전의 활기찼던 모습은 온데간데없었다. "사람들이 우리를 전통문화를 배신한 혁명가, 반역자라고 하더군요. 우리는 전통을 공격하는 그런 사람들이 아니에요. 여자들이 건강하게 살 수 있게 하려고 평화로운 변화를 결심한 것뿐이었는데. 우리 딸들을 위해 건강에 위협을 줄 수 있는 관행을 바꿔보려고 노력했던 거라고요." 마이무나가 말했다.

시간이 흐를수록 몰리는 이들의 결정을 언론에 공개한 것이 과연 옳은 선택이었는지 되묻지 않을 수 없었다. 어쩌면 상황은 더욱 나빠질 수도 있었다. 어느 날 오후 몰리는 여자들에게 말했다. "기자들이 쓰는 기사와 TV에 보도되는 내용까지 우리가 어떻게 바꿀 수 있는 건 아니에요. 그러면 오히려 더욱 왜곡된 기사가 나올 수 있거든요. 그렇다고 아예 방법이 없는 것도 아니에요. 언론에 이 일이 계속 노출되는 걸 원하지 않으시면, 앞으로는 기자들을 데려오지 않겠어요. 그러면 기자들도 말리쿤다 밤바라에 대한 기사를 쓰지 않을 거예요."

앞으로도 계속 언론의 취재에 응하는 것이 좋을지 그만두어야 할지에 대해 여자들이 토론하고 있을 때, 케르띠오는 의자에 조용히 앉아 한 손은 배 위에 올려놓고, 다른 한 손으로는 얼굴에 달라붙는 파리를 쫓고 있었다. 뱃속에는 그녀의 다섯 번째 아이가 자라고 있었고, 케르띠오는 최근에야 임신 사실을 알게 되었다. 그녀는 아이 소식이 무척 기쁘면서도 한편으로는 10년 전 잃은 딸, 마리아마가 다시 떠올라 가슴을 에는 듯한 슬픔과 걱정으로 괴로워했다. 이런 혼란스러운 감정은 임신할 때마다 매번 반복되었다.

그녀는 몰리와 마을 여자들이 하는 말에 귀를 기울이며 부푼 배를 천천히 쓰다듬었다.

하지만 케르띠오는 알고 있었다. 자신과 다른 여자들이 했던 그 행동 덕분에, 그들이 얻은 지식과 힘겹게 찾아낸 용기 덕분에 뱃속의 이 아이는 설령 딸이라 하더라도 할례 시술을 받지 않아도 됐다. 이제는 말도 안 되는, 그 고통스러운 관습을 지키느라 위험을 무릅쓰고 고생할 필요도 없었다. 그걸로 충분했다. 이 일로 인해 어떤 고난이 닥치든, 남들이야 우리를 뭐라고 부르든, 아무리 많은 분노와 실망을 접하게 된다고 하더라도 뱃속의 이 아이가 건강하게 자랄 수만 있다면, 세네갈의 모든 딸이 건강하게 살 수만 있다면 자신은 절대 뒤돌아보지 않겠다고 마음을 굳혔다.

케르띠오는 사람들에게 말했다. "언론에 공개하는 일을 멈춰서는 안 돼요. 힘든 과정을 겪어야 아름다운 결과도 얻어지는 것 아니겠어요? 우리는 결정했고, 우리가 하는 일이 옳다고 모두 믿고 있잖아요. 그러니까 우리는 더 용기를 내야 해요. 우리가 왜 이 전통을 끝내려고 하는지 다른 여자들에게도 이유를 알려주어야 해요. 우리의 자매들과 딸들을 저버려선 안 돼요. 바꾸려면 긴 시간이 걸리겠지만, 포기하지 말아요."

여자들은 자신들이 한 말을 그대로 지켜나갔다. 몇 주 뒤, 인근 마을 케르 심바라Keur Simbara에서 소녀들의 할례 의식을 준비하고 있다는 소식이 전해졌다. 케르 심바라는 말리쿤다 밤바라 사람들의 친인척들이 주로 거주하는 마을이었다. 말리쿤다 밤바라 내부에는 여전히 긴장감이 맴돌았지만, 그래도 여자들은 지식을 퍼트리는 일을 멈추지 않았다. 하지만 말리쿤다 밤바라의 주민은 겨우 3,000명에 불과했고, 그들이 이 마을 소녀들의 고통과 고생을 덜어주는 데에만 노력을 기울인다면 인근 지역 수천 명의 다른 소녀들은 여전히 할례를 받게 될 터였다.

케르띠오는 티에스에 있는 토스탄 사무실을 찾아가 몰리에게 전화를 걸었다. "케르 심바라에 사는 친척들을 방문하기로 했어요. 거기 가서 우리 지식을 공유하고 결정을 내리게 된 이유에 대해서도 알려주려고 해요. 우리가 그곳에 갈 수 있게 도와주실 거죠?"

말리쿤다 밤바라에서 케르 심바라까지는 차로 두 시간 거리였기에 몰리는 여자들이 그곳까지 갈 수 있게 버스를 빌려놓았다. 그리고 며칠 뒤, 여자들은 케르 심바라로 떠날 채비를 했다. 모두가 조금은 들뜨고 예민해져 있는 가운데 사람들의 마음을 불편하게 하는 일이 한 가지 더 있었다. 그건 바로 날씨였다. 세네갈에서는 보통 7월 중순부터 비가 오기 시작했지만, 그때는 8월이었는데도 비가 거의 오질 않고 있었다. 여자들은 버스에 올라탄 뒤에도 혹시 비구름이 보이지 않을까 싶어 계속 하늘만 쳐다보았다. 몰리 역시 똑같은 마음으로 하늘을 올려다보았다. 샴 은자이에서 몇 년간 살며 가뭄을 겪어보았기에 비가 오지 않으면 사람들이 얼마나 고통받고 굶주리며 힘들어하는지 그녀는 잘 알고 있었다.

버스가 케르 심바라에 점점 가까워질수록 어느새 여자들은 날씨에 대한 걱정은 잊고, 북을 두드리며 노래를 부르는 소리가 들리지는 않을까 귀를 기울이며 조금씩 흥분하고 있었다. 아프리카에서는 어느 마을이든 반가운 손님—특히 친척들—을 맞이할 때 북을 두드리고 노래를 부르는 것이 전통이었다. 하지만 버스가 천천히 속도를 늦추며 마을 광장에 멈춰 설 때까지도 북소리나 음악 소리는 전혀 들리지 않았고, 그들을 맞으러 나온 사람도 몇 명 되지 않아 여자들은 무척 놀랐다. 여자들이 버스에서 다 내리도록 마을에는 괴괴한 침묵만 흘렀다.

케르띠오는 어머니의 손을 잡았다. "마을에 무슨 일이 생긴 걸까요? 오늘 우리가 모르는 장례식이라도 있는 거 아니에요?"

마이무나도 혼란스러운 마음으로 머리를 흔들었다. 그리고 무슨 일이냐는 듯 몰리를 쳐다보았지만, 그녀 역시 당황스럽기는 마찬가지였다. 물론 몰리는 말리쿤다 밤바라 여자들이 최근 결정에 관해 이야기하기 위해 이곳에 올 거라고 미리 전화로 알려놓은 상태였다. "그 순간의 착 가라앉은 분위기를 지금까지도 또렷하게 기억하고 있어요. 말리쿤다 밤바라 사람들이 친척들을 만나려고 상당히 힘들게 거기까지 갔으니, 당연히 모두들 반가워하며 한바탕 즐거운 잔치를 벌일 거라 기대했었거든요. 확신이 흔들리기 시작했던 건 그때부터였던 것 같아요." 몰리가 말했다.

시간이 좀 더 흐르자, 사람들이 하나둘씩 더 모여들긴 했다. 그들은 의자를 가지고 나와 마을 중앙의 커다란 멀구슬나무 아래에 둥그렇게 가져다 놓았다. 촌장의 환영 인사가 끝나고 모두가 엄숙한 분위기 속에 의자에 앉자, 마이무나가 그 전통을 끝내게 된 최근의 결정을 주제로 연극을 한 편 준비했다고 말했다. 여자들이 일어서 각자 위치에 설 때도, 연극 공연을 하는 도중에도 사람들은 거의 아무런 반응을 보이지 않고 가만히 있었다.

연극이 끝나고 마이무나가 일어나 말했다. "이런 결정을 내려서 어쩌면 여러분이 화가 많이 나셨을 수도 있으리라는 건 저희도 짐작하고 있었습니다. 하지만 우리가 왜 그런 결정을 내렸는지 알려드리고 싶었어요. 친척분들, 우리는 여러분들에게 우리의 이야기를 들려주려고 여기까지 왔습니다. 우리가 토스탄 수업을 통해 배운 지식과 이런 선택을 하게 된 이유를 여러분도 아셨으면 하는 마음으로요. 우리는 같은 부족, 같은 가족입니다. 여러분도 우리와 생각을 함께 해주세요."

케르 심바라의 여자들 몇몇은 화난 눈빛을 서로 주고받고 있었고, 자리에서 일어나 가 버리고 싶은 것을 억지로 참고 있는 듯한 사람도 눈에 띄었다. 의자에 앉아 그런 모습을 지켜보고 있자니 몰리의 마음은 자꾸만 불안해졌다. 앞마당은 열기로 숨이 막힐 것만 같았고, 둥글게 앉은 사람들 뒤로는 아이들이 호기심에 찬 눈빛으로 계속 쳐다보고 있었다. 이 마을에서 가장 존경받는 사람 중 하나인 뎀바 디아와라Demba Diawara가 자리에서 일어서더니 입을 열었다.

1937년—그가 지니고 다니는 작은 가죽 지갑 안의 신분증에 따르면—에 태어나 그날 예순 번째 생일을 맞은 뎀바는 움푹 들어간 눈, 희끗희끗한 염소수염에 마른 체격을 가진 남자였다. 뎀바 어머니의 아버지는 말리 출신으로 땅콩 농사를 지을 비옥한 토지를 찾아 1800년대 후반 세네갈에 처음 온 뒤, 이 땅에 정착하여 마을을 형성하였고, 그의 가족들은 대대로 이 마을을 지키며 살아왔다.

"이곳까지 먼 길을 와줘서 정말 고맙습니다." 뎀바는 말했다. "여러분의 노력에 다시 한번 감사드립니다. 모두가 알다시피, 지금 말하는 그 전통은 오랜 옛날, 우리의 어머니들, 어머니의 어머니들로부터 전해 내려온 것입니다. 조상들을 기리고 존중하는 수단으로서 우리는 강한 긍지를 가지고 이 전통을 지켜왔고요. 우리 마을은 아주 작은 지역에 불과하지만, 이 마을 너머의 더 큰 지역 사회의 일부이기도 합니다. 여러분은 그 전통을 여러분의 방식대로 폐지하기로 했지만, 우리도 그 결정을 따를 거라는 기대는 하지 말아주십시오." 그는 잠시 말을 멈추고 목청을 가다듬었다. "여러분 모두 여기까지 와서 왜 그 전통을 중단했는지 우리에게 이야기했습니다. 하지만 여러분은 다른 사람들과 충분히 상의하지 않고 그런 결정을 내렸어요. 연극 대사 속에는 다른 가족 구성원들의 얘기가 전혀 들어있지 않더군요. 여러분은 이제 와 우리에게 함께 하자고 말하고 있지만, 우리는 그러지 않을 겁니다."

몰리는 주변을 둘러보았다. 말리쿤다 밤바라의 여자들 얼굴에는 낙담한 기색이 역력했고, 인정하고 싶진 않지만 자신 역시 지난 몇 주 동안 계속되던 의심에 완전히 사로잡힌 기분이었다. 그녀는 이 상황을 함께 지켜보고 있던 토스탄 훈련책임자 빌랄Bilal 쪽으로 몸을 숙이며 다급하게 말했다. "잠깐 저쪽에서 얘기 좀 해요." 그들은 사람들이 모인 자리에서 조금 떨어진 곳으로 갔다. "이렇게 하지 말 걸 그랬나 봐요." 그녀가 속삭였다.

"무슨 말씀이세요?" 그가 물었다.

"모르겠어요. 난 이제 확신이 없어졌어요. 애초에 우리가 관여하기에 너무 민감했던 주제였어요. 이런 모든 일에 끼어든 건 아무래도 실수 같아요."

"이런 얘기를 왜 지금 하시는 거예요?"

"내가 생각했던 것보다 이 일은 훨씬 뿌리가 깊었어요. 사람들은 친척이 왔는데도 반기지 않고, 서로 긴장한 모습이 역력하잖아요. 여자들은 자기 마을에서조차 조롱당하고 있다고요. 이게 어떤 일인지 우리가 충분히 알고 시작한 게 맞는지, 토스탄에 그럴 권리가 있기는 한지 그런 생각이 들기 시작했어요."

빌랄은 의자에 앉은 사람들 무리를 손으로 가리켰다. "몰리, 이 일을 하는 사람은 저 여자들이라고요."

"알아요. 하지만 어쨌든 토스탄은 미국 단체잖아요. 지금처럼 마을의 일에 외부 사람들이 끼어들어 자신들의 생각을 강요하는 경우를 나는 그동안 수도 없이 봐왔어요. 나는 절대 그런 실수를 하지 않겠다고 주의했었는데. 애초에 이렇게 깊이 박힌 문화에 관한 문제는 다루는 게 아니었는데 그랬나 봐요. 우리 욕심이 과했어요."

"이 얘기는 나중에 다시 하시죠." 빌랄이 말했다.

그들은 사람들 무리로 다시 돌아갔다. 그런데 바로 그때 몰리의 얼굴 위로 빗방울 하나가 떨어졌다. 그리고 연이어 빗방울이 하나둘씩 떨어지며 머리 위 나뭇잎을 부드럽게 건드리자, 의자에 앉아 있던 사람들이 일제히 벌떡 일어섰다.

"비다. 마침내! 비가 와요!"

얼굴을 들거나 부부 뒷자락을 들어 빗방울을 맞으며 사람들이 소리쳤다.

걱정스러운 표정을 짓고 있던 몰리를 보고 케르띠오가 재빨리 옆으로 다가와 말했다. "이건 신의 계시예요. 저도 이게 정말 힘든 일이라는 건 알지만, 비가 우리에게 뭔가 말해주고 있어요. 이 일은 우리가 계속 기다려온 일이라고요. 우리는 옳은 일을 하고 있다고 그렇게 말하고 있어요."

"안으로 자리를 옮기시죠." 습기를 머금은 회색 구름이 점점 짙어지자, 뎀바가 말했다. 사람들은 모두 의자를 들고 근처에 있는 작은 원형 오두막으로 이동했다. 한 사람 한 사람씩 집 안으로 들어가며 의자를 방 가장자리 쪽에 내려놓았는데, 커다란 하나의 원을 만들기에는 공간이 충분하지 않자, 의자들은 점차 나선 모양을 그리며 안쪽으로 놓이게 되었다. 그리고 거의 마지막으로 집 안에 들어선 몰리는 소용돌이의 제일 중간에 의자를 내려놓게 되었다. 마치 예전에 지금과 꼭 같은 장소에 이미 와본 것 같은 묘한 기분을 느낀 건 바로 그 순간이었다.

그리고 그때의 기억이 떠올랐다. 여기는 꿈속에서 보았던 바로 그 장소였다.

그 꿈을 꾼 건 20년 전, 6개월짜리 교환학생 프로그램을 위해 처음 세네갈에 가기로 한 몇 주 전에 있었던 일이었다. 프로그램 일정이 정해진 게 없이 허술하기 짝이 없어 몰리는 괜히 교환학생을 신청했다고 막 후회하던 참이었다. 어떻게든 가보려고 노력했지만 이쯤에서 그냥 포기할까 고민하던 중 그녀는 꿈을 꾸게 되었다. 꿈속에서 몰리는 한 임신한 여자의 뱃속에 들어와 있었고, 아프리카 사람들이 둥그렇게 모여 있는 자리 그 중간에 자신이 서 있었다. 세상 어느 곳보다 안전하다는 느낌이 들었고, 그곳에서 그녀는 지극한 행복과 평화로움을 맛보았다. 다음 날 아침, 잠에서 깬 뒤에도 생생한 꿈에 취해 그 순간에 느낀 환희가 여전히 남아 있었다. 그리고 그녀는 어떤 도전에 직면하더라도 아프리카에 가야겠다고 마음을 굳혔다.

그리고 20년이 흐른 지금, 그녀는 케르 심바라의 한 오두막 가운데 서서 주위를 둘러보고 있었다. 갑자기 꿈속에서 느낀 감정들이 한꺼번에 쏟아져 내려, 마치 조화와 위로의 소용돌이 속에 부드럽게 안긴 듯한 기분이었다. 그렇게 오랫동안 세네갈에 살았어도 몰리는 이곳 사람들이 진지하게 믿고 있는 영혼의 세계, 징조, 기적 같은 것들을 인정하지 않았지만, 꿈과 비가 억수같이 퍼붓는 이 순간, 어쩌면 이것은 정말 신의 계시인지도 모르겠다고 생각했다.

방 안에 모인 사람들에게 마이무나는 말했다. "우리가 그랬던 것처럼 시간을 가지고 천천히 생각해 보세요. 어쨌든 우리는 똑같은 전통을 공유하는 사람들이에요. 우리는 결심했고, 확신을 가지고 그 결심을 따르고 있어요."

몰리는 빌랄이 앉아있는 쪽으로 다가갔다. "아까 했던 말 다 취소예요." 그녀는 속삭이며 말했다.

"무슨 말씀이세요?"

"어떤 일이 됐든 앞으로는 이 여자들이 하는 일은 무조건 도와야겠어요. 더는 망설이지 않아요. 흔들리지도 않을 거고요. 뒤돌아보지 않겠어요. 이 일이 가야 할 최종 목적지만 바라보며 나가겠어요. 다 함께 힘을 모아 해 보자고요."

"진심이세요?"

몰리는 나선 모양으로 둘러앉은 사람들과 중앙에 텅 빈 자신의 의자를 바라보며, 이 순간, 자신이 이곳까지 오게 된 데는 분명한 이유가 있다는 것을 깨달았다. "물론이에요."

언니 다이안Diane, 어머니 앤Ann과 몰리Molly(오른쪽).

1976년, 세네갈 뎀브 악 데이Démb ak Tey 센터 아이들과 몰리. 학교에 가지
못하는 아이들을 위해 몰리는 아동센터를 오픈하고, 아프리카 전통문화를
소재로 한 월로프어 교재를 개발하여 아이들을 가르쳤다.

1984년, 볼르 음바예Bollé Mbaye, 촌장 알라지 무스타파 은자이Alaaji Mustaafa Njaay와 몰리.

1985년, 샴 은자이Saam Njaay 마을 여성들과 조에를 임신 중인 몰리. 몰리는 이 마을에서 장차 토스탄 커뮤니티 역량 강화 프로그램이 될 수업들을 처음 개발했다.

셰이흐 안타 디옵Cheikh Anta Diop과 몰리. 멘토였던 셰이흐 안타는 "토스탄"이라는 단어
의 뜻을 몰리에게 처음 알려주었다.

1982년, 요프Yoff의 집 서재에 앉아있는 우스만 셈벤Ousmane Sembène. 몰리의 친구였던
우스만 셈벤은 셰이흐 안타 디옵처럼 월로프어를 세네갈 공용어로 지정할 것을 앞장서
서 주창한 사람이었으며, 그녀의 활동에도 많은 영향을 미쳤다.

우레이 살Ourèye Sall
과거에는 전통 시술자였지만,
현재는 세네갈에서 여성 성기 절제 관행
폐지를 위해 토스탄과 함께 노력하고 있다.

마이무나 뜨라오레Maimouna Traore(왼쪽), 우레이 살Ourèye Sall(가운데), 뎀바 디아와라Demba Diawara. 세 사람은 토스탄과 함께 여성 성기 절제 관행 종식을 위해 노력한 공로를 인정받아 세네갈 대통령으로부터 상을 받았다.

1997년, 말리쿤다 밤바라Malicounda Bambara 여성들이 케르 심바라Keur Simbara를 방문했을 때의 모습. 이 일을 계기로 몰리는 관행 종식을 위해 더 적극적으로 노력하겠다고 마음먹게 됐다.

당시 미국 대통령 빌 클린턴Bill Clinton과
영부인 힐러리 로드햄 클린턴Hillary Rodham
Clinton은 세네갈을 방문했을 때, 다카르에
서 간담회를 열고 관행 폐지를 위해 애쓴
사람들과 몰리를 초청했다.

토스탄 참가자들은 새로운
지식을 이해하고 공유하기 위해
시, 춤, 노래, 연극을 적극적으로
활용했다.

이맘이자 촌장인 뎀바 디아와라
Demba Diawara 는 서아프리카에서
여성 성기 절제 관행의 종식을 위해
열심히 노력했던 활동가 가운데
한 사람이다.

DECLARATION
PARTEMENTALE de KOLDA
"BANDON de L'EXCISION des Mariages
PRECOCES ET FORCES"
28
d
au
P

수백 개의 마을이 모여 여성 성기 절제와 강제 조혼을 중단하겠다고 공개 선언했던 행사 장면.

BOUNCOUNTO
GUIRO-YERO
BOCAR
DAIFA
GUIROYEL

각자 대표하는 마을 이름이 적힌 팻말을 들고 선언식에 참석한 사람들.

2004년, 몰리와 딸 조에.

아프리카 여러 나라의 시골 지역에서 진행되고 있는 토스탄 수업에는 여자, 남자, 어린아이 할 것 없이 모두가 참여할 수 있으며, 민주주의, 인권, 문제 해결 방법, 보건, 문자 해득, 프로젝트 운영과 같은 여러 주제가 중점적으로 교육되고 있다. 휴대폰 문자 기능을 활용해 읽고 쓰기를 배우는 참가자들의 모습(위 사진).

2008년, 소말릴란드Somaliland 아랍시요Arabsiyo 마을에서 토스탄 참가자들과 만난 몰리. 소말릴란드에서 관행 종식 운동에 앞장섰던 샤미스Shamis와 몰리가 서로 기쁘게 인사를 나누고 있다.

토스탄 수업 중인 참가자들.

미국 국제개발처_{USAID} 회의에서 세네갈 여성 성기 절제 폐지 운동에 대해 연설하기 위해 미국을 방문한 케르띠오 디아와라_{Kerthio Diawara}

토스탄 참가자인 마리엠 밤바Marième Bamba는 인도 베어풋 칼리지Barefoot College에서 6개월 동안 교육을 받은 뒤, 태양열 기술자가 되었다. 그리고 자신이 사는 수디안Soudiane 마을에 발전 장치 50개를 설치했다.

토스탄 참가자의 95%가 무슬림이다. 전통적인 종교 지도자들도 새로운 토스탄 프로그램 개발에 적극적으로 참여하고 있다.

(위 사진) 2004년 4월, 니오디올Niodior 섬에서 열린 공개 선언식에 참석한 우레이 살, 몰리, 뎀바 디아와라. 27개 섬마을의 대표들은 행사장까지 배를 타고 와 여성 성기 절제 관행과 강제 조혼을 중단하겠다고 선언했다. (아래 사진) 선언식에 참석한 마을 사람들.

선거에 출마하고 투표할 권리에 관해 이야기하고 있는 소말릴란드 여성들. 2008년 국회의원 선거에서는 네 명의 여성 토스탄 참가자들이 인권을 바탕으로 한 공약을 내걸고 선거에 입후보했다.

커뮤니티 운영 위원회 코디네이터인 디올_{Dior}이 월별 수입과 지출 현황을 주민들에게 설명하고 있다.

토스탄의 기본 철학은 모든 아프리카 여성은 딸을 사랑하고 그들의 성공을 바란다는 이해에서 출발한다. 과거 관행을 따랐던 이유도, 그리고 이제 관행을 폐지한 이유도 모두 같은 마음에서 나온 결과이다.

(위 사진과 다음 사진) 1997년 말리쿤다 밤바라에서 여성 성기 절제 종식 선언이 일어난 지 10주년이 되는 날을 기념하기 위해 행사에 참석한 몰리와 말리쿤다 밤바라의 여성들.

토스탄은 2007년 콘래드 힐튼 재단으로부터 아프리카 여성과 소녀들의 인권과 보건에 기여한 공로로 '인도주의 상'을 수여 받았다. 뉴욕에서 개최된 시상식에 반기문 당시 유엔사무총장이 참석하여 축하했다.

2015년 2월 세네갈 동부에 위치한 수투타 마을이 여성 성기절제 관행을 종식시키겠다고 선언했다. 용감한 결정을 내린 소녀들을 몰리가 격려했다.

제 2 장

결국, 전 인류의 인권은 어디에서 시작될까요?
너무나 가깝고 너무나 작아 세계 지도에는 전혀 나타나지 않는,
우리의 가정 같은 곳에서 시작될 겁니다. (중략)
그곳에서부터 모든 남자, 여자, 아이가 차별받지 않고
동등하게 정의와 기회, 존엄성을 추구할 수 있어야 합니다.
이런 권리들이 가정에서 아무 의미가 없다면,
그 어느 곳에서도 제 의미를 갖추리라 기대하기는 어렵습니다.
가정에서부터 그 권리를 지키기 위해 모든 시민이 한마음으로
노력하지 않는다면, 더 큰 세계의 번영이란 헛된 바람일 뿐입니다.

엘리노어 루스벨트,
세계 인권 선언 채택 10주년 기념일에 씀.

16

악령을 몰아내다

예웨쿠 — Yewwiku

케르 심바라에서 회의를 한 지 얼마 되지 않았을 때였다. 인근 마을 응게리 밤바라Nguerigne Bambara에 사는 우레이 살Ourèye Sall이라는 여자는 저녁을 먹고 난 후 큰 접시를 물로 씻어 설거지통 옆 매트 위에 올려놓으며, 여섯 아이를 불렀다.

"각자 할 일 얼른 마무리할래? 그리고 이번 주는 숙모들이 와서 너희를 돌봐주실 거야. 엄마는 이번에 가면 얼마나 있다 오게 될지 모르니까, 숙모들 말씀 잘 들어야 한다." 그녀는 전통치마인 '파뉴'를 허리에 단단하게 감은 뒤, 오두막 문간에 놓여있던 고무 샌들을 신었다. 미리 싸둔 작은 가방 하나를 손에 들고 고향 마을인 신츄 바맘베Sinthiou Bamambe로 가는 버스를 타기 위해 발걸음을 재촉했다. 그녀의 고향은 옛날부터 푸타Fouta라고 불리던 세네갈강 강가에 자리 잡은 지역으로, 버스를 타고 온종일 가야 하는 아주 먼 곳이었다.

버스에 올라타자, 우레이는 기름때로 얼룩진 차창에 머리를 기대고 창밖으로 지나가는 작은 마을들을 줄곧 바라보았다. 그리고 몇 년 전, 처음 이 길을 여행하던 그때를 떠올렸다. 그때 그녀는 열네 살이었고, 한 번도 본 적 없는 남자와 결혼하기 위해 생전 처음 들어보는 '웅게리 밤바라'라는 마을로 가고 있었다.

"내일 먼 길을 가야 하니까 아침 일찍 떠날 수 있게 미리 채비를 해두렴." 그날 어머니는 우레이와 함께 그다지 특별하지 않은 간단한 기장 쿠스쿠스로 저녁 준비를 하면서 이렇게 말했다. 그녀는 아무 말도 못 했다. 그동안 우레이는 어머니가 자신의 남편감을 찾고 있었다는 사실도, 그리고 일주일 전 그 남자가 청혼하기 위해 집으로 사람을 보냈던 일도 전혀 모르고 있었다. 그녀는 아무것도 몰랐지만, 어머니는 벌써 몇 달 전부터 이 결혼을 성사시키기 위해 공을 들여왔던 모양이었다. 쌀로 좋은 음식을 만들어 이 남자에게 대접하면서 딸아이가 성격도 얌전하고 친절한 데다, 요리와 청소도 무척 잘한다며 칭찬을 늘어놓았다고 했다.

분명 어머니 카디야투Kadidiatou는 우레이가 신붓감으로 괜찮은 아이라고 그 남자를 잘 설득했으리라. 우레이는 어머니를 향해 미소를 짓고 고개를 끄덕이면서 자신의 결혼 소식을 받아들였다. 하지만 쿠스쿠스에 소스를 넣고 섞는 그녀의 머릿속은 '이 남자는 누구이고 어떤 사람일까?'라는 질문으로 가득했다. 하지만 이런 질문은 혼자만 간직해야 한다는 것을 그녀는 너무나 잘 알고 있었다.

결혼이란 두 사람만의 일이 아니라, 가족의 결합이었다. 지금 그녀가 할 일은 믿고 받아들이며 순종하는 일뿐이었다.

동생들을 부르자, 모두 돗자리에 놓인 그릇 주위로 모여 앉아 정신없이 밥을 먹었다. 하지만 우레이는 밥이 잘 넘어가지 않았다. 자꾸 커지는 불안한 마음을 억누르며 그녀는 이것이 좋은 소식이라는 사실만 생각하려고 애썼다. 결국, 남편도 없이 나이 들길 바라는 여자는 아무도 없었으니까.

식사를 마치고 어머니, 여동생들과 함께 남은 집안일을 마저 끝내자마자, 그녀는 게다Gedda에게로 달려갔다. 게다는 그냥 가까운 친구 정도—다섯 명의 여자 형제들보다 훨씬 가까운 사이였다—가 아니라 '세힐 암 옹키 옹고티sehil am wonki ngooti', 즉 "같은 심장을 나눈 친구"였다. 마치 태어난 날부터 같은 심장을 나눠 가진 사이처럼 서로의 가슴 속 심장은 한 번도 어긋난 적 없이 똑같은 리듬으로 박동하고 있다고 두 사람은 늘 느끼고 있었다. 우레이는 거의 매일 밤 게다의 방에서 시간을 보내다가 얇은 매트 위에서 서로 팔다리가 뒤엉킨 채 잠이 들곤 했다. 특히 너무 덥고 습해 잠이 오지 않는 밤에는 늦은 시간까지 그날 있었던 일에 대해 서로 얘기하거나 아내와 어머니로 살아갈 미래의 모습을 상상하기도 했고, 어머니가, 혹은 나중에 남편이 일을 너무 많이 시키지 않았으면 좋겠다는 바람을 털어놓기도 했다. 그날 저녁, 우레이가 곧 결혼하게 됐다고 말하자, 게다는 무척 놀라 소리를 질렀다. 두 사람은 게다의 방, 푸르스름한 달빛이 비치는 창가에 앉아 우레이가 어머니에게 들은 몇 안 되는 정보를 가지고 남편감의 모습을 상상하느라 서로 머리를 짜내고 있었다. 그녀가 들은 내용은 그 남자의 이름이 모두Modou라는 것, 그리고 땅콩과 기장 농사를 짓는 농사꾼이라는 사실 정도였다. 그는 어떤 사람일까? 어떻게 하면 그를 기쁘게 해서 어머니와 가족들을 자랑스럽게 할 수 있을까? 그는 친절할까? 게다는 틀림없이 그럴 거라며 우레이를 안심시켰다. 게다는 우레이의 어머니가 당연히 성품이 온화하고 착한 남자를 골랐을 것이고, 남자의 가족들도 그녀를 가족의 일원으로 따뜻하게 맞아줄 거라고 말해주었다. 하지만 이제 서로의 심장은 나란히 뛰기 힘들지도 모른다는 말은 두 사람 모두 입 밖으로 꺼내지 않았다. 이곳에서 웅게리 밤바라까지는 너무 멀었다. 어쩌면 그날 밤이 두 사람이 함께 보내는 마지막 밤이 될지도 몰랐다.

다음 날 아침, 해가 뜨기도 전에 큰고모 빈타Binta와 큰이모 미리암Myriam이 웅게리 밤바라까지 동행하기 위해 집으로 찾아왔다. 우레이는 슬픈 티를 내지 않고 씩씩하게 보이려고 최선을 다했다. 그럴 수 없다는 걸 알면서도 어머니가 함께 가주었으면 하고 생각했다. 이제 어른으로서 그녀는 혼자 설 때가 되었다. 웅게리 밤바라로 가는 버스를 타러 떠나기 직전, 우레이와 어머니는 집 앞 먼지 나는 마당에 함께 서서 이별의 슬픔을 겉으로 드러내지 않으려고 애썼다. 우레이는 어머니에게 어떻게 작별인사를 해야 할지 몰랐다. 그리고 앞으로 닥칠 미래가 두렵고 무서웠지만 그런 속마음을 감히 털어놓지는 못했다. 그녀에게 어머니는 세네갈의 북쪽 하늘에서 가장 빛나는 별처럼 자신에게 살아가야 할 방향을 알려주는 그런 존재였는데, 이제 어머니 없이 살아가야 한다니 그곳에서의 생활이 상상조차 되지 않았다. 우레이의 아버지도 곁으로 다가 오더니 두 손을 들어 우레이에게 축복을 내려주었다.

"걱정하지 마라, 내 딸아. 신은 위대하시니 모든 일이 잘될 거다." 우레이는 두 손을 잔 모양으로 모으고 팔을 뻗어 축복을 받은 뒤, 그 말이 자신의 존재 전체를 감싸게 한다는 의미로 손을 천천히 끌어당겨 자신의 이마에 갖다 대었다.

응게리 밤바라까지 가는 데는 오랜 시간이 걸렸다. 승객으로 가득 찬 버스를 타고 가는 우레이의 눈앞으로 끝도 없이 넓고 새파란 하늘과 새로운 세상이 펼쳐지고 있었다. 그 파란 하늘을 보고 있자니 예전에 게다와 함께 집 근처 들판에서 목 깃털이 파란 새를 발견했던 기억이 떠올랐다. 둘은 들판을 가로지르며 새를 쫓다가 나무 밑에 앉아 책을 읽고 있던 코란 학교 소년들과 마주치는 바람에 걸음을 멈추었었다. 이제 버스는 바오밥 나무숲 옆길을 지나가고 있었고, 방금 떠나온 고향 같기도 하고 앞으로 살 마을 같기도 한 그런 비슷비슷한 마을들이 계속해서 나타났다 사라졌다. 거의 자정이 다 됐을 무렵, 마침내 흙길을 달리던 버스가 속도를 늦추었다. 그리고 그녀는 지치고 땀으로 끈적끈적해진 몸으로 응게리 밤바라에 도착했다. 입술에서 기름때와 먼지가 뒤섞인 맛이 났다.

안마당에는 수많은 사람이 나와 있었고, 여자들은 가장 화려한 색의 '부부'를 차려입은 모습이었다. 남자들은 북을 쳤고 여자들은 말린 조롱박을 발 위에 올려놓고 두드렸다. 따뜻하게 맞아주는 사람들을 보자, 우레이의 마음도 한결 편해졌다. 젊은 남자 몇이 와서 짐 내리는 것을 도와주었는데, 작은 트렁크 안에는 시어머니와 시누이들에게 줄 선물인 그릇과 냄비, 옷가지들이 가득 들어있었다. 우레이는 작고 소박한 오두막으로 안내되었다. 그곳은 앞으로 그녀가 남편과 함께 살게 될 집으로 나중에 그녀가 엄마가 되어 아이들과 한 침대를 쓰게 되면 남편은 혼자 지낼 다른 오두막으로 거처를 옮길 터였다. 집 안에는 여자와 소녀들 몇이 기다리고 있었는데, 대부분 시댁 식구들이었다. 그들은 우레이에게 화려한 천과 커다란 냄비 등을 선물로 주며 따뜻하게 맞아주었고, 북소리에 맞춰 춤을 추면서 해가 뜰 때까지 밤새 방 안에 함께 있어 주었다.

다음 날 아침 일찍 우레이는 집 바깥에서 들려오는 한 남자의 목소리를 들었다. 그리고 신랑으로 추측되는 남자의 모습을 얼핏 본 후부터 그녀의 심장은 마구 두근거리기 시작했다. 밤새 베일로 얼굴을 가리고 있었고, 지금도 그 베일 때문에 그의 모습을 정확히 볼 수는 없었지만, 키가 크고 매우 나이 들어 보인다는 정도는 알 수 있었다. 어쩌면 그녀의 할아버지만큼이나 나이가 많아 보였다. 신랑이 신부를 맞이할 시간이 되자, 방 안의 여자들은 웃음을 터트리며 신랑을 응원했다. 하지만 그 전에 부족의 전통에 따라 신랑은 신부의 베일을 벗기는 대가로 신부 친구들에게 선물을 나눠주어야 했다. 신랑 모두가 방안을 돌며 사람들에게 동전을 조금씩 나눠주자, 사람들은 손뼉을 치며 노래를 불렀다. 그런 다음 신랑은 우레이가 서 있는 곳으로 가 서두르지 않고 침착하게 면사포를 들어 올렸다. 그러자 우레이의 목, 그다음에는 뺨이 서서히 드러났다.

어둠이 걷히고 이른 아침의 부드러운 햇살 속에서 그 남자가 그녀를 보며 미소 짓고 있었다. 그의 선한 눈빛을 보자, 우레이는 마음이 놓였다. 그리고 몇 년을 함께 살면서 그가 무척 멋지고 온화한 성품의 남자라는 사실 역시 알게 되었다. 하지만 그날, 그녀는 겨우 열네 살밖에 되지 않은 아직 어린 소녀였기에 수줍게 그의 눈길을 피하는 것 말고는 달리 어떻게 해야 할지 알지 못했다.

★

다음 해, 그녀는 아들을 낳았다. 빛나는 피부에 아몬드 모양의 눈을 가진 아기에게 그녀는 우스만Ousmane이라는 이름을 지어주었다. 그리고 다음 해, 둘째 아이를 낳았고, 이후로도 그녀는 아이를 계속 출산하여 스물한 살 무렵에는 아이가 여섯이 되었다. 그녀는 아내와 어머니의 역할도 무척 소중했지만, 머지않아 자신의 또 다른 역할을 시작해야 할 때가 되었음을 깨달았다. 그녀는 언젠가 전통 시술자가 될 자신의 모습을 늘 염두에 두고 살아왔다. 여성들의 전통이 대대로 전해지듯 시술자라는 직업도 어머니에게서 딸에게로 전해졌고, 우레이 집안의 여자들은 몇 세대에 걸쳐 중요하고도 존경받는 이 일을 계속해오고 있었다. 어느 정도 나이가 들면 자신들도 당연히 이 일을 하게 되리라는 걸 알고 있었기에 우레이와 여동생들은 아주 어렸을 때부터 어머니 카디야투가 주변 마을을 방문할 때 항상 따라다녔다. 그리고 이전 세대의 여자들이 그랬던 것처럼 어머니가 하는 일을 옆에서 지켜보며 시술할 때 주의할 점, 암송해야 할 기도문, 시술 직후 해야 하는 치료방법 등을 어깨너머로 배웠다.

그 일을 한 대가로 우레이는 돈도 꽤 많이 받았다. 훗날 열 명의 소녀에게 한꺼번에 할례를 해줄 만큼 실력이 쌓이면 새 비누, 옷감, 여벌의 면도칼을 사고도 40달러 이상은 벌 수 있을 터였다. 그녀는 돈을 벌어 살림에 보탤 수 있다는 사실이 무척 자랑스러웠고, 모든 소녀의 인생에서 가장 중요한 순간에 자신이 결정적인 역할을 하고 있다는 책임감도 나름 즐기고 있었다.

그런데 내내 마음에 걸리는 일이 한 가지 있었다. 아직 누구에게도 이 얘기를 한 적은 없었지만, 멀리 떨어진 우물까지 가서 물을 길어 흙길을 걸어 돌아올 때, 그리고 닭들에게 모이를 줄 때면 여러 해 전 딸에게 할례를 해주던 그날이 자꾸만 떠올랐다. 어미라면 당연히 해야 할 일이었기에 우레이는 딸에게도 할례를 해주기 위해 친정어머니께 직접 오시라고 미리 연락을 해두었다. 어머니가 직접 시술을 해주시는 동안 그녀는 때맞춰 읊어야 할 기도문도 모두 잘 읊었다. 그랬는데도 일은 계획대로 잘 되지 않았고, 아이는 피를 너무 많이 흘려서 제대로 정신을 차리지 못했다. 몇 시간 동안이나 우레이와 어머니는 딸을 보살피며 멀구슬나무잎으로 계속 상처 부위를 눌러주었다. 멀구슬나무 잎사귀에 약용성분이 있다는 사실을 알고 있었기에 미리 따다 준비해둔 것이었다. 대개는 이렇게 하면 좋아졌지만, 그녀의 딸은 오히려 피가 더 많이 났고 아이의 비명도 점점 격렬해졌다. 피는 돗자리를 흥건하게 적시다 못해 땅까지 스며들고 있었다.

계속 시간이 흘러도 나아지는 기미가 없자, 우레이는 음부르 시에 있는 가장 가까운 보건 센터로 아이를 데려가기로 했다. 하지만 당장 이용할 수 있는 교통수단이라고는 '샤레뜨charette(말이 끄는 수레)'뿐이었는데, 아이는 도저히 그걸 탈 만한 몸 상태가 아니었다. 결국 그녀는 두 팔로 아이를 끌어안고, 수레를 타고 가는 내내 옛 자장가를 불러주며 아이를 진정시켰다.

아프지 말고 쑥쑥 자라라, 내 아가야. 그래서 집안에 보탬이 되어야지. 오래 살아라, 내 아가야. 신이 너를 강하게 해주실 테니 가족과 이웃을 돕는 사람이 되어야지. 아프지 마라, 내 아가.

다음 날 아침, 출혈은 겨우 멎었지만 아이는 여전히 기운을 차리지 못하고 힘들어하며 계속 누워만 있었다. 며칠 뒤 집으로 돌아가도 될 만큼 상태가 호전되자, 우레이는 딸을 데리고 마을의 '마라부'를 찾아갔다. '마라부'는 우레이가 걱정했던 대로 아이에게 악령이 들러붙어 아픈 것이라고 말하며, 아이를 위해 기도를 해주었다.

이후에도 딸의 몸은 완전히 회복되지 않았기에 우레이는 더더욱 그날의 기억을 지울 수가 없었다. 아이는 자라면서 자주 아팠고, 또래 친구들보다 허약하고 기운도 없었다. 10대가 되어 결혼한 후에도 아이를 낳으면서 심각한 출혈을 일으켰다. 시술을 받은 다른 소녀들이 때로 이와 비슷한 증상들을 보인다는 사실을 우레이는 알고 있었다. 피를 많이 흘리는 소녀도 있었고, 시술을 받고 난 뒤 몇 달 후 상처 부위에 심각한 염증이 생겨 고생하는 아이도 있었다. 우레이는 항상 조심하려고 최선을 다했고, 신을 공경하는 마음으로 신중하게 시술을 하곤 했는데도 이런 일은 벌어졌다. 어머니 카디야투는 여러 소녀에게 할례 시술을 할 때 면도칼 하나를 사용했으며, 그녀도 어머니가 하던 방식을 그대로 따라했다. 우레이에게는 면도칼을 소독할 도구도, 고통을 진정시킬 진통제도 없었다. 그 대신 소녀들의 숙모나 할머니—딸의 아픈 모습을 지켜보기란 무척 힘들었기에 어머니가 직접 오는 경우는 매우 드물었다—의 도움을 적극적으로 활용했다. 우레이는 그들에게 멀구슬나무 잎을 따오게 한 뒤, 잎을 으깬 반죽을 상처 부위에 대게 했다. 그런 뒤 나이 많은 노인들이 아이들을 돌보도록 넘겨주고 다음 마을로 떠났다. 그곳에서는 또 다른 소녀들이 차례를 기다리고 있었다.

우레이는 악령의 소행으로 인해 생기는 이런 일들 때문에 힘들었지만, 어쩔 도리가 없다고 여겼다. 이런 이야기를 떠들었다가는 자칫 악령들을 화나게 할 수도 있었으므로 절대 다른 사람에게 말하지는 않았다. 어찌 됐건 전통에 대해 말해봐야 무슨 소용이 있단 말인가? 어딘가 의심스러운 데가 있긴 했지만, 떠들어봐야 아무 소용없을 게 분명했다. 그 전통은 수 세기 동안 여성들 삶의 매우 중요한 일부였고, 앞으로도 영원히 계속될 터였다.

몇 개월 전, 토스탄 프로그램이 마을에 들어와 교육을 받기 전까지는 우레이도 이렇게 생각하고 있었다. 하지만 지금은 마을의 여자들이 그 교육 덕분에 처음으로 용기를 내어 전통에 대해 자기 생각을 말하기 시작했다. 그리고 인근의 말리쿤다 밤바라라는 마을 여자들은 단지 말하는 데서 그치지 않고, 전통을 중단하기로 했다는 얘기도 들었다.

17

대화를 선택하다

요누 디소 — Yoonu Diisoo

우레이는 계속 옛 기억에 잠겨 있다가 깜빡 잠이 들었는데, 깨보니 버스는 이미 고향 마을에 도착해 있었다. 어머니 카디야투가 마중 나와 기다리고 있었다. 배도 고프고 많이 피곤했는데도 우레이는 집에다 가방을 내려놓자마자 게다를 보러 갔다. 생각 같아서는 밤새 게다와 이야기를 나누고 싶었지만, 우레이는 친구에게 잘 자라는 인사를 하고 곧장 집으로 돌아왔다. 이번 고향 방문은 평소와 다른 목적이 있었기 때문에 우선은 충분히 휴식을 취할 필요가 있었다.

다음 날 아침, 우레이는 여전히 피곤과 긴장이 풀리지 않은 채 일찍 잠에서 깼다. 그녀는 용기가 사라지기 전에 빨리 서둘러 그 일을 해치우는 편이 낫겠다고 생각했다. 여동생들과 우물에서 물을 길어오고 기장으로 그날 먹을 분량의 식사 준비를 마치자마자, 그녀는 어머니와 네 여동생—여동생 넷은 아직 그 마을에 살고 있었고, 그녀처럼 모두 '시술자'로 일하고 있었다—에게 나무 아래에서 잠깐 얘기를 나누자고 불렀다.

"할 이야기가 있어요." 모두 자리에 앉은 뒤, 우레이가 말했다. 해야 할 말을 여러 번 연습했지만, 어떻게 말해야 가장 설득력 있게 들릴지 지금까지도 고민이 되었다. 그런데 그런 복잡한 마음과는 달리 말이 먼저 쏟아져 나왔다.

"제가 요즘 응게리 밤바라에서 진행되는 토스탄이라는 단체의 교육 프로그램에 참여하면서 그동안 몰랐던 사실들을 많이 배우게 됐어요." 그녀는 교육을 통해 얼마나 다양한 지식을 깨우치게 됐는지, 그리고 프로그램이 마을 여자들에게 얼마나 큰 도움이 되었는지 설명했다. 그 프로그램은 단순히 글을 읽고 쓰는 법만 가르쳐 준 게 아니라 예방접종의 중요성, 세균이 전파되는 경로, 돈을 관리하는 방법을 가르쳐주었고, 그중에서도 가장 중요한 인권에 대해 알려주었다. 우레이는 여성에게도 법의 보호를 받을 수 있는 권리가 있다고 말했고, 모든 형태의 폭력으로부터 자유롭고 건강을 지킬 권리가 있다는 사실도 이야기했다.

"이런 논의의 일부로 우리는 여성들의 전통에 대해서도 길고 솔직한 대화를 나누기 시작했어요." 어머니의 깜짝 놀라는 표정을 보면서도 우레이는 계속 말을 이어갔다. "동네에서 멀지 않은 곳에 사는 마을 여자들은 같은 프로그램을 통해 교육을 받은 뒤에 마을 전체가 정말 용기 있고 대단한 결정을 내렸다고 해요. 그곳 사람들은 이제 딸에게 할례를 시키지 않고 전통을 폐지하기로 했대요."

"우레이 언니, 말조심해요." 동생 하나가 말했다.

"토스탄에서 배운 지식 덕분에 저는 이제 생각을 바꾸게 됐어요. 여기 온 것도 그래서예요. 저는 앞으로 다른 사람들에게 이 얘기를 해줘야겠다고 결심했어요. 하지만 그 전에 제일 먼저 어머니랑 동생들에게 먼저 말하고 싶었어요."

그녀는 토스탄 간사, 파티마타Fatimata가 처음 전통에 대한 주제를 끄집어냈던 그 날 오후에 관해 이야기했다. 수업시간에 파티마타는 말리쿤다 밤바라 여자들이 내린 결정과 전통과 관련된 잠재적 문제에 대해 처음 이야기를 꺼냈다. 그 말을 듣고 우레이는 얼굴에서 피가 다 빠져나가는 기분이어서 돌처럼 가만히 앉아만 있었다. 파티마타의 설명이 모두 끝났을 때, 우레이는 마음을 진정시키려고 애쓰면서 뽀얀 먼지가 떠다니는 공기를 천천히 길게 들이마셨다.

수업에 참가한 다른 여자들도 처음에는 조용했지만, 충격과 불신으로 당황한 기색이 역력했다. 결국에는 버럭 화를 내는 사람도 있었지만, 우레이는 잠자코 있었다. 파티마타의 말은 모두 맞았다.

파티마타가 말한 내용은 여러 해 전 그녀의 딸이 겪었던 일과 정확히 일치했다. 아이는 과다출혈을 일으켰고, 나중에는 상처 부위에 염증까지 생겼다. 아이가 살면서 내내 그렇게 고생을 하고, 건강이 좋지 않았던 건 그 이유 때문이었다.

'나 때문이야. 내가 시켜서 그렇게 된 거야.' 우레이는 생각했다.

수업이 끝나자마자, 우레이는 응게리 밤바라에서 가장 가깝게 지내고 있는 마리에마 은자예Marièma Ndiaye를 찾아갔다. 자신이 했던 일이 부끄러워 견딜 수가 없었다. 그녀는 마리에마에게 수업시간에 들은 내용을 말했다. 이야기하다 보니 모든 일의 초점이 더욱 분명해지는 기분이었다. 딸이 왜 그토록 아팠는지, 어머니 카디야투는 왜 출혈을 막지 못했는지. 그날 벌어졌던 일은 악령 때문이 아니었다. 하루는 용기를 내어 친구에게 이런 말도 했다. "마리에마, 내가 다른 소녀에게 할례를 해줄 때도 그런 일이 벌어진 적이 있었어."

마리에마의 어떤 말도 우레이의 마음을 편하게 하거나 진정시킬 수 없었다. 그날 밤도 그리고 다음 날 밤도 남편과 아이들을 위해 식사준비를 하면서, 그리고 일이 모두 끝난 오후 부드러운 햇살 속에서 휴식을 취하면서 우레이는 뒤로 물러나 혼자 생각에 잠겼다. 주변 지역의 소녀들에게 할례를 해주고 번 돈은 가족 모두에게 큰 도움이 되었다. 그렇게 번 돈으로 아이들 신발과 옷을 살 수 있었고, 주변 지역 여자들로부터 존중받을 수 있었던 것도 모두 그일 덕분이었다. 하지만 자신이 한 일로 인해 소녀들의 건강에 문제가 생긴다면, 그 일 때문에 사람들이 평화를 누리지 못하고 고통을 겪게 된다면, 어떻게 그 일을 계속할 수 있단 말인가?

우레이의 이야기를 들으며 어머니와 동생들은 아무 말도 하지 않고 잠자코 있었다. 우레이는 수업에서 파티마타가 처음 전통에 대해 해준 이야기를 듣고, 그동안 자신과 가족들이 다른 사람들을 고통받게 했다는 사실을 깨달으며 얼마나 부끄럽고 미안한 마음이 들었는지 이야기했다. 그리고 오랫동안 잘못 알고 있었지만, 수업에서 배운 정보가 진실이라는 것을 확신하게 됐다고 말했다. 말리 쿤다 밤바라에서 벌어진 선언에 관해 들은 뒤, 그녀는 웅게리 밤 바라에서 매우 존경받는 이맘을 찾아가 몇 시간 동안이나 이야기를 나누었다. 코란에는 여성들에게 할례를 해야 한다고 강요한 내용이 없다는 사실과 토스탄이 말한 정보가 거짓이 아니라는 것을 이맘도 확인시켜 주었다.

멀리 지평선만 바라보고 있는 어머니와 동생들을 보며, 우레이는 전통 때문에 생긴 폐단은 단지 건강 문제만이 아니라고 말했다. "우리가 전통을 따르지 않은 여자들을 어떻게 차별했는지 생각해 보세요. 우리 아들들이 할례를 하지 않은 여자와 결혼하려고 하면, 아무리 원한대도 절대 허락해주지 않았잖아요. 전통을 따르지 않는 여자를 따돌리고 조롱했어요. 그 여자가 만든 음식에는 손도 대지 않았고, 모욕적인 이름으로 불렀어요."

우레이는 자신도 양심의 가책을 느끼고 있었다. 그녀는 예전부터 할례를 하지 않은 여자는 불결하고 음란하다고 믿었기에 그런 여자를 보면 차별했다. 지난 몇 주 동안은 자신이 특히 차갑게 대했던 한 여자가 자꾸 생각나 줄곧 마음이 무거웠다. 아띠Atti라는 이름의 그 여자는 할례 전통을 따르지 않는 부족 출신이었는데, 이 마을 남자와 결혼하게 됐다. 하지만 마을 여자들은 아띠를 친구로 받아주지 않았기에 늘 외톨이였던 아띠는 마을 생활이 힘들기만 했다. 설거지를 하거나 빨래를 해도 곧 다른 여자가 와서 그릇을 다시 씻고 옷을 다시 빨았다. 여자들이 모인 자리에 가면 사람들은 모두 일어나 다른 곳으로 가버렸다. 결국 너무 비참한 생각이 든 아띠는 극단의 방법을 취하기로 결심했다. 그해 마을 소녀들이 할례 의식을 치를 때, 자신도 할례를 하겠다고 나선 것이다. 당시 그녀는 30대였는데, 그 나이에 할례를 하는 경우는 매우 드물었지만, 시술자는 그녀의 부탁을 들어주었다. 시술은 너무도 고통스러웠고, 몸이 완전히 회복되기까지는 몇 주가 걸렸다. 하지만 그 이후 그녀는 다른 여자들로부터 인정을 받게 되었다. 모임에 낄 수 있었고, 처음으로 밥도 한자리에서 먹을 수 있게 되었다.

"할례 시술 그 자체보다도 이런 차별이 여자들에게 얼마나 큰 고통을 주었을지 한번 상상해 보세요."

"됐어. 이 얘기는 더 하고 싶지 않다." 어머니가 말했다.

"알아요, 어머니. 저도 그랬으니까요. 하지만 지금 여기 앉은 누구도 그런 일을 목격한 경험이 없다고는 말하지 못할 거예요. 본 적 없다고 말하는 시술자가 있으면 틀림없이 거짓말을 하는 거라고요." 우레이가 말했다.

"그런 문제는 시술 때문에 생긴 게 아니야. 그건 악령들 짓이야." 어머니는 말했다.

"세균에 감염돼서 생긴 염증이에요. 그런 문제가 생기게 된 데는 과학적 이유가 있다는 걸 토스탄 수업에서 배웠어요. 확신이 없었다면 어머니께 얘기하지도 않았을 거예요. 제 생각에 그 전통은 우리 문화를 가치 있게 하는 게 아니에요. 그래서 저는 이런 결론에 다다랐어요. '내가 하는 일이 건강과 행복을 주지 않는다면 옳은 길이 아니다'라고요." 우레이는 말했다.

카디야투는 매서운 눈길로 그녀를 쳐다보았다. "너 제정신이 아니로구나." 어머니는 그렇게 말한 뒤, 자리에서 일어나 가버렸다.

그 이후 어머니와 여동생들이 아무리 모질게 대해도 우레이는 모른 척하려고 애쓰며 푸타에서 며칠을 더 머물렀다. 다음 주 웅게리 밤바라로 돌아가는 그녀의 발걸음은 무거웠지만 그래도 뜻을 굽히지는 않았다. 오히려 토스탄 수업에서 전통과 말리쿤다 밤바라의 결정을 주제로 토론할 때 더 열의를 가지고 참여했다. 그러다 보니 수업에 참여한 다른 여자들이 자신에게 주제의 방향을 정해주기를 은근히 기대한다는 사실을 알게 됐다. 그녀는 커뮤니티 운영위원회 코디네이터를 맡고 있을 뿐 아니라 시술자이기도 했으니까. 그녀가 나서서 이 일을 하지 않는다면, 과연 누가 할 수 있을까 싶은 생각이 들었다.

그녀는 무얼 해야 할지 알 것 같았다. 비록 가족들은 지지해주지 않았지만 과거로 되돌아가는 일은 없었다. 그녀는 항상 자신을 평화주의자라고 여겼고, 평화는 그녀를 살게 하는 기본 원칙이나 다름없었다. 웅게리 밤바라 같은 시골 마을에서 사는 일은 쉽지 않았다. 식수와 땔감은 늘 부족했고, 툭하면 가뭄과 질병을 걱정해야 했기에 생존이라는 단순한 행위조차 매우 어려운 일이 되곤 했다. 이런 상황에서 우레이는 자신이 가장 우선시해야 할 일은 마을에 행복과 평화가 깃들도록 힘껏 돕는 일이라고 생각했다. 평화롭지 않은 삶은 생존을 위한 몸부림 외에 무엇도 아니었다. 그리고 이제 자신이 그토록 소중하게 간직해온 가치를 위해 노력할 수 있다면, 진정한 평화주의자가 될 수 있다면, 그것 외에는 어떤 다른 선택도 할 수 없으리라 생각했다.

그녀는 최대한 공손하고 조심스럽게 시댁의 가족과 친척들, 그 다음에는 이웃들에게 접근하기 시작했다. 그녀는 마을의 모든 여자에게 이 얘기를 하기로 결심했으며, 특히 토스탄 수업에 등록하지 않은 여자들을 집중적으로 대화에 참여시켰다. 인근 마을로 멀리 갈 때는 마리에마가 자주 동행했고, 머지않아 토스탄 수업 참가자들도 그녀에게 힘을 보태주었다. 그녀가 하는 말을 들은 여자들은 모두 깜짝 놀랐다. 시술자가 자신을 직접 찾아와 전통의 위험성과 말리쿤다 밤바라의 일을 얘기해주며, 전통을 그만두는 것이 어떻겠냐고 부탁하고 있었다.

우레이는 다음 달에도 시간이 날 때마다 이 일을 계속했다. 지치고 힘들었지만, 노력하는 자신이 대견스러웠다. 그녀는 가족들—특히 어머니—이 자신의 결정을 지지하도록 설득할 수 있기를 바랐지만, 당장은 아니라도 때가 되면 그렇게 되리라고 믿었다.

그로부터 몇 주 뒤인 1997년 11월, 이런저런 생각에 잠겨 마을 길을 걷고 있는데, 저 앞에서 마리에마가 빨리 오라고 손짓하며 우레이를 불렀다. "빨리 와! 그분이 오셨어."

바로 그때, 우레이는 몰리의 차가 다가오는 소리를 들었다. 그리고 몰리를 환영하기 위해 모여든 스무여 명의 여자 무리에 끼기 위해 걸음을 재촉했다.

★

밝은 초록색의 아름다운 '부부'를 입은 몰리가 차에서 내려 끈적끈적한 11월의 열기 속으로 걸어 나왔다. 그녀는 멈춰 서서 여자들한 사람 한 사람과 인사를 나누었다. 토스탄 학생들은 교실로 사용하고 있는 작고 어두운 방으로 몰리를 안내해 함께 이동하면서 모두 똑같은 마음으로 흥분하고 있다는 것을 우레이는 느낄 수 있었다. 사람들은 교실 주위로 둥글게 원을 그리며 앉았다. 실내 공기는 후텁지근했고 파리 몇 마리가 윙윙거리며 날아다녔다. 이번에 몰리는 프랑스 잡지《푸앙 드 뷔Point de Vue》의 기자와 함께 왔는데, 그 기자는 4개월 전 말리쿤다 밤바라의 선언을 취재했고, 그 전통이 아직 시행되고 있는 다른 마을 여자들과 이야기를 나누고 싶어 찾아왔다고 했다.

몰리는 회의를 시작하면서 제일 먼저 여자들에게 토스탄에 대한 경험담을 말해달라고 부탁했다. 몇 사람이 차례로 프로그램에서 배운 내용을 설명했고, 마침내 교육받을 기회를 얻어 이 프로그램을 얼마나 소중하게 여기는지, 그리고 수업이 세네갈 모든 마을에서 이뤄지기를 얼마나 바라는지 이야기했다. 그들의 말이 끝나자, 몰리는 우레이를 보며 말했다. "우레이 씨가 이 자리에 함께 해줘서 특히 더 기뻐요. 당신은 시술자니까 직접 시술을 하는 사람으로서 전통에 관해 특별한 시각을 가지고 계시리라 믿어요."

"맞아요." 우레이가 말하자, 기자가 그 말을 받아 적기 시작했다. "여러 세대 동안 우리 집안 여자들은 시술자로 일해 왔어요. 저는 그 역할을 어머니로부터 물려받았고, 어머니는 외할머니로부터 물려받았죠. 몇 년 동안 저는 인근 지역 마을들을 돌아다니며 일을 했고, 수많은 소녀가 저에게 할례 시술을 받았어요. 이곳 사람들처럼 저 역시 평생 이 전통이 옳다고 믿으며 살아왔고요. 반드시 거쳐야 하는 성스러운 일이라고 배웠죠. 하지만 이 수업을 듣게 된 후부터 달라졌어요."

그렇게 말하면서도 불안한 표정을 짓고 있는 우레이를 보며 몰리가 미소를 지어 보였다.

"몰리, 오늘 우리 마을이 중요한 결정을 내렸다는 사실을 당신에게 알리게 되어 정말 자랑스러워요. 말리쿤다 밤바라의 여자들을 보면서 우리도 용기를 얻었거든요. 우리의 자매인 그 사람들이 가능성을 보여줬어요. 그들을 지지하기 위해, 그리고 우리 딸과 손녀들의 건강한 삶을 위해 응게리 밤바라 마을도 그들의 결정을 따르기로 했어요. 며칠 전, 오후 기도가 끝난 뒤에 촌장님과 이맘이 마을 전체 회의를 소집했고, 주민이 모두 모여 이 일을 의논했어요. 우리도 결정했어요. 우리 마을도 그 전통 의식을 다시는 치르지 않기로 했다고요."

18

평화의 발

땅끼 쟘 — Tànki Jàmm

몰리는 웅게리 밤바라를 방문한 이후 줄곧 흥분한 상태였다. "그동안 품고 있던 모든 의심이 한순간에 사라졌어요. 혹시 어디가 잘못되진 않을까, 문제가 생기지는 않을까 걱정하는 대신 가능성에 대한 꿈에 부풀기 시작했죠." 그녀는 당시를 회상했다.

우레이가 마을의 결정에 대해 발표한 이후, 매우 중요한 또 다른 사건이 일어났다. 그 일이 있고 몇 주 지난 1997년 11월 22일, 다카르에서 열린 국제인권연맹 제33차 총회에서 세네갈 대통령, 압두 디우프Abdou Diouf가 토스탄과 말리쿤다 밤바라의 여성들을 전폭적으로 지지한다는 뜻을 밝힌 것이다. 그는 몰리를 포함해 대략 500명 정도의 인원이 참석한 총회 개회식에서 이렇게 연설했다. "우리는 여성 성기 훼손의 전통에 대항해 격렬하게 싸워야 합니다. 오늘날 이 전통은 더 이상 정당화될 수 없습니다. 이 주제와 관련하여 말리쿤다 밤바라의 사례는 당연히 언급되어야 할 것입니다. 이 마을 여성들은 관행의 위험성을 깨닫고, 그들의 남편과 이맘, 촌장을 대화에 참여시켰습니다. 그리고 집단적 합의를 통해 이 마을은 앞으로 절대 여성 성기 훼손 관행을 따르지 않겠다는 결정을 내렸습니다. 오늘 저는 이 자리를 빌려 여러분께 엄숙하게 호소합니다. 말리쿤다의 사례가 다른 마을에서도 이어져 세네갈 전역으로 퍼지도록 해주십시오."

대통령이 이 일을 언급하리라고는 전혀 생각지도 못했기에 몰리는 행사장을 나오면서 가슴 벅찬 기쁨을 느꼈다. 여성 성기 절제 전통은 그동안 세네갈 정치인들이 오랫동안 피해왔던 주제였다. 자칫 민감한 주제를 끄집어내 지지율이 떨어질까 봐 다들 두려워했기 때문이었다. 말리쿤다 밤바라의 여자들이 이미 여러 가지 일들로 고충을 겪고 난 뒤라 대통령의 이런 발언이 그들의 사기를 높이는 데 도움이 되리라 생각했다.

지난 8월 케르 심바라 주민들을 만나고 온 뒤부터 일은 계속 안 좋은 쪽으로만 흘러갔다. 말리쿤다 밤바라 사람들이 선언한 뒤 3개월이 채 지나지 않은 10월에는 프랑스의 한 신문에서 이 일을 기사로 내보냈는데, 말리쿤다 밤바라의 주민들은 모든 여자아이에게 음부 봉쇄 시술, 즉 성기를 절제한 뒤 음부를 완전히 꿰매 성교 자체를 못 하도록 질구를 막는 시술을 한다는 잘못된 내용으로 기사를 썼다. 프랑스에 사는 친척들이 기사를 보고 마을로 신문을 보냈고, 기사 내용에 무척 화가 난 마을 남자들은 즉시 전체

회의를 소집했다.

10월 중순의 숨 막힐 듯한 열기 속에서 사람들은 의자를 끌고 나와 마을 광장에 커다란 원을 만들었다. 한편 여자들은 아이들에게 스스로 할 일을 찾아서 하라고 신경질적으로 지시했다. 남자들은 한 사람씩 돌아가며 기사를 읽고 난 뒤 화난 감정을 표현하면서, 여자들의 결정을 지지하겠다고 동의했을 때는 여자들이 그 일을 그렇게 공개적으로 발표하리라고는 전혀 예상하지 못했다며, 자신들이 느낀 실망감을 되풀이해서 말했다. 또한 여자들이 외지인까지 끌어들여 그들의 전통에 대해 잘못된 정보를 전달하고 있다고 비난했다. 불쾌한 일은 충분히 겪었으니 여자들은 이제 이 일을 외부에 알리는 일을 그만두라고도 요구했다. 케르띠오와 가장 친한 친구인 테네 씨소코는 용기 있게 대답했다. "우리는 여자에게도 인권이 있다고 배웠어요. 우리가 했던 그런 중요한 일을 결정할 권리만 있는 게 아니라 의견을 소리 높여 말할 권리도 가지고 있다는 뜻이죠. 우리는 여러분을 존중하고 여러분의 의견에 기꺼이 귀를 기울일 거예요. 하지만 저희에게는 그 의견에 동의하지 않을 권리도 있다는 사실을 알아주셨으면 해요."

케르띠오, 마이무나를 비롯한 여자들은 이번 일을 논의하기 위해 따로 모였다. 그들 역시 기사 내용이 무척 불쾌하긴 했지만, 그렇다고 변화를 불러오기 위한 의지와 열정까지 사라진 것은 아니었다. 몰리는 이처럼 여자들이 남편의 요구를 거부한다는 사실 자체만으로도 말리쿤다 밤바라 내부에서 일어난 변화의 정도가 얼마나 엄청난지 알 수 있었다. 한편으로는 남자들을 이 과정에 끌어들여 변화를 위한 노력에 동참하게 할 어떤 계기가 필요하다는 생각도 들었다.

그러면서 몰리는 1960년대 후반, 일리노이대학 재학 시절 지켜보았던 사회 운동에 대한 옛 기억을 자주 떠올렸다. "그때 주변에서 일어나는 사건들을 관심 있게 지켜보다 보니 사회 정의와 변화를 불러오기 위해 다양한 전략이 구사되고 있다는 걸 알겠더군요. 대학생들이 사회에 대해 분노하고 저항하는 것도 이해할 수 있었고, 또 한편으로는 이런 분노가 모두가 추구하는 근본적인 사회 변화를 이끌어내는 원동력이 아닐까 생각했었죠." 그녀는 마하트마 간디Mahatma Gandhi와 마틴 루터 킹Martin Luther King Jr.에 관한 글을 읽으며, 인본주의라는 더 깊은 가치에 호소하며 모두를 포용하는 평화주의적 전술에 몹시 끌렸던 기억이 있었다. "그분들은 누굴 탓하거나 비난하거나 부끄럽게 하지 않으면서도 자신의 믿음을 확고하게 지켜나갔어요. 남을 적으로 만들기보다는 사회에 대한 누구나 염원하는 낙관적인 미래상을 보여주려고 노력하신 분들이죠."

대학생이 되어 프랑스에 갔을 때 겪었던 한 일화도 특별히 기억에 남았다. 그녀는 학생들이 사회구조를 개혁하기 위해 조직한 한 정치 모임에 나갈 기회가 있었는데, 그 자리에는 학생 단체와 협력을 도모하기 위해 노동 운동계 쪽 사람들이 함께 나와 있었다. 그런데 한 노동자가 연설을 시작하면서 예수 그리스도에 대한 신앙을 고백하자, 학생들 사이에서 야유와 조롱이 터져 나왔다. 노동자들은 모두 화가 나서 그 자리를 떠나버렸다.

그날 장소를 빠져나오며 몰리 역시 실망스럽기는 마찬가지였다. 사람들의 개인적인 믿음을 비난하고 모욕하는 것, 그리고 자신의 가치관을 남에게 강요하는 일은 평화와 정의를 실현하고 문제를 해결하려는 자리에는 어울리지 않았다. 당시 그녀 생각에는, 사람들이 부당한 대우와 차별을 종식시키기 위해 그 자리에 나왔다면 분노 역시 썩 좋은 대응방식이 아니라고 여겨졌다. 어떤 형태로든 분노를 표출하게 되면, 대화가 가장 필요한 순간에 대화는 중단되었다.

★

이 무렵, 몰리의 집을 본부로 사용하던 토스탄은 티에스 디지엠므Dixième라는 지역에 사무실이 다섯 개 있는 작은 건물로 이전하게 되었다. 건물이 위치한 주변 거리는 예전 프랑스 통치 시절을 떠올리게 하는 빨간색 타일 지붕을 얹은 식민지풍의 건물들이 모여 있고, 커다란 아프리카 마호가니 나무들이 줄지어 자라고 있는 조용한 동네였다. 건물 내부의 소박한 사무실에는 지역 장인들이 만든 목제 가구들이 드문드문 놓여있었고, 벽에는 몰리가 다른 아프리카 나라들을 여행하면서 수집한 바틱 천들이 걸려있었다. 사무실을 옮긴 지 얼마 되지 않았을 때, 케르 심바라 마을의 템바 디아와라가 몰리를 방문했다. 몰리가 그를 처음 만난 것은 8년 전으로 케르 심바라에서 문자 해득 프로젝트를 개발할 때였는데, 그때부터 몰리는 줄곧 그를 깊이 존경하고 있었다. 템바 디아와라는 현명하고 인내심이 많은 사람이었으며, 속담을 많이 알고 있어 아름다운 월로프어를 구사했다. 디아와라 가문은 본래 세네갈 동쪽의 커다란 나라인 말리 왕족 출신으로 그곳에서 68개의 마을을 통치하기도 했었다. 그러다 1800년대 후반, 지나친 경작으로 말리의 토지가 황폐해지자, 뎀바의 할아버지는 땅콩 농사를 지을 비옥한 토지를 찾아 세네갈로 오게 되었다. 농사짓기에 적당한 땅을 찾은 할아버지는 세네갈에 정착하기로 하고, 밭 사이에 집을 지었다. 그리고 말리에 남아있는 자신의 큰형 심바라의 이름을 따 그 마을을 케르 심바라라고 이름지었다. 그는 결혼하여 자식을 많이 낳았고, 이후 태어난 셀 수 없이 많은 손자는 티에스 주변 마을들에 흩어져 살게 되었다.

뎀바는 나이에 비해 얼굴 피부가 매우 밝고 매끈했으며, 작은 체구는 근육으로 다져져 한때 이 지역을 대표하는 레슬링 선수였던 젊은 시절을 떠올리게 했다. 성인이 된 후로 그는 자신의 가문을 대표하는 임무를 맡아 늘 할아버지와 어머니를 자랑스럽게 했다. 어린 시절 코란 학교에 다닌 것 말고는 공식적인 학교 교육을 받지 못했지만, 그는 매우 똑똑하고 공정하고 관대한 사람으로 주위에 평판이 자자했다.

몰리는 지난 몇 년간 조언이 필요할 때마다 그에게 의지했고, 그는 도움이 필요할 때가 언제인지 아는 사람처럼 늘 적절할 시기에 길잡이 역할을 해주었다. 그리고 그날 오후에도 그의 얼굴을 보자, 몰리는 지금이 그런 순간임을 깨달았다. 그는 몰리가 가져온 물 한 잔을 마셨고, 두 사람은 서로 마주 보고 자리에 앉았다.

"몇 주 전 말리쿤다 밤바라의 여자들과 우리 마을에서 회의한 뒤 혼자서 많이 생각해 봤어요. 그리고 몰리, 내 생각을 당신에게 솔직하게 말해야겠다고 생각했어요." 그가 먼저 입을 열었다. "나는 당신을 무척 신뢰해요. 당신은 우리 마을의 일부이고, 우리의 언어를 알고 있고, 우리에게 늘 존경하는 태도를 보여주었지요. 하지만, 친구여, 이번에는 너무 멀리 간 것 같소. 당신은 우리의 가장 오래된 전통에 개입했어요. 지금 하는 일을 그만두는 편이 낫겠다고 말하려고 왔어요."

"아, 뎀바, 당신을 화나게 했다면 죄송해요." 몰리는 말했다. "저 역시도 처음에는 많은 불안감을 안고 이 일을 시작했어요. 하지만 여자들이 많이 배운 것처럼 저 역시 많이 배웠답니다. 당신도 알아주셨으면 좋겠어요. 말리쿤다 밤바라와 응게리 밤바라의 여자들이 그런 결정을 했고, 저 역시 많은 것을 깨달았기에 이제는 정말 그만둘 수가 없어요. 우리는 이 전통에 대해 계속 이야기해야 해요."

뎀바가 엄한 눈빛을 하며 말했다. "하지만 몰리, 지금 당신은 제대로 알지도 못하는 일에 관여하고 있어요. 이런 일이 십 년 전에 일어났다면, 마을에 와서 그런 전통을 공개적으로 말했다는 사실만으로도 당신은 성한 몸으로 마을을 나가지 못했을 거라는 뜻이에요. 그만큼 이 전통에 대한 우리의 감정은 뿌리가 아주 깊어요."

몰리는 잠깐 망설였지만 이렇게 말했다. "뎀바, 한 가지 여쭤보고 싶은 게 있어요. 마을 여자들과 그 전통에 관해 이야기 나눠 보신 적이 있으세요?"

"물론 없소."

"왜죠? 왜 한 번도 그 일에 관해 물어보지 않으셨어요?"

"남자들은 이 일을 언급하지 못한다는 사실을 당신도 알지 않소. 이 일에 관해 얘기하는 자체가 금기시되어 있어요."

"하지만 당신도 건강상 나쁜 결과를 가져온다는 사실은 알고 계셨죠?"

뎀바는 아무 말도 하지 않았다.

"뎀바, 저희가 여자들에게 준 정보는 모두 사실을 근거로 하고 있어요. 제가 아는 한 당신은 새로운 지식을 배우는데 매우 열의를 지닌 분이시잖아요. 저는 단순히 전통을 그만두게 하려고 노력하는 게 아니에요. 그냥 정보를 드리는 거예요. 다시 저를 찾아와서 이 일을 그만두라고 말씀하시기 전에 저를 위해 제발 세 가지만 노력해주셨으면 해요."

"세 가지?"

"네. 의사를 찾아가 그 전통에 관해 이야기를 나눠보세요. 그리고 이맘들과도 이야기를 나눠보시고요. 그 사람들과 토론을 해 보세요. 그리고 의견도 물어보시고요. 그 일이 다 끝나면 마을의 여자들에게도 물어보세요. 사람들은 모두 당신을 존경하니까 자신들이 겪은 문제들을 얘기할 거라고 생각해요. 그렇게 해 보세요. 그리고 그게 끝나면 다시 저를 찾아오셔도 좋아요."

그로부터 몇 개월 뒤, 아침부터 찌는 듯 덥던 어느 날이었다. 뎀바는 아침 7시에 케르 심바라를 출발하여 90분을 걸어 티에스의 토스탄 사무실에 도착했다. 그는 건물 로비에 조용히 앉아 몰리가 문을 열고 나타날 때까지 아무 말 없이 기다렸다. 몰리를 따라 사무실로 들어간 그는 먼지 묻은 기도 모자를 벗고 몰리의 맞은편 자리에 앉았다.

"사람은 누구나 살면서 실수하게 마련이고, 때로는 남에게 몹쓸 짓을 하게 되기도 해요." 그가 말했다. "그런 건 얼마든지 인정할 수 있는 일이에요. 내가 인정하지 못하는 건 자기가 실수한 걸 알고도 '미안해요. 내가 실수했어요.'라고 말하지 않는 사람이지. 음, 몰리, 내가 미안하게 됐소. 지난번 이야기를 나눈 이후에 나는 당신이 했던 말들을 모두 흘려버릴 작정이었어요. 하지만 이제 알았어요. 내가 지금 아는 걸 그때도 알았더라면 나는 절대로 잠자코 앉아있지 않았으리라는 걸. 내가 먼저 일어섰을 거요."

그는 먼저 다른 종교 지도자들을 찾아갔다고 했다. "누구라도 내가 항상 믿고 있던 그 사실, 그 전통이 무슬림으로서 지켜야 할 종교적 의무라는 사실을 확인해주기만 하면 나는 바로 거기서 멈출 생각이었소." 뎀바는 그녀에게 말했다. 하지만 매번 그는 똑같은 이야기를 듣게 됐다. 그들은 코란 어디에도 여성에게 그 전통을 부추기거나 강요한 내용이 없다는 사실과 진정 학식 있는 무슬림은 그것을 종교상의 의무라고 주장하지 않는다는 말을 했다. 그때마다 뎀바는 무척 혼란스러운 마음으로 그곳을 나왔다. 종교가 이 문제를 강요하고 있다는 그런 잘못된 생각을 어떻게 그렇게 오랫동안, 그렇게 여러 세대에 걸쳐 간직하게 된 것인지 의아하기만 했다.

그다음 그는 의사에게 갔다. 의사는 시술 이후 건강상 어떤 문제가 생길 수 있는지 뿐만 아니라 시술 과정에서 정확히 어떤 일이 벌어지는지, 그게 얼마나 고통스러운지 설명해주었다. 서서히, 마음이 동요되는 것을 느끼며 그는 다음으로 여자 가족들과 대화를 나누기 시작했다. "나는 정말 몰랐어! 이건 진짜요!" 그는 머리를 흔들며 말했다. "정말 믿을 수 없는 이야기들을 들었어요. 여자아이들이 얼마나 아파하는지, 여자들이 성생활을 하거나 출산을 할 때 얼마나 고통스럽고 힘들어하는지, 특히 음부가 봉쇄되면 더 그렇다더군요. 여자들은 전에는 이런 일에 대해 한 번도 말한 적이 없었어요. 고통을 표현한 적도, 이런 문제를 말한 적도 없었고. 대부분의 사람이 나처럼 이런 고통이 전통과 연관이 있다는 사실을 모르고 있었단 말이요." 물론 사람들은 그동안 이 모든 문제를 다른 원인, 즉 악령 또는 신의 뜻으로 돌리고 있었다. 비록 뎀바 역시 신비스럽고 보이지 않지만 어디에나 존재하는 힘 때문에 병이 생긴다고 믿던 때가 있었다. 그러나 이제는 토스탄의 보건 모듈을 통해 그게 아니라는 걸 이해하기 시작했다. "토스탄에서 그런 내용을 배우고 다들 얼마나 놀랐는지 모르오. 여자라면 모두 똑같은 문제들을 갖고 있고, 그런 고통을 겪는 게 당연한 일이라고 생각하면서 살았으니까."

"뎀바, 그럼 당신 마을에서도 그 전통을 중단하시는 거죠?" 그의 말이 끝나자, 몰리가 물었다.

"몰리, 그럴 수 없어요. 친구여, 당신이 했던 일들이 왜 잘못인지 설명해줄 필요가 있겠군요. 이 전통은 우리 사회에서 누구도 의문을 제기하지 않던 정말 오래된 관습이에요. 그래서 그걸 중지하겠다고 결정하는 일, 그런 일은 개인이 혼자 할 수 있는 게 아니에요. 한 마을이 단독으로 할 수 있는 결정도 아니고. 우리 딸들은 다른 열 개의 마을 사람들과 서로 결혼을 해요. 오늘 우리가 이 전통을 중단하면, 내일은 우리 딸들이 남편감을 찾지 못할 수도 있다는 뜻이오. 그걸 바라는 어머니는 아무도 없소. 그렇게 되면 아이들 인생에서 가장 이겨내기 힘든 어려운 문제를 만드는 셈이니까. 말리쿤다 밤바라에서 그렇게 많은 문제가 생기는 것도 그런 이유 때문이오. 그들이 결정한 방식은 우리 문화 사람들이 결정하는 그런 방식이 아니에요. 아프리카에서 할 수 있는 가장 최악의 일은 스스로 무리에서 벗어나 개인적인 결정을 하는 거예요. 말리쿤다 밤바라의 여자들은 더 큰 지역사회와 아무런 상의도 없이 그런 행동을 한 것이오.”

“잘 이해가 가지 않아요. 말리쿤다 밤바라는 마을 전체가 결정에 동의했잖아요.” 몰리가 말했다.

“맞아요. 하지만 모든 가족이 그 마을에만 살지는 않지요. 가족 안에는 사회 전체의 관계망이 모두 포함되어 있어요. 그 관계망은 주변 여러 마을에 사는 친인척들, 결혼해서 가게 된 그 마을의 사람들, 심지어는 프랑스나 미국 같은 멀리 떨어진 나라까지 뻗어 있어요. 만약 이 일이 계속되길 원한다면, 정말 광범위한 변화를 불러오길 원한다면, 이런 사실을 반드시 이해해야 해요. 특히나 이런 중요한 결정을 내리려면, 그들 ‘모두가’ 이 일에 참여해야만 한다는 뜻이에요.”

몰리는 뎀바의 말이 옳다는 것을 깨달았다. 그는 말리쿤다 밤바라 여자들의 결정이 틀렸다는 것이 아니라, 그들이 잘못된 전략으로 움직였다고 말하고 있었다. “거기까지는 미처 생각을 못 했어요. 그럼 어떻게 하면 좋죠?" 몰리가 물었다.

"당신을 도울 생각이오. 그리고 내가 할 수 있다면, 더 많은 마을, 훨씬 더 많은 마을이 말리쿤다 밤바라와 응게리 밤바라의 결정을 따를 수 있도록 노력해 볼 참이오. 먼저 내 가장 가까운 가족들이 사는 열 개의 마을부터 찾아가려고 해요. 그리고 그들에게 내가 직접 말할 생각이오. 그 사람들이 어떻게 반응할지는 모르겠지만, 우리는 이 지식을 나눠주고 그들 모두가 참여하도록 해야 해요."

"제가 도와드릴게요." 몰리가 말했다.

"음, 나한테 그런 힘이 있는지는 나도 잘 모르겠어요. 그렇기 때문에 어떤 헛된 약속도 미리 하고 싶지는 않아요. 그리고 내가 누군가에게 돈을 받고 이러는 거라고 사람들이 생각하게 하고 싶지도 않고. 내 발은 평화의 발이오. 이 발들이 나를 멀리까지 데려갈 거라고 믿어요."

★

그다음 주부터 뎀바는 걷기 시작했다. 입은 옷과 머리에 쓴 기도 모자 외에는 아무 짐도 없이 그는 이 마을에서 저 마을로 걸었다. 어떤 날은 5마일*을 걸었고, 어떤 날은 15마일**을 걸었다. 거의 한 달 동안 집으로 돌아온 것은 딱 한 번 뿐이었고, 그때도 겨우 이삼일을 머무르다가 곧 다시 길을 떠났다. 목적지에 도착하면 허리

---

* 약 8km

** 약 24km

는 쑤시듯 아팠고, 피부는 땀으로 번들거렸다. 친척들은 그를 따뜻하게 맞아주며 음식과 잘 곳을 마련해 주었고, 첫 만남은 늘 즐겁고 유쾌한 분위기로 시작되었다. 하지만 식사를 함께한 뒤, 템바가 사람들을 모두 불러 모아 이곳에 온 이유를 설명하고 나면 상황은 달라졌다. 많은 이들이 그를 불신에 찬 눈길로 쳐다보았고, 나이 지긋한 남자가 뻔뻔스럽게 그처럼 은밀하고 사적인 일을 크게 떠들고 다닌다며 화를 내는 사람도 있었다.

그가 찾아간 첫 번째 마을—디아부구Diabougou라는 이름의, 주민 800명 정도가 사는 작고 외딴 마을이었다—에서는 템바가 말을 하는 도중에 여자들 몇이 의자에서 일어나 자리를 뜨려고 한 적도 있었다. 연장자로서 늘 다른 사람들에게 존경을 받던 템바는 그런 대접을 받아본 일이 없었다. "돌아와 앉아 봐요." 그는 흥분한 표시를 내지 않으려고 노력하면서 여자들에게 차분하게 말했다. "나는 지금 여러분에게 어떤 행동이나 습성을 바꾸라고 말하는 게 아니에요. 그저 내 말을 들어 달라는 거요." 하지만 여자들은 그대로 나가 버렸다. 또 다른 마을에서는 조카딸 하나가 정말 심하게 대들기도 했다. 그가 말을 끝내자마자 그녀는 이렇게 말했다. "저에게 그만두라는 말만 해 보세요. 저는 절대로 이 전통을 포기하지 않을뿐더러 아직도 할례를 하지 않은 아이가 있다는 소릴 들으면, 내가 당장 데려다가 직접 할례를 시켜줄 테니까요."

"네가 화를 내는 것도 당연하다." 템바는 조카에게 말했다. "하지만 인생에는 세 부분이 존재한단다. 어제, 오늘, 그리고 내일이지. 우리는 모두 어제와 오늘을 온 힘을 다해 성실히 살아냈지만,

이제 미래를 구상하는 일에 애를 먹고 있다. 더 좋은 미래를 그리려면 자기반성과 성찰이 필요한 법이란다. 지금 네가 이렇게 화를 내는 것도 다 이해한다. 누군가 이 얘기를 끄집어냈을 때 나 역시 그랬으니까. 하지만 우리는 그렇게 대응해선 안 된다. 잠시만 멈춰서 생각해 보려무나. 우리는 다른 모습의 미래를 그려볼 필요가 있어."

다른 마을—삼바 디아Samba Dia, 소라부구Sorabougou, 수디안Soudiane 같은—에서도 마찬가지로 그의 메시지는 사람들의 분노를 샀다. 하지만 뎀바는 여전히 참을성 있게 이야기를 계속했고, 조금이라도 귀를 기울이는 사람이 있으면 마주 보고 앉아 자신이 아는 지식에 대해 조금이라도 더 설명해주려고 애썼다. 매일 저녁, 논의가 점차 시들해지고 사람들이 자리를 뜰 채비를 하면, 뎀바는 그들에게 시간을 내주어 고맙다는 인사를 잊지 않았고 내일 다시 만나자고 말했다. 어떨 때는 정중하게 이만 마을을 떠나 달라는 부탁을 듣기도 했지만, 그의 마음은 흔들리지 않았다. 그들의 요구를 존중하긴 하지만, 자신은 싸우려고 온 게 아니기 때문에 며칠 더 머물면서 대화를 좀 더 이어가고 싶다고 조용하게 말했다.

그의 조카, 셰이흐가 곧 이 여정에 함께 했고, 곧이어 조카딸, 두우수Duusu도 합류하게 되었다. 두우수는 30대의 나이에도 아직 아이가 없었는데, 토스탄 수업을 듣고 난 후에야 자신의 불임이 할례 시술과 연관이 있다는 사실을 깨닫게 되었다. 그녀는 시술 후에 고통을 겪는 어린아이들을 많이 보았고, 같은 마을에 사는 한 아이가 죽는 것을 목격하기도 했다. 어느 날 아침 그녀는 뎀바를 찾아와 자신도 이 일을 돕고 싶다고 말했다. "큰아버지가 하시는 이 일은 정말 중요해요. 어떤 문제를 보고 마주쳤으면서도 할 수 있는 일이 아무것도 없다는 건 너무 절망스럽잖아요. 어쩌면 여자들은 오랫동안 이 일을 멈추고 싶었는지도 몰라요. 다만 해결책이 무엇인지, 어떻게 해야 하는지 몰랐던 거죠. 어린 소녀들이 고통을 겪고 있는데, 평화란 있을 수 없어요. 저도 큰아버지를 돕고 싶어요. 저는 이 전통을 끝낼 방법이 있을 거라고 믿어요. 그래서 이제부터 말하려고요. 저도 이제부터 제 목소리를 내야겠어요."

셰이흐, 두우수와 함께 더 많은 마을을 찾아다니며 몇 주를 보내고 보니, 뎀바는 각 마을을 한번 방문해서는 충분하지 않다는 생각이 들었다. 자신도 처음 그랬던 것처럼 정보를 받아들이고 스스로 주제에 대해 질문하려면 사람들에게도 시간이 필요했다. 그렇게 여정은 몇 주 더 늘어났다. 두 번, 때로는 세 번, 그렇게 마을을 찾아가는 횟수가 늘어날수록 사람들은 그의 말에 조금은 누그러지고 열린 태도를 보였고, 차츰 알려준 정보에 관해 토론하려 는 모습을 보이기도 하여 뎀바는 무척 기뻤다. 파잘Faajal이라는 마을에서는 한 젊은 남자가 뎀바와 셰이흐에게 이런 솔직한 얘기를 털어놓기도 했다. "우리 남자들도 전통을 그만두었으면 좋겠어요. 사실은 저희도 힘들거든요. 부인과 관계를 할 때 성적 만족감을 주고 싶지만, 그러려면 노력을 너무 많이 해야 해서 그냥 포기할 때가 많아요. 그런 이유로 우리 마을에는 할례 전통을 따르지 않는 부족에서 둘째 부인을 구해 결혼하는 남자들이 가끔 있어요."

약간의 변화가 보일 때도 있긴 했지만, 그 문제에 대한 사람들의 뜻이 너무나 완강해서 셰이흐는 자주 좌절감을 느꼈다. 하지만 뎀바는 대화가 자연스럽게 이루어질 때까지 인내심을 가지고 기다려야 한다고 충고했다. "설령 너는 정답이 뭔지, 무엇이 옳은 일인지 알고 있다 하더라고 사람들이 스스로 답을 찾을 수 있게 기다려줘야 해. 인간의 본성이란 원래 그런 것이라서 네가 사람들에게 그만두라고 강요하면 그들은 절대 그만두지 않을 거다."

뎀바는 이 일이 절대 포기할 수 없는 사명처럼 여겨졌다. 여자들이 천천히 마음을 열고 자신과 딸들이 겪으며 참고 있는 고통을 조금씩 이야기할수록 그는 이 일의 중요성에 대해 더욱 확신하게 되었다. 또한 그들 문화의 다른 문제점에 대한 이야기도 듣게 되었는데, 여덟 살밖에 되지 않은 어린 여자아이를 결혼시키는 조혼 풍습에 관한 것이었다. 그렇게 일찍 결혼하면 보통은 첫날밤을 치르기 위해 신부가 어느 정도 나이가 될 때까지 남편이 기다리긴 했지만, 뎀바는 신랑·신부를 억지로 떨어뜨려 놓는 것보다 애초에 그런 불씨를 없애는 편이 낫다고 생각했다.

2개월이 넘도록 길 위에서 지내던 어느 날 저녁, 뎀바, 두우수, 셰이흐는 코봉고이Kobongoy라는 작은 마을의 모닥불 앞에 앉아 있었다. 그곳에서 집까지는 몇 시간이나 떨어져 있었고, 남편, 아내, 아이들 얼굴을 본 지도 몇 주나 지나있었다. 셰이흐는 불안한 얼굴로 뎀바에게 물었다. "큰아버지의 원대한 목표는 무엇이죠? 저희가 궁극적으로 추구해야 하는 게 뭔지 알고 싶어요."

앉아서 한참을 생각에 잠겨있던 뎀바가 말했다. "지금 하는 일이 때로는 얼마나 낭패감을 주는지 나도 잘 안다. 우리 다리는 정말 힘들게 여기까지 걸어왔지. 하지만 나는 그저 집에서 편하게 차를 마시며, 다른 사람에게 뭔가 하라고 호통이나 치면서 앉아있을 수만은 없구나. 변화를 원한다면 일어나서 움직여야지. 암, 아무리 내 한 몸이 피곤하다 할지라도 일어나 나가야 한다. 그렇게 할 때만 원하는 것을 찾을 수 있게 신이 네게 힘을 주실 거다. 우리는 단순히 가족들에게 지식을 전달해주려고 이러는 게 아니야. 우리는 희망을 가져다주는 중이야."

꺼져가는 불꽃을 바라보는 뎀바의 눈 속에도 불길이 일렁였다. "내 원대한 목표가 뭐냐고? 내 바람은 내가 죽고 난 뒤, 언젠가 아이들이 여기 이렇게 둘러앉아 말하는 거지. '예전에 이렇게 해로운 전통이 있었는데, 다들 뭐가 좋은지 몰라서 그냥 따르던 적이 있었대. 그게 수천 년이나 이어졌다니 믿어져? 지금은 사라졌지만 말이야.' 너나 나 같은 사람이 있으니 언젠가는 그렇게 되겠지." 뎀바는 주름진 손을 뻗어 셰이흐의 무릎을 어루만졌다. "인생에도 다리가 있어서 계속 걸어간단다. 그런데 우리가 함께 걷지 않으면, 결국에는 뒤처지고 마는 거야. 우리, 멈추지 말고, 계속 한번 걸어가 보지 않으련?"

19

공개 선언

비랄 기 — Biral gi

템바가 처음 길을 나선 지 4개월이 지났을 무렵이었다. 그는 티에스로 난 길을 다시 걸어 정오가 조금 안 된 시각, 토스탄 사무실에 도착했다. 몹시도 지치고 피곤한 모습으로 문 앞에 서 있는 템바를 보고 몰리는 깜짝 놀랐다. 그가 입은 카프탄은 먼지투성이였고, 발목 주변의 밑단은 다 해져 있었으며, 너덜너덜해진 고무 샌들 밖으로는 때 묻고 다 갈라진 발가락이 삐죽 나와 있었다.

"그동안 내가 방문했던 마을 몇 곳을 같이 둘러보자고 청하려고 찾아왔어요. 내 가족들을 만나보지 않으시겠소?" 그는 몰리에게 말했다. "우리는 당신 얘기를 정말 많이 했어요. 당신이 늘 이 주제에 관심을 두고 염려한다는 사실을 모두 알고 있더군요. 그래서 당신에게 사람들을 직접 만나게 해줄 필요가 있다고 생각했어요.

그리고 또 무슨 일이 일어났는지 보여주고 싶기도 하고 말이오."

며칠 뒤, 몰리는 뎀바와 함께 그동안 그가 찾아다닌 마을 중 네 곳을 방문했다. 가는 곳마다 많은 사람이 몰려나와 악기를 연주하고 춤을 추면서 그들을 환대해 주었다. 그리고 마을 사람들은 지난 몇 달간 벌어진 일들, 처음 뎀바가 찾아와 이야기했을 때 대화 자체를 거부했던 일, 주민들끼리 모여 앉아 그 주제에 대해 며칠씩 여러모로 토론했던 일, 그리고 수많은 논쟁과 토의 끝에 더는 여자아이들에게 할례를 시키지 말자고 모두 함께 결정했던 과정에 대해 반복해서 들려주었다.

"사실이에요." 뎀바는 몰리에게 말했다. "그리고 내가 찾아간 열 개의 마을 모두에서 똑같은 일이 벌어지고 있어요. 우리는 모두 한마음이 되어 이런 결정을 내린 것이오."

몰리는 그 모든 광경을 눈으로 보면서도 믿기가 힘들었다. 이게 정말이라면, 이 열 곳의 마을 사람들이 진심으로 말하고 있는 거라면, 정말 많은 숫자—이곳 인구는 최소 8,000명이었다—의 세네갈 국민이 그 전통을 폐지하겠다고 말하는 거나 마찬가지였고, 수많은 여자아이가 그 혜택을 누리게 될 터였다.

그들은 네 번째 마을에서 저녁 식사를 한 뒤 조금 더 시간을 보냈다. 밤이 내리자, 몰리는 케르 심바라로 돌아가기 위해 깜깜하고 아무 표지도 없는 길을 따라 랜드크루저를 몰았다. 뎀바는 뒷자리에 앉아 어느 길로 가야 할지 방향만 알려줄 뿐 아무 말도 하지 않았다. 몰리는 그 침묵을 즐겼다. 세네갈 사람들은 이처럼 다른 사람과 한 공간에 있으면서 쓸데없는 농담이나 마음에도 없는 말을 수다스럽게 늘어놓지 않고 가만히 있어도 전혀 불편해하지 않았다. 그런 습성에 적응하기까지 시간이 좀 걸리긴 했지만, 지금은 그녀도 둘이 아무 말 없이 함께 있어도 아무렇지 않을 만큼 편해졌다. 하지만 케르 심바라에 점점 가까워지자 결국에는 궁금증을 참지 못하고 먼저 말을 걸었다.

"이게 정말 가능하다고 믿으세요? 사람들이 지금 하는 말을 모두 지킬까요?" 어둠 속에서 몰리가 물었다.

뎀바는 고개를 돌리고 그녀를 보면서 잠시 생각했다. "이 열 개마을 사람들이 진심으로 이런 말을 하고 있다는 걸 난 알고 있어요. 그리고 그 관행을 중단하겠다는 결심을 진짜로 지키리라는 것도 믿고요. 하지만 한 가족, 한 커뮤니티로서 우리 모두 한자리에 모여 우리의 결정을 소리 높여 말할 필요가 있겠다는 생각은 드는군요."

"무슨 말씀이세요?"

"우리의 결정을 공개적으로 발표할 필요가 있다는 뜻이오. 그렇게 하면 전통을 포기하겠다는 결정이 일부 사람, 특정 경우에만 해당되는 게 아니라고 모두가 확신하게 되지 않겠소? 모든 마을이 참석해 맹세를 지키겠다고 다짐할 필요가 있어요. 그렇게 하지 않으면, 딸에게 할례를 시키지 않은 사람들은 전통을 지키지 않은 사람이 자기들뿐이면 어쩌나, 딸의 마땅한 혼처를 구하지 못하는 건 아닐까 계속 두려움에 떨게 될 거예요."

어린 시절 어머니 앤은 다이안과 몰리에게 알베르트 슈바이처 Albert Schweitzer의 이야기를 자주 읽어주곤 했다. 독일계 의사였던 슈바이처는 서아프리카에 병원을 설립하고 아픈 사람들을 치료해 주어 1952년 노벨평화상을 수상한 인물이었다. 1998년 2월 14일, 디아부구 마을로 차를 운전하면서 몰리는 그 이야기를 떠올렸고, 어머니가 읽어주었던 아프리카 마을에 대한 묘사를 떠올렸다. 당시 여덟 살이었던 몰리에게 이야기 속 마을은 너무 먼 곳이라 마법 속에나 존재할 것 같은 신비한 공간처럼 느껴졌었다. 그런데 지금 그녀는 그런 곳으로 가고 있었다.

뎀바의 추천에 따라 열 개의 마을 사람들이 모두 모일 회합의 장소는 디아부구로 정해졌다. 마을 중앙에는 멀구슬나무 한 그루가 우뚝 서 있었는데, 몰리가 지금껏 본 멀구슬나무 중 가장 굵고 잎도 무성했다. 광장을 중심으로 여러 개의 길이 수레바퀴 살처럼 사방으로 뻗어 야자수 잎으로 만든 오두막들로 이어져 있었다. 몰리는 차에서 내리며 상쾌한 아침 공기를 들이마셨다. 화려한 색상의 '부부'를 입고 머리에 스카프를 두른 여자들 무리가 북소리에 맞춰 춤을 추며 그녀를 맞았다. 디아부구의 밤바라족은 워낙 신명 나게 춤을 추기로 유명하기도 했지만, 그날의 소리와 광경은 숨이 멎을 만큼 더욱 근사했다.

케르 심바라, 말리쿤다 밤바라, 응게리 밤바라 마을의 주민들까지 합류해 그 자리에는 수백 명의 사람이 모여 있었다. 머리를 복잡한 모양으로 땋고 각자 가장 좋은 옷을 입은 여자아이 수십 명이 사람들 속에서 춤을 추었고, 여자 어른들은 손님을 맞아 자리를 안내하거나 그늘이 있는 시원한 곳에 식수가 담긴 커다란 통을 가져다 놓으며 바쁘게 움직이고 있었다. 말리쿤다 밤바라와 응게리 밤바라의 토스탄 참가자들은 특별 손님으로 초대를 받은 터라, 몰리는 나무 아래 마련된 의자에 먼저 자리를 잡고 앉아 마이무나, 케르띠오, 우레이 등이 도착하기를 기다렸다. 하지만 자리에 앉자마자 여자들이 몰려와 함께 춤을 추자며 팔을 끌어당겼다. 몰리는 단순히 몸만 움직이는 게 아니라 영혼까지 움직여 춤을 추는 듯한 아프리카 사람들의 춤사위를 사랑했고, 평소에도 함께 춤추기를 좋아했다. 그녀는 사람들에 둘러싸여 물 흐르듯 부드럽게 몸을 흔들었고, 그녀의 '부부'도 바람을 안고 함께 춤을 추었다. 드디어 촌장이 손을 들어 올리자, 순간 좌중이 조용해졌다. 음악이 멎고, 모두 촌장의 눈길이 향한 곳을 따라 고개를 돌렸다. 그곳에는 우레이와 함께 말리쿤다 밤바라의 토스탄 참가 여성들이 광장을 향해 당당하게 걸어오고 있었다. 촌장이 나가 그들을 맞았다.

"여러분은 선구자입니다. 우리가 나갈 길을 밝혀줬어요. 오늘 우리가 이 자리에 모인 것도 모두 여러분 덕분입니다. 모두 자리에서 일어나 이분들에게 경의를 표합시다." 서늘한 2월 아침, 자리에 모인 수백 명의 사람이 일제히 일어나 박수갈채를 보냈다.

★

그날 하루는 길었다. 사람들은 차례로 전통과 관련된 자신의 경험담을 말했고, 전통으로 인해 벌어진 문제를 목격했던 일들을 용감하게 털어놓았다. 회의가 시작된 지 몇 시간이 지났을 때 몰리는 마을 주민들끼리 충분히 토론할 수 있게 자리를 피해 주기로 했다.

늦은 밤 몰리는 마을에서 차로 40분 정도 떨어진 호텔 방의 모기장 아래 누웠지만, 쉽게 잠을 이룰 수가 없었다. 얇은 침대 매트리스에 누워서도 머릿속에서는 계속 북소리가 둥둥 울리는 듯했다. 지금 디아부구에서 열리고 있는 회의에서 정확히 어떤 결론이 나올지 알 수 없었지만, 결과에 상관없이 지금 정말 엄청난 일이 벌어지고 있다는 사실은 충분히 감지할 수 있었다.

이 열 개의 마을이 공동으로 그리고 공개적으로 전통을 끝내겠다고 결정한다면, 이번 결정으로 여성 성기 절제 풍습이 끝나고 수천 명의 여자아이가 평생 겪을 건강 문제와 불필요한 고통에서 해방된다면, 이제 자신과 토스탄은 무엇을 해야만 할까? 이 모든 일이 토스탄으로 인해 생긴 일인데, 그 이후의 일에 대해 그녀는 아무런 준비도 되어있지 않았다. 이런 움직임이 좀 더 발전하면 사회 관계망을 따라 세네갈 전역의 수천까지는 아니더라도, 수백 개의 다른 마을로 퍼질 것이고, 풍습이 남아있는 다른 나라들로도 이어질 수 있었다. 결국 토스탄은 직원 수도 많지 않고, 일 년 예산도 고작해야 30만 달러 정도밖에 되지 않는 작은 단체였다. 앞으로 어떻게 대처해야 할지 당장은 알지 못했지만, 디아부구의 주민들이 그 풍습을 중단하겠다고 선언하면 그녀는 어떻게든 방법을 찾아야만 했다.

몰리는 잠시라도 눈을 붙이려던 생각은 접고 재빨리 옷을 입기 시작했다. 그리고 뎀바와 우레이를 만나 13개의 마을 대표들이 어떤 결정을 내렸는지 확인하기 위해 가로등도 없는 길을 달려 마을로 차를 몰았다. 그녀가 마을에 도착했을 때는 새벽 4시가 가까운 시각이었는데도 멀구슬나무 아래에는 아직도 많은 사람이 모여 있었다. 그녀는 다른 마을에서 온 손님들 숙소로 사용 중인 교실로 갔다. 바닥 여기저기에 매트리스가 깔린 그곳에서 뎀바와 우레이를 만났다. 두 사람의 몸에서는 아직도 모닥불의 연기 냄새가 희미하게 남아있었다.

"궁금해서 가만히 있을 수가 없었어요. 회의는 어떻게 됐어요?" 몰리가 물었다.

"모두가 뜻을 모았어요." 월로프어로 쓴 글이 적힌 종이를 내밀며 뎀바가 말했다. "내용은 이 글에 다 적혀있어요."

종이를 받아 자리에 앉은 몰리는 탁자 위에 놓인 흐릿한 가스등 불빛 아래 눈에 잔뜩 힘을 주고 글을 읽기 시작했다. 그리고 서너 번 글을 반복해서 읽은 후에는 그 글을 프랑스어로 번역하기 시작했다. 약 두 시간에 걸쳐 번역을 모두 마친 뒤, 여러 명에게 글을 보여주어 단어 하나하나가 맞게 쓰였는지 확인도 했다. 다음 날 아침, 몰리와 다른 사람들 모두 몹시 피곤한 상태로 그렇게 번역문을 완성했을 즈음, 기자, 유니세프 직원, 중앙 정부를 대표해서 내려온 사람들, 지방 공무원 등이 속속 디아부구에 도착하기 시작했다. 모두 주말 동안 마을에서 벌어진 소식을 듣고 모여든 것이었다. 성명서는 뎀바의 조카딸이 읽기로 했다. 사람들 앞에 당당하게 선 그녀의 목소리가 마이크를 통해 마을 전체로 울려 퍼졌다.

"13개 마을에 거주하는 8,000여 명의 주민들을 대신하여 우리 50인의 대표는 그동안 지역사회에서 '전통'이라 불리던 관행을 중단하기로 굳게 서약했습니다. 그리고 여전히 관행을 따르고 있는 여러 마을과 다른 지역사회에 우리의 지식과 이런 결정의 정신을 널리 퍼트리기로 굳게 다짐했음을 선언하는 바입니다. 우리는 이 자리를 빌려 말리쿤다 밤바라, 운구에린 밤바라, 그리고 케르 심바라의 여성분들에게 깊은 감사와 고마움의 마음을 전하고자 합니다. 그들은 어려운 상황에서도 앞장서서 정부와 다른 지역사회가 함께 나아가야 할 길을 알려주었고, 소녀와 여자들이 더 이상 할례의 위험에 내몰리지 않도록 헌신의 노력을 기울였습니다. 오늘 이곳 디아부구에서 우리가 만나게 된 것도 이 여성들의 용기 있는 결심 덕분이었습니다."

디아부구 선언의 소식은 언론과 사람들의 입을 통해 세네갈 전역으로 빠르게 퍼져나갔다. 그리고 4개월 뒤인 1998년 6월 2일에는 토스탄이 프로그램을 진행하던 18개 마을 역시 콜다Kolda 지역 메디나 쉐리프Medina Cherif 마을에서 공동 선언문을 발표하면서 이 흐름에 합류했다.

당시 미국 영부인이었던 힐러리 로드햄 클린턴Hillary Rodham Clinton은 이 소식을 접한 후부터 토스탄의 행보를 관심 있게 지켜보고 있었다. 1년 전인 1997년, 클린턴 여사가 세네갈을 공식 방문했을 때, 미국 대사의 요청으로 몰리는 영부인과 동행해 샴 은자이 마을을 방문한 일이 있었다. 그 마을은 몰리가 떠난 지 12년이라는 시간이 흘렀어도 여전히 잘 운영되며 번성하고 있었다. 그때 인연을 계기로 몰리는 영부인에게 편지를 써 세네갈에서 벌어지고 있는 놀라운 사건들에 대해 알렸고, 토스탄의 활동을 지지하고 응원하겠다는 내용의 답장도 받았다. 그런 일이 있고 얼마 후, 영부인이 이번에는 빌 클린턴Bill Clinton 대통령과 함께 세네갈을 방문할 계획이라며 용기 있는 결정을 이끌어낸 사람들을 직접 만나 축하하는 자리를 마련하고 싶다고 연락해왔다.

간담회는 대통령 내외가 묵고 있던 다카르의 르메르디앙 프레지던트 호텔에서 진행되었다. 마이무나, 케르띠오, 우레이, 뎀바 등이 이 자리에 참석하기 위해 버스를 타고 몇 시간이나 달려왔고, 클린턴 여사는 이들을 처음 만난 자리에서 이렇게 말했다. "여성과 남성이 함께 힘을 합쳐 오랫동안 중요하게 여겨진 관습에 반기를 들고 투쟁한다는 건 분명 쉽지 않은 일이었을 거예요." 그런 후, 영부인은 클린턴 대통령의 주도 아래 인권에 대한 논의가 한창 이뤄지고 있던 원탁으로 사람들을 안내했다. 대통령은 그곳에 모인 사람들에게 이들이야말로 보통 사람들의 눈높이에서 인권 운동을 벌인, 만인의 귀감이 될 만한 활동가들이라고 소개했다. 그로부터 얼마 후 클린턴 대통령은 워싱턴 DC에서 열린 1999년도 민족민주협의회National Democratic Institute 만찬 행사에서도 이때의 일을 또 한 번 언급했다. "세네갈에서 한 간담회장에 들어갔을 때, 현지 여성 인권 활동가들 모두가 남성 후원자분들과 함께 다가오시더군요. 그때 정말로 온몸에 전율이 흐르는 기분이었어요. 우리 국민 모두가 그 모습을 봤더라면 정말 좋았겠다고 생각했습니다."

클린턴 부부의 방문뿐 아니라 대통령의 이런 발언은 몇몇 일간지에 대대적으로 보도되었고, 기사가 나간 직후 전국에서 쉴 새 없이 걸려오는 전화에 응대하느라 몰리는 바쁜 며칠을 보내야 했다. 말리쿤다 밤바라의 공개 선언 때와는 무척 다른 반응이었다. 사람들은 토스탄의 노력이 드디어 결실을 이루기 시작했다며 축하해

주었고, 이런 놀라운 결정을 세상에 공개하겠다고 나선 사람들이 무척 많다는데 놀라움을 표하기도 했다.

토스탄의 노력이 인정받을수록 몰리는 토스탄 활동에 더욱 열중했고, 강박적이라고 할 정도로 일에만 몰입했다. 한편, 이 무렵 세계 보건 기구에서 발표한 새로운 소식을 접하고 몰리는 여성 할례 문제의 규모가 훨씬 더 심각하다는 사실도 알게 됐다. 이전까지 세계 보건 기구에서는 아프리카에서 할례를 받는 소녀들의 숫자가 한해 2백만 명 정도라고 보도했었지만, 사실 이 수치는 너무 적게 추산된 것이고 실제로는 3백만 명에 육박하는 더 많은 아이가 할례를 당하고 있다는 깜짝 놀랄만한 사실이 연구조사를 통해 밝혀졌다.

"미친 듯이 일만 했는데도 할 일이 너무 많았어요. 한편, 가진 돈이 워낙 적다 보니 재정 상태는 늘 불안했고요. 그때 기금을 더 얻으려고 여기저기 엄청나게 찾아다녔었죠. 시간을 토스탄 업무에 몽땅 쏟아붓다 보니 인생의 다른 부분은 모두 포기해야만 했어요. 그중 한 가지가 조에에게 좀 더 좋은 엄마가 되어주지 못했던 것이고요. 조에도 사는 일이 늘 수월하지만은 않았을 거예요." 몰리는 당시를 회상하며 말했다.

이때 몰리는 티에스에 있었지만, 열세 살이 된 조에는 다카르의 엄마 친구 가족들과 함께 살면서 이중 언어를 사용하는 학교에 다니고 있었다. 선택했다기보다는 어쩔 수 없는 상황에 의해 조에는 어디서든 적응을 잘하는 독립심 강한 아이로 성장해 나갔다. 그리고 다음 해에는 다카르를 떠나 미국에서 지내기로 하고, 보스턴 인근의 학교에 입학하여 또 다른 엄마 친구의 가족과 함께 생활했다.

조에는 미국 생활이 즐거우면서도 소속감을 느끼지 못해 늘 애를 먹었고, 미국 문화의 어떤 면은 잘 이해가 되지 않을 때도 있었다. 단적인 예로 여자들 대부분이 날씬한 몸매에 대해 압박감을 느끼고, 다이어트를 하다가 건강까지 상하는 모습을 보면서 미국인들은 몸과 외모에 너무 치중한다는 생각을 했다. "고등학교 때 정말 많은 일을 겪었거든요. 엄마가 항상 저를 사랑하고 응원한다는건 알고 있었지만, 엄마의 삶이 일을 중심으로 돌아간다는 불만은 어쩔 수 없이 가지고 있었던 것 같아요. 지금은 그런 엄마를 이해하고 고맙게 생각하지만, 늘 그렇게 생각하진 못했어요. 엄마는 자주 집을 비웠고, 저녁이든 주말이든 함께 있을 때도 늘 일을 하고 계셨거든요. 대화 주제는 늘 토스탄에 관한 것이었고, 엄마의 친구분들도 모두 토스탄과 관련이 있었고요. 우리 집엔 항상 손님이 많았는데, 그 손님들도 모두 토스탄 때문에 온 사람들이었고요. 엄마의 개인 생활과 일이 분리된 적은 한 번도 없었던 것 같아요. 어떻게 그렇게 하시는지 저도 잘 모르겠어요. 감정 소모도 엄청날 텐데 말이에요. 엄마는 일 때문에 숨을 쉬고, 일 때문에 사시는 분이에요. 어쩌면 엄마는 일 그 자체가 아닐까 싶어요."

엄마와 토스탄 책임자의 역할 사이에서 균형을 잡는 일은 몰리가 평생 해결하지 못한 숙제 같은 것이었다. 그 당시 그녀는 많은 심리적 갈등을 겪으면서도 결국에는 늘 뭔가를 희생할 수밖에 없는 상황이었다. 몰리는 드디어 토스탄이 여성 성기 절제 관행 폐지를 널리 확산시킬 방법을 알아냈다고 여겨 가능한 많은 시골 지역에서 교육 프로그램을 운영해야겠다고 결심했다. 그리고 이 일에 관심이 있는 다른 단체와 사람들도 토스탄의 노력을 인정하고 지원해주길 바랐지만, 실제로는 그런 경우가 거의 없어 실망하고 좌절하기도 했다. 관행을 주제로 한 컨퍼런스에 토스탄은 초대조차 받지 못했고, 소규모 단체들끼리 진행되는 회의에서도 디아부구의 공동 선언이나 토스탄 활동 등은 전혀 언급되지 않았다.

어쩌다 컨퍼런스에서 발표할 기회가 생겨 토스탄의 접근 방식을 소개해도, 사람들은 토스탄 직원이 마을을 방문해서 주민들에게 관행을 그만 두라고 말한 하루짜리 단발성 이벤트로 공개선언식이 열린 게 아니냐며, 회의적인 반응을 보이기 일쑤였다. 그런 결정을 얻기까지 토스탄이 3년간 교육 프로그램을 진행했고, 여러 달에 걸쳐 서로 연결된 마을들로 지원 활동을 벌이며 다녔다는 사실을 온전히 받아들이려 하지 않았다. 몰리는 관행을 폐지하기 위한 방안에 대해 다른 발표자들이 하는 이야기에도 귀 기울였다. 한 발표자는 여성 성기 절제 관행을 금지하는 법 제정과 강력한 시행이 중요하다고 강조하면서 시술하는 사람을 주민들이 경찰에 신고하도록 장려해야한다고 말했다. 또 다른 발표자는 전통 시술자를 대상으로 3일 동안 세미나를 열어야 한다고 주장했다. 그래서 세미나 기간에 할례 시술을 대체할 만한 다른 수입원을 제공해주고, 세미나 마지막 날에는 시술자들이 그동안 사용했던 칼을 모조리 땅에 묻는 의식을 하면서 향후 시술 중단을 선언한다는 것이었다. 그리고 다른 프로젝트를 시도할 수 있도록 세미나 수료증과 기금을 지원해준다는 설명이었다. 또 어떤 사람은 지역사회를 찾아다니며 회의를 주최하자고 제안했다. 그러면서 관행에 반대하는 유명 활동가들이 여성의 생식기관을 본뜬 커다란 플라스틱 모형을 보여주면서 여성 할례의 시술 방식과 시술로 인한 결과를 설명해주어 관행을 중지하도록 촉구하자는 내용이었다.

몰리는 너무나 근시안적인 시각으로 접근하는 이런 방식들에 도저히 찬성할 수가 없었다. 이웃들에게 서로를 신고하라고 부추기는 것은 지역 사회 분열을 조장하는 일이었고, 시술하지 않는 대가로 시술자에게 돈을 주는 것 역시 수요를 조절하는 데 아무런 효력이 없으리라 생각했다. 시술하지 않겠다는 약속을 정말로 지키는 사람도 있겠지만 또 누군가는 시술을 계속 할 터였고, 시술을 해줄 사람을 찾아 사람들은 국경을 넘어갈 수도 있었다. 그런데 그 중에서도 사람들을 가장 괴롭게 할 방법은—그리고 더 나아가 몰리까지도—충격과 수치심을 통해 변화를 불러오려는 방식이었다. 시술을 받은 여자들과 전통을 공개적으로 비난하면서 붉은 피가 낭자한 포스터와 "이제 그만!"하는 식의 라디오, 텔레비전 메시지는 여자들을 방어적으로 만들 게 뻔했다. 각 가정이 각자의 의지로 관행을 그만두게 하지 못하고, 사회 안에 현존하는 역학구조를 고려하지 않는 전략은 그 어떤 것도 실패할 수밖에 없었다.

또한 중요한 것은 전략뿐만이 아니었다. 용어의 선택도 무척 큰 영향을 미쳤다. 그동안 이 관행을 가리키기 위해 사용되는 용어도 시대에 따라 몇 번의 중요한 진화를 겪어왔다. 관행이 진행 중인 지역 너머에서 처음 대중의 관심이 쏠리기 시작했을 때, 사람들은 그것을 주로 "여성 할례"라고 불렀다. 하지만 이 단어에는 결함이 있다는 사실이 금세 드러났는데, 남성 할례와 유사한 목적으로 행해진다는 부정확한 인식을 갖게 했기 때문이었다. 사실 남성 할례는 여성 성기 절제와는 다르게 때로는 의료의 목적, 다시 말해 에이즈 바이러스인 HIV 감염을 막기 위해 행해지기도 했다. 그래서 좀 더 정확한 의미 전달을 위해 활동가와 NGO들은 "여성 성기 훼손female genital mutilation" 즉, FGM이라는 용어를 사용하기 시작했다. 이 관행이 성 불평등에 깊이 뿌리를 박고 있고, 심각한 신체적·사회적 결과를 초래한다는 사실을 더욱 분명하게 반영한 용어로, 1970년대 후반부터 사용되기 시작했다. 그러다가 1990년, '여성 및 아동의 건강에 영향을 미치는 전통 관습에 관한 아프리카 국가 간 위원회Inter-African Committee on Traditional Practices Affecting the Health of Women and Children'가 아디스 아바바Addis Ababa에서 세 번째 컨퍼런스를 개최하며 이 용어를 채택하였고, 그다음 해 세계 보건 기구 역시 국제 연합에서 여성 성기 훼손이라는 용어를 채택하도록 추천—이 용어가 남성 할례와 언어적으로 뚜렷이 구별되며, 행위의 폐해와 심각성을 강조한다는 뜻에서—하여 이후로는 주로 이 용어가 사용되었다.

하지만 아프리카 현지 사람들 입장에서는 "여성 성기 훼손"이라는 용어와 함께 사용되는 대부분의 표현—그 관행을 "야만적"이고 "미개"하다고 말하고, 마치 고문의 일종인 것처럼 언급하면서—에 여전히 문제가 있다고 여겨졌다. 그들은 절대 자기 딸의 "신체를 훼손"하거나 고의로 해악을 끼치려고 전통을 지키는 것이 아니었기에 이런 표현을 듣기만 해도 불쾌해했다. 몰리도 초기에는 "여성 성기 훼손"이라는 말을 사용했었지만, 이후 뎀바, 우레이, 마이무나의 요청을 받은 후로는 비판적인 의미가 조금 덜한 "여성 성기절제female genital cutting"라는 용어를 선호하게 됐다. 뎀바는 디아부구 선언을 하고 몇 달이 지난 후에도 수백 곳의 마을을 돌며 사회동원 노력을 계속해오고 있었다. 그는 친척들을 찾아가 현재 진행중인 인권운동에 대해 알려주고, 스스로 공개 선언을 할 수 있도록 힘을 북돋아 주었다. 그런 과정에서 뎀바는 어떤 주관적 판단을 함축한 표현들, 가령 "훼손"이나 "야만적" 같은 말은 사용하기만 해도 대화를 중단시키는 느낌을 받았다고 몰리에게 얘기했다.

용어 선택은 무척 까다로운 사안으로 몰리는 이 주제 때문에 꽤 오랫동안 골머리를 앓기도 했다. 몇몇 단체 대표들은 여성 성기절제라는 용어는 문제의 원인을 희석시켜 상황의 심각성을 드러내는데 적당하지 않다며 이 용어 사용을 반대하는 사람도 있었다. 하지만 몰리는 그들의 생각에 동의하지 않았다. "어떤 주제든 사람들에게 섣불리 판단하게 하고 충격을 받게 만들면 또 다른 관점에서 주제를 바라보고 시각을 바꾸는 데 거의 효과가 없다는 사실이 여러 사례에서 드러났어요." 그녀는 주장했다. 그리고 이 경우만큼은 마을 사람들의 뜻을 따라야 한다는 것을 몰리는 직감적으로 알 수 있었다.

이 문제를 접할 때마다 그녀는 어렸을 때 즐겨 읽던 동화책의 줄거리를 떠올렸다. 그 이야기는 해와 바람이 서로 힘자랑을 하다가 길을 걷고 있는 한 남자의 외투를 먼저 벗기는 내기를 한다는 내용이었다.

"난 저 남자의 코트를 너보다 빨리 벗길 수 있어. 자신 있다고." 바람이 해에게 말했다.

"어디 한번 해봐. 나도 지지 않을 테니." 해가 대꾸했다.

바람은 남자가 입은 외투를 날려버리기 위해 온 힘을 다해 입김을 불어댔지만, 그럴수록 남자는 외투 깃을 더욱 단단히 여밀 뿐이었다.

"이번에는 내가 해보지." 세차게 몰아치느라 기운이 다 빠진 바람을 지켜보던 해가 웃으며 말했다. 해는 남자를 향해 따뜻한 볕을 부드럽게 비춰주었다. 그러자 남자는 여몄던 옷깃을 풀어헤치고 기분 좋게 외투까지 벗으며 따스한 햇볕을 즐겼다.

20

―――――

경험에서 이론까지

제프, 끼스투 ― Jëf, Gëstu

디아부구 선언이 일어난 지 4개월이 지난 1998년 6월의 어느 날, 영국 옥스퍼드대학Oxford University에서 주니어 연구원으로 일하고 있던 마흔여덟 살의 게리 맥키Gary Mackie는 조용한 강의실에 앉아 시험 감독을 보고 있었다. 너무 지루했던 그는 시간을 때우기 위해 교탁 밑에 《인터내셔널 헤럴드 트리뷴International Herald Tribune》지 한 부를 숨겨놓고 이리저리 뒤적이며 읽던 중이었다. 그러다가 신문 마지막 장에서 세네갈의 여성 성기 절제 관행에 관한 기사 하나를 발견하고 숨죽인 채 읽어 내려갔다. "격분에 찬 논쟁과 (중략) 성기 절제는 어린 소녀들의 권리를 침해하는 행위임에도 불구하고, 그동안은 서양의 간곡한 권고가 아프리카 내에서 전혀 효력을 발휘하지 못했었다. 도리어 아프리카 현지인들은 방어 자세를 취하며 적개심을 드러내는 경우가 많았다. (중략) 하지만 이제, 총인구 겨우 8백만에 불과한 서아프리카의 작은 나라, 세네갈에서 한 교육 프로그램이 극적인 성공을 거두게 되었다." 이 기사를 쓴 비비안 월트Vivian Walt라는 기자는 토스탄의 활동과 말리쿤다 밤바라 여성들의 선구자적 노력, 그리고 디아부구에서 열린 공개 선언에 대해서도 상세히 소개하고 있었다. 남은 시험시간 동안, 게리는 그 기사를 두 번 세 번 다시 읽으며 처음에는 너무 놀라 얼떨떨했다가 잠시 후엔 마구 솟아오르는 흥분을 주체할 수 없는 기분이 되었다. 시험이 끝나자마자, 그는 세인트 자일스 거리로 달려 나가 우거진 플라타너스 아래에서 말 그대로 펄쩍펄쩍 뛰었다.

그날 밤 그는 몰리에게 편지를 썼다. 그는 편지에 자신이 2년 전《아메리칸 소셜로지컬 리뷰American Sociological Review》라는 학술지에 논문 하나를 발표했으며, 이 논문은 여성 성기 절제가 한 세대에서 끝날 수도 있다는 내용을 가정하여 쓴 것이라고 설명했다. 그리고 토스탄이 하는 활동이 그 이론을 실제에 그대로 적용한 것 같았다고 썼다.

게리는 논문에서 여성 성기 절제 관행을 중국의 일반적 풍습이었던 전족과 비교했다. 전족은 10세기경 중국에서 시작되어 약 천 년 동안 이어졌으며, 여성 성기 절제처럼 결혼을 잘하고 집안의 명예를 높이기 위해 반드시 거쳐야 하는 통과의례로 여겨졌다. 일반적으로 여자아이가 여섯 살에서 여덟 살 정도의 나이가 되면 발가락을 발바닥을 향해 구부리거나 부러뜨려 작게 만든 다음, 그 모양 그대로 자라지 못하게 헝겊으로 꽁꽁 싸매어 고정했는데, 이상적인 발 길이는 4인치* 정도였다고 전해졌다. 그 과정이 무척 고통스러웠기 때문에 이후 아이는 어딘가에 기대지 않고는 걷기조차 힘들었고, 어쩔 수 없이 집안에만 있어야 했다. 그 관행으로 아이들은 종종 세균 감염, 궤양, 괴저, 마비로 고생했고, 심하면 죽는 경우도 있었다. 여성 성기 절제 관행처럼 전족 역시 여성들의 전통으로 여겨졌으며, 그런 전통을 옹호하고 존속시킨 사람도 주로 여자들이었다.

이 위험한 전통을 종식시키기 위해 수많은 단체가 선의를 가지고 노력했지만, 워낙 중국 문화 속에 깊숙이 자리 잡은 풍습인 데다 어린 소녀의 미래에 전적으로 중요하다는 인식이 강해 여러 세대가 지나도 쉽게 사라지지 않으리라 여겨졌었다.

아치볼드 리틀Archibald Little 부인이 이 일에 관여하기 전까지는 모두 그렇게 믿었다.

1845년 영국에서 태어난 알리시아 비위크Alicia Bewicke는 1887년 아치볼드 리틀과 결혼한 뒤 중국에 정착했다. 그녀의 남편, 아치볼드 리틀은 중국 남중부 충칭Chongqing에 사는 성공한 사업가였다. 리틀 부인은 많은 외국인 부인들과는 다르게 중국어를 공부하고 사람들에게 영어를 가르쳤으며, 외국인들은 거의 가지 않는 대륙 내부 시골 마을까지 두루 여행했다. 평소 전족 풍습에 관심이 많았던 그녀는 전족 때문에 아이들이 겪는 고통과 이후 생기는 문

---

* 약 10cm

제들에 대해 듣고서도 많은 유럽인처럼 그들을 도덕적으로 비난하지 않았다. 오히려 이해하려고 노력했다. 그녀는 전족 풍습을 지키는 사람들과 대화를 나누면서 딸의 발을 묶어주기로 한 어머니의 결정이 사랑에서 비롯된 행위임을 깨달았다. 딸이 미덕을 갖춘 신붓감으로 인정받고 가문 역시 존중받으려면, 그래서 장차 적절한 혼처를 구하려면 어쩔 수 없는 선택이라고 이해했다. 또한 리틀부인은 여성들을 설득하여 개혁을 이루려 했으나 성공하지 못한 과거의 여러 시도 방법에 대해서도 조사했다.

그러던 어느 날, 여행 도중 그녀는 놀라운 광경을 목격하게 되었다. 한 소도시에 도착했을 때, 여러 명의 여자가 뛰어나와 자신을 맞이하는 것이 아닌가. 대부분의 여자가 작은 발 때문에 뒤뚱거리며 걸어 다녔기 때문에 중국에서 이런 모습을 본 것은 처음이었다. 딸의 발을 묶어주지 않은 이유를 부모들에게 물었더니, 전족하지 않은 일부 사람만 피해를 보지 않도록 마을 전체가 다 같이 풍습을 폐지하기로 했다고 말했다. 그 일을 계기로 리틀 부인은 전족 풍습을 폐지하려면 한 개인의 결정보다는 반드시 '집단으로 이루어진' 포기가 필요하다는 사실을 깨달았다. 그리고 이 전략이 여러 마을에서 되풀이된다면 대규모 변화도 가능하리라 믿었다.

그녀는 본격적으로 개혁 운동에 참여하기 시작했고, 근대적인 교육 캠페인을 통해 세 가지 목표를 이루기 위해 노력했다. 첫 번째는 다른 나라 여자들은 전족을 하지 않는다는 사실을 중국 여자들에게 알려주는 일이었고, 두 번째는 자연스러운 발에는 어떤 장점이 있는지, 전족했을 경우에는 어떤 단점이 있는지 중국 문화의 관점에서 알려주는 일이었다. 그리고 마지막으로 마을 주민들이 딸의 발을 묶지 않을 것이며 아들에게 전족한 여인과 결혼하도록 강요하지 않겠다는 내용을 공개적으로 선언하게 하여, 전족을 포기한 사람들끼리 공동체를 형성하도록 했다. 여기서 맹세를 통한 연대에는 특히 중요한 의미가 담겨있었다.

이 캠페인의 핵심에는 경제학자 토머스 셸링Thomas Schelling이 주창한 게임 이론의 암묵적 합의라는 중요한 개념이 자리 잡고 있다고 맥키는 지적했다. 이 이론을 전족에 적용해 보면, 여러 가족의 결정에는 상호의존성이 존재한다는 근본적인 통찰이 가능했다. 즉, 한 가족이 선택하려는 결정은 다른 가족들이 선택한 결정에 의존하고 영향을 받는다는 뜻이었다. 다시 말하면, 서로 결혼을 하는 그룹 내에서 결혼 능력과 큰 연관이 있는 관습을 지키는 어떤 가족은, 그룹 내의 충분히 많은 다른 가족들이 똑같이 관습을 포기하지 않는다면 그들 역시 관습을 포기할 수 없었다. 이 설명은 뎀바 디아와라가 직관적으로 이해했던 것과 같은 내용이었다. 한 지역사회 내의 모든 가족이 관습이 잘못됐고 바람직하지 않다고 느낀다고 하더라도 집단적이고 공개적인 선언이 수반되지 않는다면 관습은 끝나지 않을 가능성이 컸다. 한 가족이 단독으로 관습을 포기하는 것은 곧 딸의 미래를 망치는 결과로 이어졌기 때문이었다.

1895년 리틀 부인은 중국에서 내추럴 풋 소사이어티Natural Foot Society라는 협회를 창단하고 초대 회장을 맡았다. 이와 동시에 개혁을 요구하는 중국 내부의 요구도 커지면서 현지인이 조직한 단체들도 우후죽순처럼 생겨났고, 이들은 리틀 부인이 고안해낸 캠페인 방식을 적극 활용했다. 이런 노력이 촉매 작용을 일으키면서 개혁 운동은 들불처럼 번져나갔다. 1907년을 기점으로 중국인 대부분이 전족에 반대하는 입장을 보이기 시작했으며, 1911년에는 정말 이례적으로 동부 연안 지역에 거주하는 중국인 대부분이 관행을 중단한 것으로 알려졌다. 내추럴 풋 소사이어티가 설립된 지 겨우 16년 만의 일이었다.

게리 맥키는 논문 마지막을 이렇게 마무리했다. 여성 성기 절제 풍습이 유지되고 있는 서로 연관이 깊은 지역사회 내에서, 서약을 통해 중국과 유사한 유대 관계를 형성할 수 있다면, 이 관행 역시 빠르게 종식되리라는 주장이었다.

게리의 편지는 5일 뒤 티에스의 토스탄 사무실에 도착했다. 몰리는 함께 온 논문과 함께 편지를 읽자마자, 거의 "좋아서 미칠(스스로 이렇게 표현했다)" 것 같은 기분으로 즉시 그에게 답장을 썼다.

게리도 그녀의 편지를 받고 똑같이 흥분했다. "1996년에 논문을 출판한 뒤, 여성 성기 절제 관행에 관심이 있을 법한 사람과 기자들에게 보낸 편지가 스무 통도 넘을 거예요. 하지만 답이 온 적은 한 번도 없었어요." 이후 몇 주 동안 몰리와 게리는 편지, 팩스, 전화로 자주 의견을 주고받았다. 그리고 마침내 두 사람은 토스탄의 경험과 그의 이론을 통합시킬 방법을 논의하기 위해 파리에서 만나기로 했다. 프랑스에 있는 동안 몰리는 게리가 설명하고 제안한 이론이 앞으로의 토스탄 활동에 중요한 실마리가 되리라는 것을 쉬이 짐작할 수 있었다.

"중국에서 일어났던 일은 세네갈 전역의 마을에서 일어나고 있는 일들과 놀랄 정도로 비슷했어요. 저는 게리의 이론에서 운동이 일어나게 된 원인을 이해하고 설명할 방법을 찾게 됐죠." 몰리가 말했다. 특히 그는 공개 선언이 왜 그렇게 결정적이고 중요한 일인지 몰리에게 알려주었는데, 공개 선언은 그룹 내 이해관계에 있는 모든 사람의 기대와 요구가 변화했음을 드러내는 장치적인 역할을 한다는 게 그의 설명이었다.

게리가 현재 세네갈 상황에 큰 관심을 드러내는 것도 바람직하긴 했지만, 무엇보다 (더구나 옥스퍼드대학 연구원인) 그의 이론이 이런 현상에 과학적 신빙성을 부여해 준다는 건 정말 결정적인 일이 아닐 수 없었다. 만약 그의 이론을 통해 세 차례의 공개 선언—현장에서 보내온 보고에 따르면 다른 여러 마을도 언제라도 공개 선언을 결정할 만큼 준비가 되었음을 감지할 수 있었다—이 단순한 요행이 아님을 논리적으로 증명할 수 있다면, 기부자와 다른 NGO 단체, 서양 언론, 그리고 여전히 존재하는 회의론자들도 토스탄이 지속적인 변화를 불러올 메커니즘을 발견했다는 가능성을 깨닫게 되리라 기대했다.

하지만 다른 사람에게 이런 사실을 이해시키기 전에 그녀 스스로 품고 있는 의문부터 해소하는 게 가장 급한 일이었다.

★

세네갈은 땅덩이가 특별히 크진 않지만, 전체 14개 주州가 다시 32개 현縣으로 나뉘며 지역별 차이가 매우 뚜렷한 편이었다. 첫 번째 공개 선언은 티에스 주州에 속해있거나 티에스 인근에 있는 밤바라족 거주 지역에서 일어났다. 그리고 소수 민족인 밤바라족의 거주 지역은 국민 대다수를 차지하는 월로프족 마을에 둘러싸여 있었다. 월로프족은 여성 성기 절제 풍습을 따르지 않는데도 여전히 품위 있고 훌륭한 무슬림으로 여겨졌다. 몰리는 밤바라 지역에서 먼저 선언이 일어난 데는 관행을 따르지 않는 부족과의 지리적 근접성이 어느 정도 영향을 미쳤으리라 생각했다. 그리고 다수 부족이 수용하지 않는 전통을 소수 부족인 밤바라족이 따르고 있었기 때문에 어쩌면 이들이 좀 더 쉽게 다른 대안을 상상할 수 있었을 거라는 추측도 가능했다.

만약 그렇다면 이와 똑같은 역학 관계가 세네갈 모든 곳에 적용될 수 없었고, 특히 세네갈 북부의 푸타 지역은 분명 그런 논리와는 거리가 먼 곳이었다. 세네갈강과 모리타니 남부 국경을 따라 대략 250마일* 길이로 뻗어있는 푸타 지역에는 주로 뚜꿀레어 부족이 거주했으며, 언어는 폴라르어를 사용했다. 몰리는 '이곳' 하면 제일 먼저 머리와 얼굴 전체에 짙은 남색 터번을 두르고 눈만 내놓은 키 큰 양치기의 모습이 떠오르곤 했다. 인근 사하라에서 불어오는 뿌연 모래 먼지 속에서 지평선을 등지고 서 있는 양치기를 상상하면 이곳의 신비로운 분위기에 늘 가슴이 설레곤 했다. 예전에 은디움Ndioum이라는 마을에서 온 어떤 선생님은 푸타 지역 모든 곳에 정령이 존재한다는 얘길 해주었다. 세네갈강 깊은 곳에는 '좀 마요

---

* 약 402km

jom mayo'가 살고, 숲에는 나무들의 주인인 '좀 레데jom ledde'가 살았다. 그리고 풍경에 점을 찍은 듯 바위처럼 우뚝 서 있는 커다란 모래 기둥 위에는 '완데waande'라는 정령이 산다고 했다.

또한 푸타 사람들은 유난히 전통을 숭배해서 관습을 충실히 따르는 것으로 유명했다. 푸타는 세네갈에서 이슬람교가 처음 뿌리를 내리고 전국으로 퍼지기 시작한 발상지로 알려져 있었으며, 이슬람 율법에 대해 매우 엄격한 해석을 내렸고, 보수적인 계급 사회를 형성하여 지금까지도 고대의 카스트 제도가 남아있는 곳이었다. 카스트에서 가장 높은 계급인 귀족층은 나머지 계급 사람들을 지배하며 사회에서 매우 중요한 역할을 차지했다.

토스탄은 1992년에 푸타 지역 2개 현 내의 70개 마을에서 먼저 프로그램을 운영하기 시작했다. 워낙 문화적 역학 관계가 민감하게 작용하는 곳이었고, 여자들의 권리도 무척 제한적임을 잘 알고 있었기에 몰리는 이 지역 관리에 특별히 더 신경을 썼다. 푸타 지역의 여성들은 전통과 종교적 의무를 하나부터 열까지 세심하게 지키며 살았고, 평소에도 말없이 순종하기를 강요받았다. 수업을 시작하던 첫날, 몰리도 마을을 방문하여 이런 모습을 직접 관찰할 수 있었다. 여자들은 속마음이 드러나지 않게 머리 스카프로 얼굴을 가리고, 질문을 받으면 고개를 옆으로 살짝 돌리며 아주 작은 목소리로 대답했다. 여성 성기 절제의 관행을 따르는 인구 비율이 7% 정도인 티에스 지역과 비교하면, 이곳은 여성의 94%가 할례 시술을 받았고, 시술 형태도 음부를 완전히 봉쇄하는 식의 가장 심한 시술이 이뤄졌다. 그런 시술은 나중에 결혼식 날 질구를 다시 잘라 열어야 했기 때문에 이곳 여성들은 이중으로 고통을 겪고 있었다.

푸타가 고향인 우레이 살은 응게리 밤바라 선언 이후 몰리와 매우 가까운 사이가 되었다. 어느 날 오후, 우레이는 몰리와 함께 자신의 오두막에서 함께 차를 마시며 말했다. "우리 마을 소녀들은 거의 태어나자마자 할례를 해요. 절제 부위도 더 커서 말리쿤다 밤바라나 케르 심바라 같은 마을의 여자들보다 건강상 훨씬 더 심각한 문제들을 겪고 있고요. 워낙 어릴 때 시술을 하다 보니, 대부분은 자신이 겪는 문제가 여성이라면 누구나 겪는 일반적인 일이라고 여기며 평생을 살아요. 난 알아요. 내가 그렇게 살았으니까요."

우레이가 들려준 여러 이야기 중에는 평생 있을 수 없을 만큼 끔찍한 일도 있었다. 음부 봉쇄 시술을 받아 반흔이 그대로 남아 있던 한 여자가 임신하고 조산을 하게 되었다. 외음부가 아기 머리로 막혀 있다가 아이가 갑자기 쑥 튀어나오는 바람에 음순이 다 찢어졌는데, 파열 정도가 어찌나 심했던지 의사도 다시 꿰매지 못할 정도였다고 했다. 그 이야기를 듣고 몰리는 너무나 가슴이 아팠지만, 푸타 같은 지역에서 여성 성기 절제와 그로 인한 건강 문제를 주제로 끄집어내는 것은 엄청난 위험부담이 뒤따른다는 사실 역시 잘 알고 있었다. 토스탄이 이곳에서 인권과 여성 보건이라는 주제의 모듈을 쉽게 소개할 수 없었던 이유는 여러 종류의 당파, 특히 종교 단체들로부터 심각한 항의를 받을 가능성이 매우 컸기 때문이었다. 지난번 세네갈 대통령이 말리쿤다 밤바라의 여성들을 지지한다고 발언했을 때에도 푸타의 한 종교 지도자는 전통을 종식시키려는 어떤 노력도 반대한다며 국회의원들에게 항의 편지를 써서 보내기도 했다. 그는 편지에서 여성의 성기 절제는 종교상의 의무라고 주장하면서 음핵은 여자들을 음탕하게 만들기 때문에 할례를 하지 않은 여자는 분별력을 잃는다고 말했다.

이 무렵 몰리는 아프리카 다른 나라에서 전국 규모의 기본 교육 프로그램을 운영해 보지 않겠느냐는 제안을 받게 되었다. 매우 좋은 기회였고 보수도 상당했지만, 몰리는 크게 고민하지 않고 바로 거절했다. 세네갈 여러 마을에서 일어나는 현상 뒤에 숨은 이론을 이제 막 이해하게 됐고, 그로 인해 그동안 해온 힘든 노력 끝에 광범위하면서도 오래도록 지속될 변화를 불러올 방법을 찾을 수도 있겠다는 생각을 했기 때문이었다. 그렇게만 되면 이곳 여성들의 삶의 질을 개선하고 힘을 실어줄 수 있으리라 생각했다. 무엇보다 그녀는 집요하게 따라다니는 마음속 질문 하나를 해결해야만 했다. 토스탄의 접근 방식이 티에스 지역의 변화에 효과가 있었다는 것은 증명이 되었다. 그렇다면, 세네갈의 다른 곳, 특히 푸타처럼 보수적인 지역에서도 과연 토스탄의 방식이 통할까? 그 답을 꼭 확인하고 싶었다.

21

신께 감사하라

알함두릴라 — Alhamdulilah

1998년 7월, 게리 맥키의 편지를 받고 몇 주가 지난 어느 날이었다. 몰리는 푸타 지역, 포도르Podor현, 보키쟈웨Bokidjawe라는 작은 마을에 있는 토스탄 사무실에서 생선과 쌀로 만든 음식이 담긴 커다란 그릇을 가운데 놓고 8명의 직원과 둘러앉아 점심을 먹던 중이었다. 그녀는 밥을 먹으며 직원들 얼굴에 드러난 근심을 애써 못 본 척하고 있었다.

"몰리, 그 주제는 입에 담을 생각도 하지 마세요." 이곳 현장 주임인 아부 디악Abou Diack이 경고했다. 그의 목소리에는 불안한 기색이 역력했다. "이곳은 티에스랑 다르다고요. 이곳 사람들은 전통이라는 주제에 엄청 예민해서 그 얘기를 꺼내기만 해도 우리 모두 엄청난 문제를 겪게 될 거예요."

"맞아요." 또 다른 현장 주임인 겔렐 지구Gellel Djigo도 말했다. "지금은 때가 아니에요. 몇 년은 지난 후에 수업에 그 주제를 슬쩍 끼워 넣는다면 모를까, 지금은 아니에요. 제발 부탁이에요, 그 얘기는 하지 말아주세요." 그는 최근 다른 세네갈 개발단체가 여성 성기 절제의 해악에 대해 알리겠다고 인근 마을에서 행사를 계획했다가 쫓겨난 일화를 들려주었다. 그 지역 종교 지도자들이 예정된 행사를 막기 위해 사람들을 선동했는지, 개발단체 직원들이 행사장에 나가보니 그곳에는 이미 사람들이 화가 잔뜩 나 모여 있었다. 그들은 발표자를 향해 돌을 던졌고, 당장 그만두지 않으면 더 심한 폭력도 불사하겠다며 협박했다. 결국 개발단체 사람들은 행사를 포기하고 마을에서 도망치듯 떠났다고 했다.

"나도 잘 알고 있으니 걱정하지 말아요." 몰리는 말했다. 그녀는 단지 한 주 동안 토스탄 프로그램이 진행 중인 마을 몇 곳을 돌아보고 싶을 뿐이라고 말했고, 어느 정도 그 말은 사실이기도 했다. 푸타의 시골 마을에서 성급하게 전통에 대한 이야기를 끄집어냈다가 모든 일을 망칠 의사는 전혀 없었고, 다만 이곳 분위기가 어떤지 엿보고 싶었을 뿐이었다. 만약 그 주제에 대해 말하는 것만으로도 큰 문제가 생길 정도라고 느껴진다면 이 지역에 모듈을 소개하려던 목표에 대해서는 당연히 재고할 생각이었다.

호텔에 묵었던 몰리는 다음 날 아침 일찍 일어나 미리 풀을 먹여 둔 가장 좋은 '부부'를 꺼내 입었다. 직원들은 제일 먼저 토스탄 수업을 시작한 지 1년 정도 된 케델레Keddele 마을에 가보는 게 좋겠다고 제안했다. 그 마을은 너무 외져서 세네갈강 기슭의 란와Ranwa

라는 마을에서도 한참을 더 이동해야 닿을 수 있는 곳이었다. 먼저 통나무배를 타고 강을 건넌 다음, 부쉬 택시를 잡아타고 아무런 표지도 없는 메마른 땅을 한 시간 이상 달려야 마을에 도착할 수 있었다. 하지만 몰리와 직원들이 강 건너편에 다다르니 그날은 운행하는 부쉬 택시가 한 대도 없었고, 이용할 수 있는 유일한 교통수단은 한쪽에 대기 중인 말이 끄는 수레뿐이었다.

"우리 다섯 명이 다 탈 수 있을까요?" 몰리가 물었다.

"다른 수가 없어요. 케델레 사람들이 이번 방문을 얼마나 고대하고 있는지 잘 아시잖아요. 우리가 오지 않으면 다들 무척 실망할 거라고요." 겔렐이 말했다.

사람들이 수레에 올라타자, 회색의 낡은 나무판자들이 무게에 못 이겨 삐걱거렸다.

"이걸 타고 정확히 얼마나 가야 하는 거죠?" 화씨 110도* 가까운 무더위 속에서 말이 수레를 끌고 천천히 나아가자, 몰리가 물었다.

"뭐, 그렇게 먼 것도 아니에요." 겔렐이 웃으며 말했다.

그녀는 인정사정없이 내리쬐는 한낮의 태양 볕을 막기 위해 커다란 스카프로 머리를 감싸고 제대로 자리를 잡고 앉았다. 일단 시야에서 강이 사라지자, 눈앞에는 나무 한 그루, 작은 풀숲 하나 보이지 않았다. 보이는 것이라고는 광활하게 펼쳐진 바싹 마른 평지뿐, 인간의 흔적이라곤 눈 씻고도 찾아볼 수 없었고, 수레 무게에

---

* 대략 섭씨 43도

땅은 쩍쩍 갈라졌다. 주변을 둘러보던 몰리는 마치 천천히 시간을 거슬러 올라가는 기분이었다. 한 시간 뒤, 저 멀리 지평선 너머로 사막 마을이 나타났다. 몰리는 모든 광경을 한눈에 담기 위해 그곳을 가만히 응시했다. 좁고 구불구불한 모랫길이 마을로 이어져 있었고, 모래를 섞은 진흙 벽돌로 낮고 두텁게 쌓아 올린 집들은 마치 땅에서 자라난 것 같은 형상을 하고 있었다.

케넬레 마을에 도착하니 그들을 환영하기 위해 주민 800명이 모두 나온 듯, 마을 입구에는 많은 사람이 모여 있었다. 사람들은 몰리와 토스탄 직원들이 그렇게 먼 길을 와 준 것이 고마워 어쩔 줄 몰라 했다. 나이 지긋한 한 여자가 몰리의 손을 잡더니 어느 집 그늘로 안내했다. 그녀가 내온 우유 한 컵을 몰리는 감사하게 받아 마셨다. 이후 사람들은 점토 벽돌로 만든 커다란 베란다에 매트를 깔고 점심을 차렸다. 식사가 끝나자, 사람들은 회의하기 위해 다른 사람들을 불렀다. 부드럽게 불어오는 산들바람이 반가워 고개를 든 몰리의 눈에 조금씩 짙어지기 시작한 먹구름이 보였다. 젊은 여자들은 몰리의 왼편에, 남자 어른들과 소년들은 몰리의 오른편에 자리를 잡았고, 나이든 여자들은 근처 나무 아래 두툼한 천을 깔고 앉았다. 사람들은 베란다에서 그늘이 짙게 드리운 가장 시원한 자리에 매트리스를 놓고 그 위에 좋은 천을 깔아 몰리를 위해 가장 좋은 자리를 마련해 주었다.

사람들이 풀라르어로 이야기를 하면, 겔렐이 월로프어로 통역을 해주었다. 여자들은 여러 가지 일을 얘기했는데, 특히 케넬레 같은 오지 마을에 사는 어려움에 대해 주로 토로했다. "우리 마을이 얼마나 외딴 곳인지 잘 아시겠죠? 제일 가까운 보건소도 몇 시간은 가야 해서 의료 시설은 찾아갈 엄두도 못 내고 있어요. 우기 때는 말 그대로 꼼짝없이 갇혀 지내고요. 툭하면 땅이 물에 잠겨 수레가 지나갈 수 없거든요. 그때가 가장 힘들어요." 쟈이나바_{Dieynaba}라는 여자가 말했다.

푸타 지역 초등학교 입학 비율은 세네갈 내에서도 가장 낮아서 주민들 대부분은 제대로 된 학교 교육을 받지 못한다는 사실을 몰리도 잘 알고 있었다. 그래서인지 이곳 여자들은 토스탄의 수업과 그로 인해 일어나고 있는 마을의 변화에 더욱 열광했다. 이제 그들은 아이가 설사할 때는 어떻게 해야 하는지 알았고, 세균이 전파되는 것을 막기 위해 변소를 짓기 시작했으며, 주민 모두—남자들까지—가 참여하여 정기적으로 마을 정화 활동도 벌이고 있었다. 특히 마을 아이 모두가 일정에 맞춰 필수 예방 접종을 할 수 있게 하려고 돈을 모아 마을 공동 기금을 마련했다고 말할 때는 모두가 뿌듯하고 자랑스러워했다.

회의가 한 시간 정도 진행됐을 때, 여자들 무리 속에 앉아있던 한 젊은 여인이 뭔가를 꼭 말하고 싶다는 듯 자리에서 일어섰다. 그녀는 무슨 얘긴가를 풀라르어로 조용조용 이야기했다. 그리고 말을 멈췄을 때 몰리는 겔렐이 통역하기를 기다렸다.

"다른 마을에 사는 가족들을 통해 여러 마을에서 선언이라는 걸 했다는 소식을 들었대요. 그 마을들이 어떻게 해서 여자들의 전통을 폐지하기로 결정한 건지 이곳 여자들도 모두 궁금해한다는군요." 겔렐이 무척 놀란 표정으로 말했다.

"말리쿤다 밤바라에서 처음 선언을 한 이후로 마흔세 개의 다른 마을도 선언에 참여했어요. 그리고 선언식을 준비 중인 마을도 꽤 많고요." 몰리는 말했다.

그 여자는 미소를 지으며 말을 이어갔다. 그녀가 하는 말을 들으며 젤렐은 몰리에게 작게 속삭였다. "이런 얘길 하다니 정말 믿을 수가 없어요."

"무슨 얘긴데요? 얼른 말해 봐요."

"이곳 여자들도 여성 성기 절제 관행과 관련된 잠재적인 위험성에 대해 서로 얘기하기 시작했대요. 그들이 겪는 문제가 이곳 소녀들과 여자들이 겪고 있는 건강 문제와 똑같다는 걸 알게 됐다고 하는군요. 건강상 어떤 위험이 있는지 더 자세히 알고 싶지만, 이 문제에 대해 남편들과 종교 지도자들이 어떤 반응을 보일지 겁이 난대요." 젤렐이 말했다.

그 여자는 다시 말을 시작했다. "이곳에서는 출산이 정말 힘든 일이에요. 많은 산모가 아이를 낳는 과정에서 정말 큰 고통을 겪고 있고, 마을이 워낙 외딴곳에 떨어져 있어서 전문 의료인의 도움도 받을 수가 없어요." 그녀는 잠시 뜸을 들이더니 이렇게 말했다. "우리가 원하는 정보를 얻을 수 있게, 우리도 다른 마을들처럼 할 수 있게…… 그러니까, 이 관행을 종식시킬 수 있게 당신이 뭔가를 해주신다면 우리는 정말 감사할 것 같아요. 이곳 여자들 모두가 저와 같은 마음일 거라고 생각해요."

한 남자가 불쑥 끼어들며 말했다. "이 일에 대해서 우리한테 한마디 상의한 적도 없잖소. 그러면서 어떻게 남자들 생각을 안다는 거야? 우리도 마찬가지로 정보를 원한다고요."

몰리는 그녀의 말에 조심스럽게 대답했다. "음, 그러니까 말리쿤다 밤바라에서는 처음에 여자들이 겪고 있는 문제들을 남자들과 토론하면서 일이 진척되기 시작했어요. 그건 다른 마을들에서도 마찬가지였고요. 그런 이후에 전통을 폐지하겠다고 다 함께 결정을 내린 거죠. 남자들이 여자들을 돕고 지지해줬어요. 토스탄은 절대 사람들에게 전통을 중단하라고 말한 적이 없어요. 하지만 어쩌면 이 지역에서도 인권과 보건에 관한 모듈 수업을 진행할 수 있게 내가 방법을 찾아볼 수는 있을 것 같아요."

누군가 그녀의 등을 슬며시 찌르는 느낌이 났다. 아마도 간사 중 하나가 더는 얘기하지 않는 게 좋겠다고, 여자의 말을 너무 진지하게 받아들여서는 안 된다는 경고의 의미로 그러는 것이리라 짐작했다. 그때 좀 더 나이가 있어 보이는 또 다른 여자가 큰 소리로 말했다. "다른 마을에서는 몇 달이면 끝나는 일이 우리 마을에서는 몇 세대가 걸릴 수도 있다는 사실을 우리 모두 기억해야 해요. 우리는 매우 고립돼 있어요. 여자들이 목소리를 내기도 힘들고요. 시작이라도 해 보려면 누군가의 도움이 절실하다고요."

갑자기 하늘이 어두워졌고, 사람들은 모두 하늘을 올려다보았다.

"비가 오려고 해요." 겔렐이 말했다. "이건 좋지 않아요. 이런 말 하긴 싫지만, 지금 바로 출발해야 해요. 비가 오기 시작하면, 강을 건너지 못할 거예요."

"지금요? 대화를 이대로 끝낼 수는 없어요." 초조하게 하늘만 쳐다보고 있는 여자들을 보며 몰리가 말했다.

"저도 알아요. 하지만 가야 해요." 겔렐이 대답했다. "더 있다간 위험해져요. 비가 오면 바짝 말랐던 땅이 순식간에 진흙탕으로 변할 거고, 그러면 수레는 바퀴가 빠져 지나갈 수도 없어요. 아무것도 없는 진흙 벌판에서 오도 가도 못 하는 신세가 될 수 있다고요. 서두르는 게 최선이에요." 몇 분 사이에 비구름이 계속 모여들자, 회의에 참가한 사람들도 모두 겔렐과 똑같은 생각을 하는 듯했다. 그들은 몰리와 토스탄 직원들 주위로 모여들더니 가지고 온 물건들을 대기 중인 수레 위에 내려놓았다. 사람들이 수레에 오르자마자, 마부는 말발굽 바로 옆 땅을 미친 듯이 내리치면서 말에게 움직이라고 소리를 쳤다.

"정말 안 좋아요. 조금도 지체하지 말 걸 그랬어요." 겔렐이 말했다.

"하지만 정말 중요한 얘기를 하던 중이었잖아요." 몰리가 말했다. 주변에 바람이 일기 시작하자, 말은 더 속도를 냈다. "이제 뭘해야 하죠?"

"지금 할 수 있는 건 기도뿐이에요."

몰리는 직원들이 얼마나 긴장하고 있는지 다 느껴졌지만, 여러 가지 생각 때문에 함께 걱정만 하고 있을 수는 없었다. 그녀는 방금 막 케델레 마을에서 무척 결정적인 순간을 맞이한 참이었고, 어쩌면 이 일이 말리쿤다 밤바라에서 시작된 운동의 전환점이 될 수도 있을 터였다. 이곳 여자들이 전통을 화제로 끄집어내고 자신에게 도움을 청한 것은…… 정말이지 전혀 예상하지 못한 일이었다.

한 시간여 뒤 강이 시야에 나타났을 때쯤, 빗방울이 떨어지기 시작했다. 강둑에서는 남자 몇이 나무 밑에 쭈그리고 앉아 커다란 바위에 통나무배를 잡아매고 천으로 덮고 있었다. 겔렐이 수레에서 뛰어내려 그쪽으로 달려갔고, 남자들은 모두 고개를 가로저었다.

"강을 못 건넌다고 하는 것 같아요. 지금 바람이 너무 강해요." 아부가 말했다.

하지만 겔렐이 끈질기게 설득한 끝에 한 남자가 그들을 강 건너까지 태워주기로 했다. "됐어요, 몰리." 모두 통나무배에 올라타자 겔렐은 바람 속에서 소리쳤다. "강 건너에 도착하면 우리는 전속력으로 달릴 거예요."

"달린다고요? 왜요?" 몰리도 큰 소리로 되물었다.

"비가 더 심해지기 전에 포장된 도로까지 가야 해요. 비가 좀 더 심해지면 정말 억수같이 쏟아지거든요. 그러면 이곳까지 순식간에 물이 넘쳐요. 주요 도로까지 가지 못하면 강물에 휩쓸리고 말 거라고요."

"서둘러요! 뛰어요! 뛰어!" 통나무배가 반대편 강가에 닿자, 대기 중인 랜드크루져 기사가 소리쳤다. 몰리는 전속력으로 강둑을 뛰어 올라갔고, 그녀가 입은 '부부'는 진흙과 모래가 튀어 엉망이되었다. 그들이 차 안에 다 타기가 무섭게 기사는 속도를 올렸다. 빗줄기가 점점 더 세지는 가운데 자동차는 들판을 사납게 덜컹거리며 달려갔다. 그리고 겨우 포장된 도로에 닿자마자, 하늘에 구멍이 뚫린 것처럼 비가 억수같이 쏟아졌다. 빗줄기가 어찌나 센지 차창 밖은 한 치 앞도 보이지 않았다. 차도 멈춰 섰고, 사람들은 모두 아무 말도 하지 못했다.

"알함두릴라. 신께 감사하라! 우리는 홍수에서 겨우 탈출했어요. 이건 우리가 옳은 일을 하고 있다는 신의 계시가 틀림없어요. 어쩌면 지금이 푸타에서 전통에 대한 논의를 시작할 때인지도 모르겠어요." 아부가 몰리를 쳐다보며 말했다. "신은 위대하세요."

젖은 머리카락의 빗물을 털어내며 몰리도 그를 보고 미소 지었다. 그들은 안전하게 탈출했고, 그 마을의 여자들은 변화할 준비가 되어 있었다. 그녀도 아부와 같은 생각이었다.

★

한 주에 걸쳐 푸타 지역 서너 곳의 마을을 방문한 몰리는 전통에 관해 얘기하기를 간절히 원하는 여자들을 계속해서 만날 수 있었다. 그들은 다른 마을에서 일어난 선언에 대해 무척 관심이 많았고, 정확히 어떻게 그런 결정을 내리게 됐는지 궁금해했다. 골레레Gollere라는 마을의 한 여자는 전통의 해로운 영향에 관해 토론하기 위해 자신들이 어떤 노력을 하고 있는지 말하기도 했다. 바니 부수Bani Bousso라는 여자는 이렇게 말했다. "이 주제에 관해 이곳 사람들의 태도도 바뀌었으면 좋겠다고 모두 생각하고 있어요. 많은 여자가 용기 내어 그 일을 얘기했다가 마을 남자들에게 외면당하고 조롱받아 속상해하고 있거든요. 그래도 물러서진 않을 거예요."

몰리가 작은 무리의 여성들로서 이런 일을 겪는 게 너무 부담되지는 않은지 걱정스럽게 물었다.

"몰리, 굳게 결심한 여자가 두 명 있으면 그걸로도 이미 충분하고요, 결연히 마음먹는 여자가 스무 명 있으면 그건 엄청난 희망이에요."

종종 여자들은 몰리를 한쪽 구석으로 데리고 가 비슷한 얘기들을 했다. 여자들은 전통의 결과가 어떻게, 얼마나 해로운지 자세히 알고 싶지만, 마을 남자들이 허락하지 않을까 봐 겁난다는 얘기였다. 심지어 그들은 토스탄 사람들에게 이 일을 말하는 것조차 두렵다고 말했는데, 그런 이야기를 들어도 몰리는 그리 놀라지 않았다. 여자의 생존 자체가 남자에게 달린 이곳 사회에서 남편에게 의문을 제기하지 못하는 건 어쩌면 당연한 일이었다. 하지만 한편으로는 남자들이 그 주제에 대해 누구—남자들끼리, 종교 지도자들과 아내 또는 어머니들—와도 함께 얘기 나눠 본 적이 없기 때문에 그 문제에 대해 어느 정도 지식을 갖추고 의견을 내기가 어렵다는 사실도 알고 있었다. 그들은 전통에 수반되는 여러 가지 과정과 결과들을 정확히 이해하지 못하는 것이 확실했다. 유일한 판단의 근거라고는 그 전통이 종교상의 의무이기 때문에 문제를 제기하는 것 자체가 불가능하다는 잘못된 정보뿐이었다. 하지만 일단 그게 사실이 아니라는 것을 알고 나면, 많은 남자가 마음을 열었으며 심지어 관행을 철폐하려는 운동에 적극적으로 참여하여 도움을 주기까지 했다.

하지만 종교 지도자들에 대해서는 얘기가 달랐다. 푸타의 한 종교 지도자가 여성 성기 절제 철폐에 반대한다는 파트와(이슬람교 법학자의 신학적 견해를 바탕으로 정한 율법)를 내놓는 바람에 일반 사람들은 공개적으로든 사적으로든 그 일을 토론의 주제로 삼아서는 안 된다고 믿고 있었다. 그러므로 푸타 지역에서 인권과 여성 성기 절제에 관한 교육을 하려면 언젠가 한 번은 현지 종교 지도자들의 분명한 지지 의사를 받아내는 일이 필요했고, 그건 마치 하늘의 별 따기 같은 얘기였다. 그러나 정말 많은 여성이 여성 보건에 관한 모듈을 배우고 싶어 한다는 사실을 깨달은 몰리는 대담하게 다음 단계를 밟아 이 일을 성사시켜야 할 때가 됐다고 생각했다. 그래서 그녀는 푸타 전역에서 가장 명망 높은 종교지도자, 티에르노 아마두 바Thierno Amadou Bah를 만나기 위해 약속을 잡았다. 그는 오래전부터 토스탄 활동을 지지해준 사람이기도 했다.

몰리가 다음 날 티에르노 바를 방문할 예정이라고 직원들에게 알리자, 아부는 좋은 생각이 아니라며 반대했다. "티에르노 바에게 전통에 대한 얘길 할 생각이라면 저는 절대 안 된다고 말씀드리고 싶어요. '마라부' 앞에서 그 주제를 언급하기만 해도 푸타 전 지역의 토스탄 활동이 모두 위협받게 될 거예요. 그분이 모욕을 당했다고 느끼거나 화라도 내시면, 참가자들은 토스탄에서 수업받는 일조차 겁을 먹고 불안해하게 돼요. 수업도 접어야 하고, 주민들이 우리 단체를 멀리할 수도 있어요." 아부가 말했다.

"알겠어요. 일단 가 봐요. 정말 조심한다고 약속할게요." 몰리가 말했다.

티에르노 바를 만나기로 한 전날 밤, 몰리는 제대로 잠을 이룰 수가 없었다. 그녀는 조용한 호텔 방 침대에 누워 계속 뒤척이며 옳은 일을 하는 게 맞는지 고민했다. 만약 '마라부'를 언짢게 한다면, 토스탄이 지난 6년간 푸타에서 했던 모든 노력이 물거품이 될

뿐 아니라 이 지역에서 다시 자리를 잡는 데 몇십 년이 걸릴지 모를 일이었다. 하지만 만약 그에게 도움을 요청하고 그가 받아들인다면 어떤 일이 벌어질까 하는 희망도 자꾸만 생겨났다. 그건 엄청난 모험이긴 했지만, 그렇다고 아예 불가능한 일도 아니었다. 말리쿤다 밤바라와 디아부구에서 여러 일을 겪은 이후, 그리고 관행을 종식시키기로 결심한 마흔네 마을에서 이맘들의 지지를 얻어낸 이후, 그녀는 불가능한 일도 때로는 가능할 수 있다는 사실을 믿기 시작했다.

창밖이 희미하게 밝아지며 수탉이 울 때까지도 몰리는 잠을 이루지 못했다. 그녀는 피곤한 몸을 일으켜 다가올 하루를 준비하면서 케르띠오, 마이무나, 우레이를 떠올렸다. 그리고 그들, 그들의 가족, 그 마을의 딸들이 스스로 견뎌야 했던 그 모든 위험과 부담감의 무게를 떠올렸다. 어쩌면 이번에는 자신이 위험을 짊어져야 할 때가 온 게 아닐까, 몰리는 생각했다.

★

아침 10시, 티에르노 바의 집에 도착한 그들은 어둡고 시원하면서 미로처럼 복잡한 복도를 지나 집 안으로 안내되었다. '마라부' 방의 닫힌 문밖에는 사람들이 매트를 깔고 앉아 대기 중이었다. 티에르노 바를 만나 축복을 받거나 겪고 있는 질병이나 문제에 대해 조언을 듣고 도움을 청하기 위해 찾아온 사람들이었다. 몰리와 함께 온 여덟 명의 토스탄 직원들도 사람들 옆에 앉아 순서를 기다렸다.

함께 앉아있던 겔렐이 몰리를 향해 작게 속삭였다. "전통에 대해서는 한마디도 언급하면 안 된다는 걸 잊지 마세요. 오늘은 정말 조심하셔야 해요."

몰리는 겔렐을 보고 웃었지만, 아무 말도 하지 않았다.

마침내 차례가 되어 그들은 어두컴컴한 방 안으로 들어갔다. 방에는 구석에 살짝 열린 작은 창 하나뿐이어서 그곳으로 들어온 빛 한 줄기가 뽀얀 먼지들과 함께 방안을 밝혀주고 있었다. 붉은색 터번을 머리에 두르고, 길고 부드러운 흰색 예복을 입은 티에르노 바가 바닥에 짚으로 짠 매트를 깔고 앉아있었다. 그는 나이가 많았는데도 책상다리를 하고 허리를 꼿꼿이 세운 채였다. 최근 시력이 자꾸 나빠져 눈에는 두꺼운 안경을 쓰고 있었다. 그의 아들인 쉐리프 바_{Cherif Bah}가 아버지 옆에 앉아 있었고, 두 사람 주변에는 코란의 글귀를 쓰기 위한 종이와 작은 잉크병, 펜 등이 바닥 여기저기에 흩어져 있었다. 몰리는 티에르노 바를 마주 보는 위치의 자리에 앉아 예의에 맞게 인사를 건넨 뒤, 부인의 건강은 어떠냐고 물었다. 몰리는 예전에 그의 부인을 한 번 만난 적이 있었는데, 그녀에 대해 무척 좋은 기억을 가지고 있었다.

"이곳 푸타에서 토스탄 활동이 얼마나 진척을 이루고 있는지 말해주시겠소." 티에르노 바가 말했다. 몰리는 진행 중인 마을정화 프로젝트, 증가한 예방 접종률, 경구 수분 보충 요법 활용 등 긍정적인 변화들과 함께 최근 소식들을 알려주었다. 그런 후 마음을 진정시키기 위해 깊이 한번 숨을 들이마셨다. "이미 다 아시겠지만, 항상 저희를 지지해주셔서 얼마나 감사한지 모르겠습니다."

티에르노 바가 몰리를 향해 미소 지었다.

"실은 제가 이곳을 찾아온 데는 정말 중요한 목적이 있어서라는 걸 말씀드리고 싶습니다." 이 말을 하자마자 토스탄 직원들은 깜짝 놀라 그러지 말라는 눈빛을 보냈고, 몰리는 점점 경직되고 있는 방 안의 분위기를 고스란히 느낄 수 있었다. "제가 한 가지 부탁을 드려도 괜찮을지 여쭤보고 싶은데요." 그녀는 말했다.

"물론이오, 말해 보시오."

"아실지 모르겠지만, 세네갈 다른 지역 사람들이 여자들의 전통 때문에 건강에 문제가 생긴다는 걸 배워 알게 됐습니다. 지금까지 마흔네 개의 마을에서 종교지도자들의 지지를 얻어 관행을 폐지하겠다고 다 함께 결정을 내렸고요. 저는 이번 주 내내 이곳 푸타 지역 여자들과 대화를 나누면서 시간을 보냈는데, 그들이 말하더군요. 그들도 이 전통과 관련해서 끔찍한 문제들을 겪고 있다고요. 다른 사람에게 그 일에 대해 말하는 게 두렵지만, 건강상의 후유증이 너무나 고통스럽다고 합니다. 그래서 이 문제를 당신께 말씀드려야겠다고 생각했습니다." 그녀는 말을 멈추고 방금 한 말을 겔렐이 통역하도록 기다렸다. "여자들이 여러 가지 문제들을 토로하더군요. 시술할 때의 극심한 고통. 과다 출혈. 출산 과정에서 생기는 여러 문제. 이곳에서 가까운 한 마을의 보건소 직원은 전통을 따르다가 올해에만 세 명의 소녀가 죽었다는 공식적인 기록도 보여주었습니다. 이슬람교는 모든 이의 건강과 안녕을 추구한다고 저는 알고 있습니다. 그래서 말인데, 토스탄에서 여성 보건에 관한 모듈을 교육하고 싶습니다만, 모듈 안에 전통과 그로 인해 생기는 결과에 대한 정보도 포함되어 있습니다. 우리는 이 교육을 세네갈 다른 지역에서도 계속 해왔고, 모든 내용이 과학적인 지식을 근거로 만들어졌다고 말씀드리고 싶습니다. 하지만 이곳 푸타에서 뭔가를 하기 전에 먼저 당신께 말씀드리는 게 옳다고 생각했습니다. 만약 안 된다고 하시면, 지금은 때가 아니라고 생각하겠습니다. 왜냐하면 저는 당신을 믿고 존경하기 때문에…… 당신의 뜻을 따르려고 합니다."

젤렐이 몰리의 말을 통역하자, 토스탄 직원들이 여기저기서 헉하는 소리를 냈다. 몇 분이 흐르도록 '마라부'가 아무 말도 하지 않고 가만히 앉아있기만 하자, 몰리의 걱정과 불안은 점점 커졌다. 팽팽한 긴장감이 흐르는 가운데 마침내 아들 쉐리프가 침묵을 깨고 말했다.

"아버지께서는 지금 이 일에 대해 대답을 하실 수 없습니다." 그의 목소리에는 화난 티가 역력했다. "이런 문제를 아버지께 여쭌 사람은 지금까지 한 사람도 없었어요. 이것은 매우 까다로운 주제예요. 아버지께서는 이 일에 대해 생각해볼 시간이 필요하십니다."

그때 티에르노 바가 손을 들어 아들의 말을 저지했다. "아니다. 그만해라, 아들아. 내가 대답하겠다." 그는 몰리를 바라보았다. "나는 당신을 알아요. 그리고 1992년에 토스탄을 처음 알고부터 당신들의 활동을 쭉 지켜봐 왔어요. 당신은 항상 우리 문화와 전통을 존중해줬어요. 이곳에서도, 그리고 다른 지역에서도 말이오. 여자들이 건강상의 문제를 겪고 있다고 당신에게 말했다고요? 당신이 그렇게 말했으니 당신 말을 믿겠소. 이게 사실이고, 정말 심각한 건강 문제들이 있다면, 이 문제는 당연히 재고해 보아야 할 것이오.

내 결정을 바란다고 했소?"

"네, 그렇습니다." 몰리가 대답했다.

"내 대답은 이것이오. 당신이 해야 한다고 믿는 그 일을 해 보시오. 힘껏 한번 해 봐요. 여자들의 건강을 위한 일이라면, 이슬람은 당신을 지지하고, 나 역시 당신을 도울 것이오. 당신에게 이 일은 쉽지 않을 게요. 하지만 왜 푸타에서 이런 일을 하느냐고 누가 당신에게 시비를 걸거나 막아선다면, 그들에게 말하시오. 나를 찾아가라고."

정말이지 놀랍고 전혀 예상치 못한 말들이 그의 입에서 흘러나왔다. 몰리는 도저히 믿기지 않아 멍하게 그의 얼굴만 바라보다가 왈칵 쏟아지는 눈물을 참을 수가 없어 울기 시작했다. 그것은 모두의 예상과 다르게 이 저명한 '마라부'가 그녀의 말에 격노하지 않은 데 대한 안도의 눈물이었으며, 그토록 힘든 상황을 견디며 살아야 했고, 말하기 힘든 비밀을 자신에게 털어놓은 모든 여성을 위한 슬픔의 눈물이기도 했다. 티에르노 바의 지지를 얻어냈으니 앞으로 많은 것이 달라지리란 걸 깨닫고 흘리는 기쁨의 눈물이었으며, 이 일이 푸타 전역의 수많은 여성에게 가져올 변화를 상상하며 벅찬 마음으로 흘리는 희망의 눈물이기도 했다.

"몰리, 울지 마세요." 겔렐이 그녀의 어깨를 잡으며 말했다.

"아니오, 지금은 울어도 좋다고 몰리에게 전해줘요. 꼭 그럴 필요도 없겠지만. 그녀는 무척 행복할 것이오. 이처럼 고귀하고 숭고한 일을 하고 있으니." 몰리는 고개를 들어 그를 바라보았다. "이제 신이 당신 편에 섰으니 앞으로 당신은 승리할 것이오."

22

—

용기

잠바 — Njàmbaar

6개월 후인 1999년 1월 13일, 세네갈 정부는 여성 성기 절제 관행을 불법으로 규정하는 법률을 제정했다. 시술을 해준 사람은 6개월에서 5년의 징역형에, 시술로 인해 아이가 사망한 경우에는 무기 징역에 처한다는 내용이었다. 이 법안이 국회에서 표결되기 전날, 뎀바 디아와라, 우레이 살을 포함한 마을 주민 대표단은 몰리와 함께 국회를 찾아갔다. 국회의원들에게 법안 통과를 재고해달라고 요청하기 위해서였다. 그들은 모든 사람이 이 관행을 중지해야 하지만, 지금 시기에 법률을 통과시키는 것은 시기상조라고 주장했다. 현재로서는 금지 법률보다 인권을 바탕으로 한 교육과 지원 활동을 벌이고, 열린 대화를 통해 여성 성기 절제 관행이 잠재적으로 건강에 미칠 영향에 대해 알리며, 상호 관련된 지역사회가 주체가 되어 관행을 끝내겠다는 집단적 결정을 내리도록 하는 것이 더 좋은 방법이라고 믿었다.

"제가 만약 토스탄 프로그램을 이수하지 않은 상태에서 이런 법이 생겼으니 지키지 않으면 징역에 처하겠다고 하면, 저는 분명 감옥을 선택했을 거예요." 우레이는 의원들 앞에서 말했다. "의원님들의 노력이 실제로는 지금 일어나고 있는 운동에 오히려 해가 될 수 있다는 걸 알아주셨으면 해요. 교육 활동이 먼저 이뤄질 수 있게 우리에게 시간을 주세요. 우리가 옳은 길을 가고 있다는 걸 제발 믿어주세요."

그토록 노력했지만 법안은 통과되었고, 다음 날, 케두구Kèdougou 주에서는 항의의 뜻으로 소녀 백 명이 할례 의식을 치렀다.

며칠 뒤, 우레이가 토스탄 사무실로 전화를 걸어 몰리를 찾았다. 그녀는 몰리가 티에르노 바를 만나고 온 이후, 푸타 지역 60개가 넘는 마을에서 인권과 보건에 관한 모듈을 교육하기 시작했다는 사실을 알고 있었다. "당신이 그처럼 위험을 감수하면서까지 푸타 지역에서 전통의 폐해를 알리려고 하는데, 나도 가만히 있을 수는 없어요. 그곳에서 나고 자랐지만, 여자들이 그 일을 입 밖으로 꺼낼 수 있는 날이 오리라고는 꿈에도 생각하지 못했었어요. 나는 우리 마을과 주변 마을 몇 곳에서만 전통을 끝낸 데에 만족할 수 없어요. 이 전통은 우리나라뿐 아니라 다른 나라에서도 영원히 사라져야 해요." 그녀는 힘주어 말했다.

우레이는 푸타 지역에 그 관행이 얼마나 깊게 뿌리내리고 있는지 잘 알기에 심한 반대에 부딪힐 마을 여자들의 미래가 빤히 보이는 듯했다. 당장 어머니와 여동생들도 자신을 그토록 냉대하지 않았던가. 그녀는 먼저 푸타 곳곳에 퍼져 사는 여러 친척의 인맥을 동원하여 그 주변 사람들부터 시작하여 전통으로 인해 생기는 건강상의 문제들을 알리고, 다른 선택도 가능하다는 사실을 보여주기로 했다.

"노력하면 어떤 일을 할 수 있는지 우리 모두 뎀바를 통해 배웠잖아요. 나는 전통 시술자였어요. 이 관행의 결과를 가장 가까이에서 지켜본 사람이니까 사람들도 내 말이라면 귀 기울여 줄 거예요. 시간이 얼마나 걸리던 힘껏 해볼 생각이에요."

몰리는 우레이의 말을 듣고 뛸 듯이 기뻤다. 그녀는 푸타의 변화 가능성에 여전히 희망을 걸고 있었지만, 티에스 주변 마을에서처럼 순조롭게 이뤄지지는 않으리란 것 역시 알고 있었다. 더 많은 인내와 긴 시간이 필요할 터였다. 그래도 세네갈 다른 지역에서 일어나고 있는 변화의 기세에 영향을 받아 이곳도 조금은 달라지길 바랐다. 우레이는 먼저 토스탄 참가자 중 푸타 출신이면서 이 일에 관심이 있는 여자들을 모아 팀을 짰다. 그리고 몇 주 뒤, 토스탄에서 교통비와 식비를 지원받아 이들과 함께 길을 나섰다. 그들은 주로 부쉬 택시로 이동했지만, 어떤 마을은 너무 외딴곳에 있어서 이용할 수 있는 운송수단이 말이 끄는 수레밖에 없을 때도 많았다.

우레이는 하루에도 서너 시간씩 수레 뒷자리에 탄 채, 나무 한 그루 없이 아득하게 넓은 풍경을 천천히 나아갔다.

그녀는 먼저 토스탄 수업이 진행되고 있는 마을들을 찾아갔다. 하지만 뎀바가 그랬듯이 우레이도 적대적인 사람들과 난처한 상황들을 직면했다. 한 마을에서는 모르는 여자가 그녀에게 침을 뱉기도 했다. "내가 죽으면 이 전통을 그만두겠어! 당신을 저주할 거야." 그 여자는 고래고래 소리를 지르며 악담을 퍼부었다. 하지만 우레이는 흔들리지 않았다. 이럴 때는 토스탄 수업을 통해 사람을 대하는 법—평온하고 공격적이지 않은 태도로 일관하며, 문제에 초점을 맞추기보다는 해결책을 찾는 데 주력하라고 배웠다—을 훈련받은 경험이 큰 도움이 되었다. 그녀가 전달하는 메시지는 항상 똑같았다. "나는 이 전통을 누구보다 옹호했던 사람입니다. 심지어 그 일로 돈도 벌었지만, 유일한 수입원을 스스로 포기했습니다. 지금 이 자리에서 이런 말을 하는 이유는 내가 전통을 저버렸기 때문이 아니라 우리 손녀들에게 평화와 안녕, 건강을 찾아주기 위해서입니다." 그녀는 반복해서 말했다.

우레이는 한 번 나가면 몇 주 동안 마을들을 돌아다니다가 잠깐씩 집으로 돌아와 가족들이 잘 지내는지 확인한 후 다시 길을 떠나곤 했다. 그녀의 하루는 길고 험난했다. 피로와 더위, 배고픔, 외로움이 시시때때로 엄습했으며, 이제 겨우 일곱 살 된 막내와 아이들이 보고 싶어 늘 마음이 괴로웠다. 하지만 우레이는 이곳에도 변화와 평화가 오리란 것을 진심으로 믿고 있었고, 고난의 여정보다는 그렇게 되리라는 희망에만 집중하기로 마음먹었다. 그 어느 곳보다 인내와 시간이 필요한 곳이 푸타였다.

마을을 떠날 때마다 그녀는 사람들에게 다시 돌아와 토론을 이어가겠다고 약속하며 이렇게 말하곤 했다. "아이들의 평화와 건강을 증진시키려면 우리 모두, 세네갈의 모든 여자가 하나로 똘똘 뭉

처야 해요. 우리가 다 함께 이 일을 해낸다면, 우리가 지닌 최고의 가치를 세상에 널리 알릴 수 있다면, 평화와 건강의 정신 속에서 이 일을 해낸다면, 모든 것이 바로 설 거예요."

★

많은 NGO 단체들은 푸타처럼 보수적인 지역은 아무리 노력해봐야 좋은 결과를 얻기 힘들다는 사실을 잘 알고 있었기에 오랫동안 이곳에 투자하기를 꺼려왔다. 하지만 유니세프 독일위원회German National Committee for UNICEF는 이런 위험을 기꺼이 감수하고 토스탄이 푸타 지역 교육 활동을 계속할 수 있도록 1998년부터 기금을 지원하고 있었다. 독일위원회 회장 크리스티안 슈나이더Christian Schneider는 이렇게 설명했다. "토스탄이라는 단체를 만나자마자 그토록 강한 인상을 받았던 이유는 절대 누구에게도 도덕적인 잣대를 들이대지 않는 태도 때문이었어요. 몰리와 함께 일하는 사람들은 진정 변화를 원하지만, 항상 상대를 존중하는 마음을 잃지 않았습니다."

2002년 4월, 몰리는 유니세프 독일위원회의 홍보국장인 클라우디아 버거Claudia Berger와 친선대사로 활동 중인 유명 독일 배우 카챠 리만Katja Riemann을 대표로 초청하여 그동안의 놀라운 진행 상황을 직접 목격할 수 있도록 푸타 지역을 함께 방문하기로 했다.

티에스의 토스탄 사무실을 출발하여 곳곳이 움푹 팬 거친 도로를 달려 작은 도시, 우로쏘기Ourossogui에 도착하기까지는 무려 열 시간이 걸렸다. 그곳에 도착하니 우레이도 미리 나와 그들을 기다리고 있었다. 몰리는 독일위원회 대표들이 마탐Matam 지역 토스탄 참가자들과 대화할 수 있도록 자리를 마련했고, 평소 이 지역 커뮤니티 운영위원회를 맡아 이끌며 토스탄 활동에도 의욕적으로 참여하던 메르 아비Mère Habi라는 여성이 앞장서서 행사 준비를 도와주었다.

다음 날 아침 일찍 호텔에서 으깬 콩 요리와 오믈렛 샌드위치로 아침을 먹은 뒤, 몰리, 우레이, 클라우디아, 카챠는 토스탄 참가자들을 만나러 가기 위해 호텔을 나설 준비를 했다. 그런데 떠나기 직전, 몰리는 창밖으로 200명 정도 되는 많은 사람이 길거리에 모여 있는 모습을 보게 됐다. 그들은 알아들을 수 없는 어떤 구호를 외치고 있었고, 뒤편에는 고무 타이어가 산처럼 쌓인 채 불타고 있었다. 흐릿하게 안개가 낀 아침 하늘로 검은 연기 기둥이 치솟았고, 고무 타는 역한 냄새가 코를 찔렀다.

"이런, 밖에 무슨 문제가 생겼나 봐요. 왜 그러는지 가서 보고 올게요." 몰리가 말했다. 그녀가 호텔 로비로 나가자, 토스탄 지역 코디네이터 몇이 먼저 와 있었다. 그들은 밖으로 나가려는 몰리를 막아섰다.

"몰리, 나가지 마세요." 한 사람이 그녀의 팔을 잡으며 말했다.

"왜요? 밖에서 무슨 일이 일어나고 있잖아요. 왜 그러는지 나가서 확인해야겠어요."

"저 사람들은 지금 당신 때문에 모인 거예요."

"그게 무슨 말이에요? 나 때문이라니?"

"저들은 당신이 여자들과 회의를 주선한 걸 알고 있어요."

"그래서요?"

"지금 당신이 여자들에게 관행을 끝내겠다는 공개 선언을 하게 하려고 여기 왔다고 믿고 있어요."

"말도 안 돼요." 몰리가 말했다.

"알아요. 하지만 그게 당신이 여기 온 이유라고 저 사람들은 확신하고 있어요. 지금 무척 화가 나 있고요. 그러니 제발, 나가지 마세요."

몰리는 굳이 나가지 않아도 호텔 밖에 얼마나 많은 군중이 모였는지 가히 짐작할 수 있었다. "하지만 저 사람들이 잘못 알고 있다는 걸 알려줘야죠. 공개 선언에 대한 얘기는 그동안 한마디도 한 적이 없다고요. 우리는 그저 여자들이 어떤 경험을 했는지 얘길 들으려고 온 거예요." 몰리는 항변했다.

바로 그때, 무리 속에서 한 남자가 호텔 로비로 들어오더니 곧바로 몰리에게 다가와 말했다. "당신과 당신 친구들은 이 호텔에서 한 발짝도 나갈 수 없소. 밖으로 나오는 순간, 아주 후회하게 될 거요."

"지금 협박하시는 건가요?" 그녀가 물었다.

"맘대로 받아들이시오. 하지만 당신은 여기 있을 수 없소. 우리 지역 여자들과 말해서도 안 돼요. 그리고 당신에게 확실히 말해두겠는데, 우로쏘기에서는 어떤 선언도 없을 것이오."

몰리는 실망스럽다 못해 좌절감을 느꼈지만, 손님들의 안전을 위해서라도 메르 아비와 다른 여자들을 만나기로 한 약속을 포기하고 곧바로 이곳을 떠날 수밖에 없었다.

티에스로 돌아온 며칠 뒤, 그녀는 토스탄 직원들과 유니세프 관계자들을 모아놓고 그 지역 활동을 계속해야 할지, 떠나야 할지에 대해 의논했다. 사람들 사이에서 '이번 일 때문에 지역 활동 자체가 너무 위험해진 것은 아닌가? 그곳 여자들에게 득보다 실이 되는 것은 아닌가?'라는 문제 제기가 일었다. 지금 푸타의 토스탄 프로그램은 중대한 갈림길에 서 있었고, 이제 몰리는 아주 중요하고 어려운 결정을 내려야만 했다. 여러 다른 NGO 단체들이 그랬던 것처럼 철수할 것인지, 아니면 변화의 가능성을 믿으며 계속 활동할 것인지.

"그 지역을 쉽게 포기할 수 없었어요." 몰리는 당시를 떠올리며 말했다. "세네갈 다른 지역에서는 운동이 점점 탄력이 붙고 있었거든요. 이 무렵 392개의 마을이 관행을 중단하겠다고 공개적으로 선언했어요. 우리는 정말 힘든 상황이었지만, 푸타에서도 같은 일이 일어날 수 있다고 믿기로 했죠. 그러고 나니 다음 결정은 훨씬 쉬워지더군요. '우리는 그곳을 떠나지 않는다. 푸타에서 우리의 존재감이 더욱 드러나도록 더 적극적인 홍보 활동을 벌인다.' 그게 우리의 결정이었어요."

그러기 위해 몰리가 가장 먼저 해야 할 일은 푸타에서의 홍보 활동을 책임지고 이끌어나갈 수 있는 경험이 풍부하고 노련한 직원을 찾아내는 일이었다. 그녀는 이 일에 꼭 맞는 적임자를 알고 있었다. 바로 키가 크고 지적이며, 지독할 정도로 침착한 남자, 할리두 시Khalidou Sy였다. 그는 콜다Kolda 주州에서 태어났지만, 그가 다섯 살이 되었을 때 푸타에 사는 할아버지가 당신에게 아이를 보내면 맡아 키우면서 코란 공부를 시켜주겠노라고 약속했다. 그의 부모는 그 말만 믿고 할리두를 보냈지만, 막상 할아버지 집에 가보니 그 말은 몽땅 거짓말이었다. 할아버지는 할리두를 코란 학교에 보내지 않고 온종일 일만 시켰다. 그는 다섯 살 때부터 목동이되어 할아버지가 키우는 수많은 소를 매일같이 돌보아야 했다. 가족들은 할리두에게만 힘든 일을 시켰고, 다른 손주들과 다르게 대접하며 무시했다. 어머니가 옷이나 신발을 보내오면 매번 할아버지의 부인들이 물건을 빼앗아 집안의 다른 아이에게 나눠주었다.

어느 날, 할리두는 늘 소를 몰고 가던 들판에서 멀지 않은 곳에 서 있는 학교 건물을 보게 되었다. 교실 창문으로 살금살금 다가가 실내를 엿보았더니 자기 또래의 소년들이 책을 펼쳐놓고 앉아 커다란 칠판에 쓰인 글자와 숫자를 배우고 있었다. 그는 그 광경에 완전히 넋을 잃고 말았다. 공부하고 싶은 마음이 너무나 간절했던 할리두는 매일같이 창가에 서서 교실 안을 들여다보았다. 그러다 어떤 날은 소들을 너무 오래 내버려 두어 멀리까지 흩어진 소들을 찾아다니느라 애를 먹기도 했다. 그 모습을 본 교장 선생님이 그를 불쌍하게 여겨 교실 안으로 들어오게 해주었다. 할리두는 작은 책상 아래 가늘고 긴 다리를 접고 앉아 공부하는 일에 그만 푹 빠져버렸다. 그는 나중에 몇 시간씩 소를 잡으러 다녀야 할 걸 뻔히 알면서도 매일 아침 일찍 학교로 갔다.

이윽고 그의 괴상한 행동이 가족들의 귀에도 들어갔다. 가족들은 학교로 갑자기 들이닥쳐 교실에 앉아있던 그를 끌어냈다. 그날밤 그는 평소 자주 그랬던 것처럼 매듭을 묶은 밧줄과 나뭇가지로 매를 맞았고, 학교에도 가지 못하게 되었다. 이후 할리두는 분노와 좌절감을 주체할 수 없어 툭 하면 동네 아이들에게 시비를 걸고 싸움을 했다.

그가 열 살이 되었을 때였다. 콜다에 사는 숙모가 조카가 잘 지내는지, 코란 공부는 얼마나 했는지 보러 왔다가 몇 년 동안 학교는커녕 죽도록 일만 하며 지낸 할리두를 보고 몹시 화를 냈다. 그때 할리두는 무척 불행하고 제멋대로인 아이가 되어 있었다. 숙모는 얼마 안 되는 소지품을 챙겨 당장 할리두를 콜다로 데리고 왔다. 집으로 돌아온 할리두는 이제 좀 안정적인 삶을 살 수 있으리라 믿었다. 무엇보다도 학교에 갈 수 있으리란 기대감에 부풀어 무척 행복했다. 하지만 실망스럽게도 그의 아버지는 할리두가 소를 잘 돌본다는 사실을 알고 곧 집의 소들을 돌보는 일을 그에게 맡겼다.

하지만 할리두는 학교에 가겠다는 바람을 포기하지 않았다. 콜다로 돌아온 뒤 얼마 되지 않았을 때, 그는 집 근처에 학교 교장 선생님이 산다는 사실을 알고 기회를 엿보았다. 어느 날 저녁, 그는 교장 선생님의 집을 찾아가 말했다.

"저도 다른 아이들처럼 학교에 가고 싶어요. 제 또래의 다른 아이들이 매일 학교에 갔다 돌아오는 모습을 볼 때마다 너무 슬퍼요. 걔들을 만나면 그날 뭘 배웠는지 알려달라고 부탁해요. 저는 더 이상 걔들한테 수업 내용을 전해 듣고 싶지 않아요. 저도 선생님 학교에 다니게 해주세요."

며칠 뒤, 교장은 할리두의 집을 방문하여 그의 아버지에게 할리두가 공부에 무척 특별한 재능이 있는 것 같으니 몇 년 만 목동 일을 그만두고 학교에 보내보면 어떻겠냐고 설득했다. 그렇게 할리두는 열 살의 나이에 정식으로 초등학교에 입학하게 되었고, 여섯 살짜리 아이들과 한 교실에 앉아 학교생활을 시작했다. 그는 무척 똑똑한 학생이었기에 몇 학년 과정을 한 번에 건너뛰며 빠르게 월반했다. 저녁에는 직접 자기 밭을 일구어 채소를 재배했고, 그걸 판 돈으로 학용품을 샀다. 마침내 사립학교로 진학하여 중등교육 과정 공부를 시작했을 때에는 농사를 지어 번 돈으로 등록금까지 냈다. 고학으로 8학년까지 마친 그는 2년 뒤인 1982년에는 시험에 통과하여 스무 살의 나이에 하급 중등교육 수료증을 받았고, 3년 뒤에는 전문대학 학위와 맞먹는 바칼로레아 학위를 따냈다.* 그는 졸업하자마자 토스탄 마을 간사로 취직하여 조직 안에서도 빠르게 승진했다. 간사에서 현장 주임이 되었고, 그다음에는 지역 코디네이터가 되었다가 지금은 프로그램 총괄책임자로 일하고 있었다.

평소 몰리는 할리두의 훌륭한 직업윤리와 성실한 근무 태도를 높이 평가해왔으며, 침착한 성격과 자신감, 뛰어난 지적 능력을 갖춘 데다 어린 시절 푸타에서 살아본 경험까지 있으니 그야말로 이번 난제를 풀어갈 적임자라고 여겨졌다.

몇 주에 걸쳐 할리두는 토스탄 사무실을 이번 항의의 중심지였던 우로쏘기로 이전했다. 그리고 추가로 직원을 고용했으며, 사무

---

* 세네갈의 중등교육은 7학년에서 13학년까지 총 7년 과정이며, 하급 중등교육이 4년, 상급 중등교육이 3년 동안 이뤄진다.

실 집기를 들여오고 건물 밖에는 커다란 토스탄 간판도 걸어두었다. 몰리는 시위대의 일부 사람들은 토스탄에서 하는 일이나 수업에서 가르치는 내용이 어떤 것인지 잘 모르고 오해했기 때문에 그런 행동을 했으리라 짐작했다.

"종교 지도자와 몇몇 사람들은 토스탄이 푸타 주민들에게 우리 생각을 강제로 주입하고 있다고 믿는 게 분명했어요. 특히 여자들을 부추겨 원하지도 않는 결정을 하게 만들고, 오래 지켜온 전통에서 멀어지게 하려 한다고 여기는 듯했죠." 몰리가 말했다. 이런 잘못된 생각에 반박하기 위해 할리두는 지역 방송국에서 주 1회 진행하는 라디오 프로그램을 신설했다. 그리고 사람들을 초대하여 토스탄 프로그램과 사명에 대해 알리는 공개 설명회를 열었으며, 특히 지역 종교지도자들에게는 빼놓지 않고 매번 초청장을 보냈다. 이 설명회에서 할리두는 토스탄은 시골 지역에 교육 프로그램을 운영하기 위해 만들어진 개발단체임을 설명했고, 전통을 파괴하려는 의도가 전혀 없다는 뜻을 분명하게 밝혔다. 또한 모듈 내용에 대해서도 티에르노 아마두 바 같은 종교지도자들의 승인을 받았다는 사실을 알렸다.

이런 노력에도 불구하고 현지인들의 태도는 쉽게 바뀌지 않았다. 우로쏘기에서 홍보 활동을 시작한 지 겨우 몇 주가 지났을 뿐이었는데, 한 종교지도자 단체에서 푸타 전역의 토스탄 프로그램을 모두 폐쇄시키기로 결정을 내렸고, 토스탄 간사들이 사는 마을을 당장 떠나지 않으면 목숨을 잃을 수도 있다는 말까지 흘리고 다닌다는 소식이 들려왔다. 협박이 점점 더 심해지자, 몰리와 할리두는 이런 반대 여론에도 불구하고 프로그램을 계속 진행하길 원하는지 여자들에게 직접 물어보기로 했다.

메르 아비의 작은 집 뒷마당으로 30명 이상의 여자들이 모여들었다. 할리두는 그들의 안전을 우려하는 몰리의 마음을 전했고, 말리쿤다 밤바라의 여자들 역시 처음에는 심각한 저항에 부딪힌 적이 있었다고 설명했다. "말리쿤다 밤바라 여성들이 겪었던 것처럼 여러분에게도 비난의 화살이 날아오진 않을까 몰리는 걱정하고 있어요. 어쩌면 더 나쁜 상황이 될 수도 있다고…… 여러분이 더 이상 관행 중단에 대해 언급하기를 원하지 않는다고 하더라도 저희는 다 이해할 수 있습니다."

"걱정해주시는 건 정말 감사합니다." 메르 아비가 대답했다. "하지만 우리도 더는 뒤로 물러나 다른 이들이 우리를 위해 대신 싸우는 걸 지켜보지 않겠어요. 인권에는 책임이 따른다고 배웠어요. 변화를 원한다면, 옳다고 믿는 것을 위해 우리도 용기 내어 일어서야죠."

메르 아비는 먼저 마을 서너 곳에서 활동 중인 토스탄 커뮤니티 운영위원회의 코디네이터들을 모아 회의를 열었고, 오랜 토론 끝에 종교지도자 협회와 현지 정부 관리, 프레페préfet를 직접 만나보기로 했다. 마르 로Mar Lo라는 이름의 프레페는 지역 내에서 주지사에 버금가는 권력을 가진 고위 공무원이었다. 몇 주 뒤인 2002년 6월, 스무 명의 여자들은 프레페의 사무실에 도착했고, 그 자리에는 한 무리의 종교지도자들이 먼저 나와 근엄한 표정을 짓고 앉아있었다. 일단 사무실 안으로 들어가자, 메르 아비는 여자들을 대표하여 망설이지 않고 이야기를 시작했다.

"왜 여러분은 토스탄을 좋아하지 않으시죠?" 그녀는 종교지도자들에게 물었다.

단도직입적인 그녀의 태도에 그들은 매우 언짢아했다. "흠, 우리는 당신들이 뭘 하는지 다 들었소."

"무슨 말씀이신지 모르겠어요. 우리가 뭘 한단 말씀이시죠?"

그는 난처한 듯 다른 남자들을 쳐다보았다가 프레페를 보았다. "수업 시간에 여자들에게 모두 옷을 벗으라고 한 다음에 서로 성기를 보여준다지?"

순간 방 안 여기저기서 '헉' 하는 소리가 들렸다. 메르 아비는 매우 성난 목소리로 외쳤다. "어떻게 그런 상상을 하실 수 있으시죠? 그건 사실이 아닙니다. 당신께서는 지금 저희를 매우 심하게 모욕하셨습니다. 저희는 모두 이슬람을 믿는 여인들입니다. 대부분 메카로 성지 순례까지 다녀온 사람들이란 말입니다." 그녀는 잠시 말을 멈추고 마음을 진정시켰다. "좋든 싫든, 이제 우리는 세네갈 모든 국민이 인권을 가지고 있다는 사실을 받아들여야 한다고 생각합니다. 여러분께서 당신의 아이들을 교육시키고 싶지 않으시다면, 좋습니다. 그건 '마라부'님들의 선택이니까요. 하지만 지역사회 다른 사람들이 교육을 받고 깨우쳐서 앞으로 나아가려는 바람까지 막을 권리는 없으십니다."

"지금 당신이 하는 말과 행동, 전부가 아주 위험해." 또 다른 종교 지도자가 대꾸했다.

"어쩌면요. 어쩌면 반대로 여러분께서 잘못 알고 계신 것일 수도 있고요. 어느 쪽이든 저희는 위협 때문에 멈추지는 않겠습니다. 아무리 큰 권력을 지니신 분들이 저희를 협박한데도 마찬가지고요." 그녀는 방 안에 모인 사람들을 둘러보았다. "저희에게도 교육을 받을 권리가 있다는 사실을 이제는 알고 있기에 겁먹고 물러서지 않을 겁니다. 저희는 문제를 일으키기 위해 여기 온 게 아닙니다. 그렇다고 토스탄 수업을 중단하거나 교육의 기회를 포기하겠다는 말씀을 드리려고 온 것도 아닙니다. 방금 말씀하셨던 그런 행동을 수업에서 하고 있다고 믿으신다면, 잘못 아신 겁니다."

그렇게 몇 주가 지나자, 상황은 더욱 나빠졌다. 토스탄 직원들이 아프리카의 전통을 파괴하려 한다고 비난하면서 그들을 죽이겠다는 협박이 계속해서 들려왔다. 도시 이곳저곳에는 토스탄 활동에 참여하지 말라고 경고하는 벽보도 나붙었다. 직원들의 차량이 고의로 훼손되거나 파괴되는 일이 수차례 일어났고, 사무실 경호를 위해 군대가 출동하기도 했다. 도시 내에는 조만간 남자들이 집집마다 찾아다니며 토스탄 참가자들에게 상해를 가하고 간사들을 도시 밖으로 쫓아낼 계획을 세우고 있다는 흉흉한 소문까지 나돌았다. 아마도 종교지도자들이 고의로 흘린 소문인 듯했다.

"이건 단순히 여성 성기 절제 관행의 문제가 아니라 뭔가 다른 이유가 있었어요. 맞아요, 종교지도자들은 깊게 뿌리내린, 중요한 전통을 폐지하는 것도 싫었지만, 그토록 우리를 반대한 핵심에는 더 큰 다른 이유가 존재했어요. 그들은 여자가 목소리를 내고, 자신의 인권을 적극적으로 수용하려는 그런 생각 자체를 거부했던 거예요. 계급사회에서 토스탄이 민주주의 정신을 싹틔우는 게 싫었을 테죠." 몰리가 말했다. 지금 여자들은 어쩌면 이 지역 역사상 가장 처음으로 큰소리로 의견을 말하고, 완고하게 자신의 뜻을 밀고 나가며, 마을에 해를 끼치는 어떤 것에 반대한다고 말하고 있었다. 고대 카스트 제도가 여전히 남아있는 이곳에서 심지어 낮은 계급 출신 여자가 이전에는 생각조차 할 수 없었던 중요한 역할을 맡는 일도 생겨났다. 세두 아바스Seedo Abbas라는 한 마을에서는 낮은 계급에 속했던 쿰바 토콜라Kummba Tokola라는 여자가 커뮤니티 운영위원회의 코디네이터로 선출되었다. 몰리는 이 모두가 인권 교육의 힘이라고 굳게 믿었다.

그 모든 위협과 갈등 속에서도 여자들은 물러설 생각이 없다는 사실을 몰리와 할리두는 확실히 알게 됐다. 얼마 지나지 않아, 여자들은 고인이 된 선조들을 기리기 위해 매년 지내는 중요한 제사에서 남편을 돕지 않겠다고 선언했다. 이때가 되면 보통 여자들은 남자들을 위해 음식을 장만하고, 제사 비용으로 쓸 수 있게 생활비를 아껴 따로 돈을 모으는 등 행사에서 중요한 역할을 하곤 했었다.

어느 날 메르 아비는 몰리에게 이렇게 말했다. "이제 제사 준비는 하지 않기로 했어요. 교육을 받을 수 있도록 남자들이 우리를 도와주지 않는다면, 우리도 마찬가지로 도와주지 않을 생각이에요."

★

이 일은 앞으로 푸타에서 벌어질 변화의 시작에 불과했다. 그 일이 있고 며칠 뒤, 몰리는 파팀 디옵Fatime Diop이라는 여자에게서 전화 한 통을 받았다. 그녀는 푸타 지역, 세네갈강 강변에 위치한 포도르라는 소도시에서 커뮤니티 운영위원회 코디네이터를 맡고 있었다. 파팀은 주변 마을 여자들이 그동안 정말 힘들게 노력해왔다며, 다 함께 모여 이야기를 나누고 싶으니 몰리가 그곳으로 와줄 수 있겠냐고 물었다.

"꼭 직접 만나 할 얘기가 있거든요. 지금 이곳에서 벌어지고 있는 일들을 당신도 알 필요가 있다고 생각해요." 몰리는 파팀의 초청을 기꺼이 받아들였다. 그런데 그곳에 가기 며칠 전, 포도르의 한 공무원이 전화를 걸어 절대 오지 말라는 얘기를 전했다.

"저희로서는 당신의 안전을 보장해드릴 수 없을 만큼 지금 상황이 위험합니다. 특히나 당신이 이곳 여자들을 만나 회의를 하신다면, 더더욱 그렇고요. 특정 종교지도자들이 어떻게 나올지 너무 걱정스럽군요."

그 전화가 마음에 걸려 몰리는 파팀에게 전화를 걸었다. "그런 협박은 전혀 신경 쓰지 않으셔도 돼요. 어떤 일이 일어나고 있는지 저희도 다 파악하고 있으니까요. 당신은 그냥 오시기만 하세요. 포도르의 여자들이 당신을 지킬 겁니다." 파팀은 놀라는 기색도 없이 말했다.

며칠 후, 몰리는 혼란스러운 마음으로 직접 차를 운전해 포도르로 향했다. 그녀는 그곳에 도착해서 어떤 문제라도 생길까 봐 계속 마음을 졸였고, 행여 문제가 생기더라도 우로쏘기에서 같은 통제불능의 상황은 아니기를 간절히 바랐다. 여덟 시간이 걸려 차가 마침내 도시 안으로 들어섰을 때, 그녀는 저 멀리 중앙 광장에 모인

한 무리의 사람들을 보았다. 차를 몰고 천천히 그쪽으로 접근하던 몰리는 그만 눈앞의 광경에 숨이 턱 막히고 말았다. 2,000명도 넘을 만큼 많은 수의 여자들이 화려한 '부부'와 멋진 장신구로 치장하고 자신을 기다리고 있었다.

사람들이 다가오는 몰리의 차를 알아보고 일제히 손뼉을 치며 노래를 부르기 시작했다. 그녀가 차에서 내리자 엄청난 환호성이 터져 나왔다. 몰리는 나오려는 눈물을 꾹 참으며 파팀과 손을 맞잡았고, 주변의 함성은 더욱 커졌다. 파팀이 이끄는 대로 강둑 위로 올라서자, 그곳에는 화려한 색과 복잡한 무늬로 장식한 피로그*다섯 척이 강물 위에 떠 있었고 배에 탄 여자들이 호흡을 맞춰 노를 젓고 있었다. 몰리는 전에도 사람들이 배를 타고 이런 행사를 벌이는 모습을 본 적이 있었지만, 지금처럼 여자들이 노를 젓는 경우는 처음이었다. 각각의 배가 몰리 앞을 지나갈 때마다 피로그에 탄 여자들은 의기양양하게 일어서 몰리와 강둑에 선 여자들을 향해 손을 흔들었다.

그다음 파팀은 몰리를 자신의 집으로 안내했다. 주변 마을에서 온 여자들 50여 명이 먼저 와서 몰리를 기다리고 있었다. 문을 단단히 닫아걸고, 그들은 몰리와 함께 그동안 배운 인권과 여성 성기 절제 관행에 관련된 정보와 의견을 나누었다.

파팀은 말했다. "그동안 정말 많은 어려운 상황을 만났고 협박

---

* 통나무의 속을 파내 만든 전통 배

과 위협도 숱하게 당했지만, 그 누구도 우리가 해야 할 일을 막지는 못했어요."

"사실 무슨 뜻인지 확실히 이해하지 못했어요. 하시려는 일이 대체 뭔가요?" 몰리가 물었다.

"그동안 6년이라는 시간이 흘렀어요. 여러 문제들을 겪으면서도 포기하지 않고 계속 열심히 노력할 수 있었던 건, 다른 여러 마을에 사는 우리 자매들, 그러니까 용기 있게 일어서서 이 전통을 끝내겠다고 먼저 선언한 사람들이 많은 것을 가르쳐 주었기 때문이에요. 우리도 이제 공개 선언을 하고, 이 운동에 동참하겠어요."

★

몇 달 뒤, 몰리는 할리두에게서 전화를 받았다. 할리두는 푸타에서 있을 첫 공개 선언의 날짜는 2005년 11월 13일, 장소는 세두 아바스로 정해졌고, 마침내 모든 준비가 끝났다고 말했다. 몰리는 도무지 믿기지 않는 심정으로 세네갈 전 지역의 코디네이터들을 초청하여 이 역사적인 선언의 증인이 되어달라고 말했다. 그날 아침 몰리가 세두 아바스에 도착하자, 그곳에는 이미 1,500명가량의 사람이 모여 있었다. 우레이도 먼저 와서 그 순간—어린 시절에는 결코 상상할 수도 없었던—의 기쁨을 맘껏 누리고 있었다.

"있잖아요, 몰리. 단체 이름을 '토스탄'이라고 정할 때만 해도 이 말이 이렇게 널리 퍼질 줄은 상상도 못 했겠죠?" 우레이는 몰리를 향해 미소를 지으며 말했다. "나도 많은 병아리와 암탉 중 한 사람으로 우리를 둘러싸고 있는 껍데기를 깨는 데 힘을 보탰어요. 그런

나 자신이 정말 자랑스러워요."

이번 선언은 70개의 마을이 참가하여 이뤄졌으며, 시간이 좀 더 지나자 그곳에 모인 사람의 숫자가 2,000명이 훌쩍 넘을 만큼 많은 사람이 모여들었다. 300km나 되는 먼 거리에서 찾아온 사람들도 있었다. 지금까지 계획된 공개 선언 가운데 가장 큰 규모였다. 행사장 주변에는 강한 햇볕과 사막에서 불어오는 엄청난 모래바람을 가리기 위해 천막들이 세워졌다. 드디어 행사가 시작되자, 사람들은 일제히 조용해졌다. 제일 먼저, 여러 지역에서 온 마을 여자들과 촌장들이 일어서 여성과 소녀들의 건강, 교육, 인권을 위해 헌신하겠다는 선서를 했다. 그리고 토스탄 프로그램을 접한 뒤 마을에 어떤 변화들이 일어났는지, 결과에 대한 발표가 있었다. 그해에만 아동 13,000명 이상이 소아마비를 비롯한 여러 질병에 대비해 예방접종을 했고, 2,300명의 신생아가 출생 신고를 했으며, 1,350명의 아이가 정식으로 학교에 입학했다. 대략 2,000그루의 나무들이 심어졌고, 땔감을 절약할 수 있는 요리용 화덕도 1,000개 이상 새로 만들었다. 공립학교가 아예 없던 마을 몇 곳은 로비 활동을 적극적으로 벌여 학교를 유치하게 된 곳도 있었다. 다음에는 쿰바 토콜라가 사람들을 향해 선언했다. "오늘은 우리 여성과 아이들이 해방되었음을 선언하는 날입니다. 그동안 여자들은 모든 고뇌와 역경을 그저 견디며 살아왔지만, 이제는 토스탄을 통해 지식을 얻었고, 세상을 이해하게 되었으며, 변화를 위해 단결하게 되었습니다."

행사의 마지막 무렵, 70명의 남자, 여자, 아이들 각각이 대표하는 마을의 이름이 적힌 팻말을 들고 함께 나선 가운데 한 어린 소녀와 장년 여성 한 사람이 일어나 풀라르어와 불어로 선언문을 낭독했다. 선언식이 진행되는 내내 몰리의 시선은 자꾸만 카디디아 바데 디알로Khadidia Bade Diallo라는 한 소녀에게로 향했다. 토스탄 프로그램이 진행되면서 청소년 협회가 조직되었는데, 열한 살인 그녀는 그 조직의 회장을 맡고 있었다. 조금 전 몰리를 만난 그녀는 미소를 지으며 이렇게 말했다. "그런 전통은 완전히 없어져서 다시는 생겨나면 안 돼요. 저희가 이곳에 온 이유도 그래서고요. 그리고 전 어른이 되면 의사가 되겠다고 결심했어요."

몰리는 불과 몇 년 사이에 푸타에서 어떤 사회적 진화가 일어났는지 잠시 떠올려보았다. 예전의 카디디아는 어린 나이에 결혼해서 아이를 여럿 낳고 힘들게 살아갈 가능성이 컸지만, 이런 변화들로 인해 이제 그녀는 정해진 미래에서 벗어나 눈 앞에 펼쳐진 새로운 길을 상상할 수 있게 되었다. 이런 선언, 이런 행동들로 카디디아의 미래, 그리고 수많은 소녀의 미래는 영원히 바뀌게 되리라는 것을 몰리는 예상할 수 있었다.

23

동트는 새 날

파쟈르 기 — Fajar gi

2005년 11월, 세두 아바스에서 선언이 일어날 무렵, 세네갈에서는 총 1,486개의 마을이 공개 선언에 참여하여 여성 성기 절제 관행을 철폐하겠다고 발표했다. 8년 전 말리쿤다 밤바라에서 서른다섯 명의 여자들이 모여 관행 중단을 선언했던 첫 공식 발표 때와는 분위기도 사뭇 달라져 있었다. 이제 선언식은 세네갈 전역의 크고 작은 마을에서 온 주민 수백 명, 때로는 수천 명이 참석하는 대규모의 기념행사가 되었으며, 이웃 나라인 말리, 기니비사우, 감비아, 모리타니에서도 사람들이 찾아올 만큼 유명해졌다. 가히 인권혁명이라 부를 수 있을 만큼 선언식은 수그러드는 기미 없이 전국으로 번져나갔고, 그로 인해 수많은 세네갈 소녀들이 관행의 위험에서 벗어났을 뿐 아니라 미래 세대는 그런 관행이 있었다는 사실조차 모르고 살게 될 터였다.

그중 2000년 4월 7일에 열린 선언식은 파틱Fatick 지역, 시네-살룸Sine-Saloum 삼각주에 위치한 26개의 섬 주민 수백 명이 참석한 가운데 열린 행사였다. 토스탄 간사 한 사람과 세레르 니오밍카 Serer Niominka 부족 출신 여자 둘이 이 섬 저 섬으로 배를 타고 다니며 친척들을 모아놓고 인권과 보건에 관한 지식을 전파하고, 특히 여성 성기 절제 관행을 주제로 공개토론을 벌인 덕분에 이런 성과를 얻게 되었다.

2002년 6월 5일에는 그때까지 있었던 선언식 가운데 가장 큰 규모의 선언식이 벌어지기도 했다. 만딘카Mandinka족과 풀라르Pulaar족이 주로 거주하는 지역 285개 마을 사람들은 남부 콜다 지역, 카르시아Karcia 마을에 모였고, 행사장에는 '오늘을 사는 소녀들과 내일을 살 여자들의 인권을 존중하라'고 적힌 커다란 현수막이 내걸렸다. 세네갈 다르에스살람Dar es Salaam 마을의 커뮤니티 운영 위원회 코디네이터를 맡고 있던 은죠바 징가리Njoba Jingary는 이렇게 연설했다. "오늘 우리는 한 아기를 출산하며 그 아이에게 '여성 성기 절제 관행 철폐'라는 이름을 지어주었습니다. 이 자리에 모이신 여러분 모두에게 간곡히 부탁드리오니, 이 아이를 부디 잘 돌보고 키울 수 있도록 도와주십시오."

지겐쇼Ziguinchor 지역, 왈람판Oulampane마을에 모인 수천 명의 사람 앞에서 진행된 2003년 12월 7일 선언식에서는 테레마 디에쥬Terema Diedhiou라는 한 여인이 자신의 딸과 조카가 할례 시술로 인해 사망했으며, 당시 둘의 나이는 겨우 열두 살이었다고 처음으로 용기 내어 밝히기도 했다.

그리고 2004년 12월 12일, 160개 마을을 대표하는 1,500여 명의 사람들은 신츄 말렘Sinthiou Malème 마을에 모여 두 개의 토착어, 풀라르어와 만딘카어로 각각 낭독되는 공개선언문에 귀를 기울였다. "여기 모인 160개 마을의 주민들은 이제 딸들에게 할례를 시키지 않을 것입니다. 이 관행은 완전히 끝났습니다." 아미나타 바Aminata Bah라는 이름의 여자가 단호한 목소리로 선언했다.

국제 NGO 단체인 인구협의회Population Council는 '성과 생식에 대한 건강의 새 지평Frontiers in Reproductive Health'이라는 프로젝트를 진행하며 토스탄 프로그램이 시행됐던 스무 개의 마을을 대상으로 2000년부터 2003년까지 통제연구를 시행하여 2004년에 그 결과를 발표했다. 성과 생식에 대한 건강, 인권, 여성 성기 절제 관행 철폐라는 항목으로 나누어 이와 관련된 사람들의 지식, 태도, 행동 등을 평가해 보니, 토스탄의 비정규교육 프로그램은 마을 주민들에게 "상당히 중요한" 영향을 미쳤다는 결과가 나왔다.

"이런 외부기관의 평가는 우리가 바라던 바였어요. 덕분에 자신감을 얻었고, 옳은 길을 가고 있다는 확신도 생겼죠. 결과를 듣고 정말 큰 안도감을 느꼈어요." 몰리가 말했다.

그런데도 몰리와 토스탄 직원들은 이런 선언이 해당 지역에서 100% 관행 철폐를 의미한다고 여기지는 않았다. "우리는 모든 사람이 이 의견을 따라야 한다고 주장하지도 요구하지도 않았어요. 말리쿤다 밤바라의 한 여자아이가 1997년 이후 할례를 받는 게 가능했을까요? 당연히 가능한 일이죠. 그렇다고 토스탄의 접근방식이 효과적이지 않다는 의미는 아니거든요. 각 지역의 마을 활동가 수백 명이 혈연관계에 있는 사람들로 지식을 전달해가며 활동을 벌이고 있었고, 이 관행을 종식시키겠다고 결정했다는 사실 그 자체가 중요한 거죠. 그들의 노력은 근본적인 수준에서 변화를 일으킬 수 있는 최소한의 규모를 형성했고, 그게 티핑 포인트*를 만들어냈다고 우리는 믿고 있어요."

선언에 참여한 지역사회와 토스탄은 여성 성기 절제 관행을 철폐하며 역동적인 사회 변화를 이뤄냈다는 사실에 엄청난 흥분을 느꼈다.

하지만 움직임은 거기서 멈추지 않았다. 세네갈 전역의 토스탄 참가자들은 여성에 대한 다른 차별 행위도 중단하라고 외치기 시작했다. 특히 조혼 풍습에 대한 비판이 매우 거셌다. 조혼은 아프리카, 아시아, 라틴 아메리카, 카리브해 지역뿐 아니라 세네갈에서도 매우 일반적으로 이뤄지는 풍습이었지만, 어린 신부가 겪는 육체적·정신적 피해는 엄청났다. 15세 미만의 어린 소녀는 성인 여성보다 출산 중 사망할 확률이 다섯 배나 높았는데도 대개의 어린 신부들은 몸이 성숙하기도 전에 억지로 임신과 출산을 경험했으며, 세계적으로 15~19세 소녀들이 사망하는 주된 요인도 조기 출산 때문이라고 알려져 있었다. 몰리가 시골에서 지내며 직접 목격한 바에 따르면, 어린 나이에 출산하고 죽지 않는다고 하

---

* 작은 변화들이 일정 기간 쌓여 미세한 자극에도 균형이 깨지며 상황이 극적으로 변화하게 되는 단계

더라도 이후 여자들은 치루나 대소변 실금 같은 만성적인 합병증에 시달려야 했다.

토스탄 수업에 참가하는 여자들도 대부분 어린 나이에 결혼하여 조혼의 부정적 영향을 잘 알고 있었기에 그들은 조혼 금지를 공개적으로 주장하기 시작했다. 세네갈 북동쪽의 세메Seme라는 마을에서는 딸의 나이가 열 살 정도 되면 아버지가 나서서 혼처를 결정짓는 일이 일반적이었다. 하지만 토스탄 프로그램에서 조혼을 주제로 토론을 했던 이 마을 여자들은 며칠 후 카디Khady라는 이름의 열세 살 여자아이가 결혼할 예정이라는 소식을 듣자마자, 이를 중단시키기 위해 들고 일어섰다. 카디의 아버지는 아프리카 다른 나라인 가봉에서 일하여 멀리 떨어져 살면서도 마을의 한 집안과 얘기하여 카디를 시집보내기로 했다. 당시 카디는 7학년으로 학교에 다니고 있었는데, 그녀의 아버지는 학교로 사람을 보내 다음 날 결혼할 예정이라며 수업을 받고 있던 카디를 무작정 데리고 나오게 했다. 대부분의 어린 신부들처럼 그녀도 더 이상 교육을 받지 못할 상황이었다. 토스탄 참가자이기도 했던 카디의 어머니는 이 결혼을 막기 위해 필사적으로 매달렸다. 그날 저녁 토스탄 간사와 커뮤니티 운영 위원회, 학교 교장을 찾아가 특별 회의를 요청하여 밤늦도록 이 일을 의논했다. 다음 날 아침, 수십 명의 마을 주민들과 학교 학생들은 카디를 데려간 남자의 집까지 행진하며 시위를 벌였다. 그 남자는 인근 모스크에서 결혼식을 치르려고 준비 중이었다. 사람들은 '우리는 조혼을 인정하지 않는다! 소녀를 학교로 돌려보내라!'고 손으로 쓴 푯말을 들고, 결혼식을 중단하도록 남자를 설득했다. 카디는 다시 학교로 돌아갔고, 여자들은 카디의 아버지에게도 연락하여 이 마을에서는 더 이상 조혼 풍습을 받아들일 수 없다는 강력한 뜻을 밝혔다.

또한, 일상적으로 일어나고 있던 가정 내 폭력에 반대하는 운동도 일어나기 시작했다. 세네갈 남동쪽 디아라코토Dialakoto라는 마을에서는 한 여성이 배우자에 의해 학대를 당하는 일이 발생하자, 토스탄 참가자들은 비폭력 평화시위를 계획하고, 미리 지역 언론 매체에도 연락하여 운동에 동참해 달라고 요청했다. 시위 현장에서는 수십 명의 여자들이 참가해 냄비와 팬을 두드리며 토스탄 수업에서 직접 만든 노래를 불렀고, 가정 폭력은 더 이상 용납되어선 안 된다고 외쳤다. 이 자리에서는 그동안 한 번도 공개적인 논의가 이뤄진 적이 없던 부부 강간과 근친상간 같은 주제에 대해서도 언급되었다. 과거 여자들은 가족 중 누군가가 어린아이를 강간한 사실을 알아도 집안에 화를 자초할까 두려워 모른 척해야 한다는 압박감을 느꼈다. 하지만 이제 토스탄 참가자들은 강간과 근친상간은 법을 어기는 범죄행위일 뿐 아니라 "가족끼리 알아서 처리할 일"로 간과해선 안 된다고 선언했다. 이런 범죄를 묵인하는 일은 이제 없어야 했다. 누구라도 이런 폭력을 행한 사실이 확인되면, 여자들은 해당 관청에 신고하고 가해자를 확실히 처벌하도록 모든 수단을 동원하겠다고 다짐했다.

"여러 소식이 정말 많이 들려왔거든요. 인권 교육의 결과로 일어나는 이런 사례들을 계속 접하면서 여러 생각을 하게 됐어요. 세네갈 사람들이 가장 깊이 받아들여 온 가치에 대해 집단으로 성찰

하고, 현재의 태도나 행동이 사실은 그 가치를 해치고 있지 않은가 질문하는 모습을 보면서 내가 지금 정말 중요한 사건을 목격하고 있구나 싶었죠. 그러면서 처음으로 어떤 가능성을 깨달았던 것 같아요. 여성 성기 절제 철폐에 접근했던 토스탄 방식을 한 가지 관행에만 적용할 게 아니라 여러 사례에 모두 적용할 수 있겠다는 생각을 하게 된 거죠." 몰리는 말했다.

★

마침내 토스탄도 그동안의 노력에 합당한 인정을 받기 시작했다. 1999년 몰리는 일리노이대학이 졸업생에게 수여하는 인도주의상을 수상했고, 3년 뒤에는 평화봉사단원 가운데 인도주의적 목적을 위해 꾸준히 활동한 사람에게 주어지는 사전트 슈라이버 상 Sargent Shriver Award도 받았다. 다음 해 세계 보건 기구는 여성 성기 절제 관행 철폐를 위한 우수사례로 토스탄 커뮤니티 역량 강화 프로그램을 선정하면서 다른 아프리카 국가들로도 프로그램을 확장해 달라고 요청했다. 그리고 2005년에는 토스탄의 인권 분야 활동의 공로를 인정받아 스웨덴 안나 린드 재단 상Anna Lindh Foundation Award을 수상하기도 했다.

이미 그전부터 몰리는 끝도 없이 긴 시간을 사무실에서 일만 하며 보내고 있었지만, 외부의 인정을 받게 되면서 더욱 일에 매달리게 되었다. 그러면서 그녀는 말 그대로 사무실에서 살게 되었다. 1999년 다카르에 토스탄 지역 사무소를 개소하면서 자신도 그곳으로 이사했는데, 2003년부터는 아예 사무실 위층의 작은 방을 살

림집으로 꾸미고 살기 시작했다. 방에는 침대 하나, 탁자 하나, 직접 음식을 만들 때 사용하는 요리용 전열기 정도뿐이어서 가끔 조에가 돌아오기라도 하면, 조에—이 무렵 그녀는 몬트리올에 있는 콩코디아대학Concordia College에 재학 중이었다—는 토스탄 건물의 작은 방에서 잠을 자곤 했다.

"그때는 그런 상황이 뭐 그리 이상해 보이지도 않았어요. 엄마는 어차피 계속 사무실에 있을 건데 집을 렌트하느라 돈 낭비할 필요 없다고 늘 말씀하시곤 했거든요." 조에가 말했다.

55명의 상근 직원과 500명 가까이 되는 간사들을 관리하고 2백만 달러 이상의 예산을 집행하느라 눈코 뜰 새 없이 바쁜 와중에도 몰리는 토스탄 활동과 세네갈에서 벌어지고 있는 일들을 홍보하기 위해 외부에서 초청이 들어오면 가능한 한 모두 응하려고 노력했다. 토스탄 활동이 인정을 받으면 받을수록 몰리는 그 공로가 자신에게 돌아오는 것 같아 점점 마음이 불편해졌다. 그래서 모든 성과는 마을 주민들의 노력 덕분이라고 늘 단호하게 못을 박았다. 친구인 캐리 데일리는 이렇게 말했다. "몰리는 그렇게 오랫동안 자신을 돌보지 않고 일만 하면서 토스탄 왕국을 건설했지요. 하지만 그게 자신의 공로라고 인정하진 않았어요. 뽐내는 모습을 단 한 번도 본 적이 없어요." 그러기는커녕 국제 포럼 행사에 갈 때는 항상 토스탄 참가자가 직접 자신의 경험을 이야기해야 한다며 참가자 중 적어도 한 명은 꼭 데리고 가려고 노력했고, 자연스럽게 뎀바와 우레이가 자주 여행길에 동행하게 되었다. 한때 그들은 살던 마을 밖을 벗어난 적도 거의 없던 사람들이었지만, 이제는 몰리와 함께 독일, 스웨덴, 말레이시아, 이집트, 유엔 본부, 런던, 애틀랜타, 워싱턴, DC. 같은 곳을 돌아다녔다. 유니세프 독일위원회 크리스티안 슈나이더 회장은 특별히 기억에 남았던 일을 떠올리며 이렇게 말했다. "몰리와 우레이가 독일 프레스 클럽에 강연하러 온 적이 있었는데, 발표가 끝날 즈음 강연장 앞에 서서 춤을 췄어요. 춤추는 연사는 그때 처음 봤죠. 정말 잊지 못할 장면이었어요."

또한 토스탄 프로그램을 아프리카 다른 지역의 여섯 개 나라로 확대해달라는 요청을 받게 된 것도 이 무렵의 일이었다. 2002년 토스탄은 제일 먼저 기니에서 프로그램을 시작하기 위해 준비 작업에 들어갔다. 세네갈 남쪽에 위치한 이 나라는 자원은 풍부했지만, 20년 동안 독재 정권이 집권하면서 경제 상황이 극도로 악화된 상황이었다. 몰리는 토스탄의 활동 범위를 확장하면서 그 일을 계기로 프로그램을 재평가했고, 민주주의와 인권 관련 주제가 커뮤니티 역량 강화 프로그램의 기초가 되도록 내용을 수정했다. "이전에는 교육과정 후반부에 인권에 대한 내용을 소개했지만, 변화하기 위해서는 사람들이 자신의 권리에 대해 확신을 가져야 한다는 걸 그동안의 경험을 통해 깨달았어요. 자신들에게 선택권과 목소리를 낼 권리가 있다는 사실을 먼저 알게 해줘야 했죠. 일단 그런 마인드가 생기면, 어떤 문제든 받아들일 가능성도 커졌죠." 몰리는 말했다.

이 시기 토스탄은 뉴욕에 있는 유니세프 국제본부로부터 직접 지원을 받게 되었고, 그로 인해 비약적으로 발전하면서 세계무대로 나올 수 있었다. 토스탄은 1991년부터 유니세프 세네갈 국가사무소와 계속 협업 활동을 벌이긴 했지만, 몰리는 유니세프의 뉴욕 본부에 있는 고위 간부들이 이곳 활동에 관심을 가지길 바라며 오랫동안 공을 들여왔다. 그러다 2002년 유니세프에서 '성과 해로운 전통적 관행Gender and Harmful Traditional Practices'이라는 프로젝트를 신설하면서 드디어 토스탄의 행보를 주목하기 시작했다. 프로젝트를 담당할 관리자로는 마리아 가브리엘라 데 비타Maria Gabriella De Vita가 채용되었는데, 유니세프 몽골 사무소의 소장으로 일한 경력이 있는 그녀는 뛰어난 재능에 열의가 넘치는 여성이었다. 가브리엘라는 2004년 토스탄에 대해 알기 전까지 2년 동안 전 세계에서 여성 할례 관행을 종식시킬 전략을 연구하고 조사하던 중이었다. "케냐에 있는 동료를 통해 토스탄이라는 단체를 알고 나서 토스탄이 그 지역에서 일궈낸 성과에 주목하게 됐어요. 그리고 직접 가서 봐야겠다고 생각했죠." 가브리엘라는 말했다.

그녀는 2004년 5월 세네갈에 도착했다. 그리고 몰리와 함께 콜다 지역 메디나 삼바 칸데Medina Samba Kande라는 마을에서 96곳의 지역사회가 참여하여 열린 공개 선언식—그때까지 진행된 선언행사 중 열다섯 번째였다—에 참석했다. 콜다는 인구의 94%가 여성 성기 절제 관행을 따를 만큼 세네갈에서도 보수적인 지역이었다. 그 자리에는 유니세프 동아프리카 지역사무소 홍보국장인 닐 포드Neil Ford와 옥스퍼드 대학에서 노트르담 대학University of Notre Dame으로 자리를 옮겨 정치학 조교수로 일하고 있던 게리 맥키Gerry Mackie, 그리고 몰리의 조카이자 최근 토스탄 자원봉사자로 일하기 시작한 개논 길레스피Gannon Gillespie 세 사람도 함께 와 있었다. 이렇게 다섯 사람은 한 팀이 되어 콜다에서 3일을 보냈다. 수천 명의 사람들이 커다란 트럭의 짐칸에 실려, 때로는 운송용 밴에 꽉꽉 끼어 타고 이곳으로 모여들었다. 역사적인 기념행사를 직접 보기 위해 수 마일을 걸어서 온 사람도 많았다. 풀라르족 전통 음악가, 가수, 무용수들이 밤새도록 생생한 공연을 펼쳤고, 사람들이 거대한 원을 만든 채 발을 구르고 팔을 흔들며 북소리에 맞춰 구호를 외치면 여자들이 차례차례 그 안으로 달려가 춤을 추었다. 그 지역 사람들이 내뿜는 분위기와 목적은 너무나 분명했다. 몰리와 동료들은 여러 명의 주민과 그곳을 찾은 방문객들과 이야기를 나누면서 전기가 통한 것처럼 짜릿한 기분을 맛보았다.

가브리엘라는 그때를 회상하며 말했다. "선언식에 참석해 보니 그동안 토스탄에 대해 읽은 내용이 모두 사실이라는 걸 알고 정말 대단하다고 생각했어요. 이 새로운 모범 사례의 원리를 세계 다른 지역에도 그대로 적용할 수 있겠더군요. 그래서 이곳 활동에 대해 더 자세히 알아야겠다고 생각했죠."

다섯 사람은 콜다 지역의 작은 호텔로 자리를 옮겨 3일 동안 끊임없이 이야기를 나눴다. 게리 맥키는 사회 규범과 관련된 자신의 이론을 소개하면서 지역사회들이 이처럼 관행을 폐지하고 있는 이유와 방법—그리고 토스탄 성공의 핵심—을 이해하려면, 관습이 영구적으로 뿌리내린 요인을 알고, 그 요인이 사회 변화 과정에서 어떻게 상호작용을 일으켰는지 먼저 이해해야 한다고 설명했다. 그 당시에는 특히 개발도상국 사람들의 건강을 증진시키기 위한 노력의 일환으로 소위 메시지 캠페인이 집중적으로 활용되었는데, 이는 주로 광고나 포스터를 통해 사람들에게 어떤 행동을 중단하고 다른 행동을 하라고 말하는 사회적 마케팅 방법이었다. 그러나 메시지 전략은 여성 성기 절제처럼 매우 뿌리 깊은 사회 규범을 바꾸는 데는 분명한 효과가 없었다. 왜냐하면 여성 성기 절제 같은 관행은 그 관행을 반드시 지켜야 한다고 믿는 그룹 전체의 예상과 기대에 의해 일어나기 때문이었다.

한편 맥키의 이론 중 특히 주의 깊게 보아야 할 개념은, 그룹의 사람들에게 어떤 행동을 멈추도록 유도하려면 누군가는 관행을 따르는 행동 뒤에 숨은 복잡한 요인을 올바르게 인식하고 통찰할 필요가 있다고 말한 부분이었다. 그는 좁은 호텔 방에 모인 사람들을 향해 '서로 결혼을 하는 그룹 사이에서 다수의 가족은 딸의 결혼 가능성과 사회적 지위를 보장받기 위해 관행을 따른다. 그리고 한 가족이 선택한 행동은 그 지역 사회 내의 다른 가족들이 선택한 행동 결정에 영향을 받는다. 그러므로 어떤 가족도 독단적으로는 관행을 중단할 수 없다. 사회 규범을 바꾸기 위해서는 반드시 서로 결혼을 하는 지역사회 전체가 주체가 되어 조직적으로 관행을 철폐해야 한다. 그리고 그런 결정이 지역 사회 내에서 널리 퍼져야만 결정은 계속 유지될 수 있다. 그러면서 새로운 사회 기준이 그곳에 자리를 잡게 되며, 딸에게 할례를 시키지 않은 가족도 딸의 결혼 가능성과 가족의 사회적 지위를 보장받게 된다.'는 내용을 설명했다.

그런 의미에서 공개 선언은 여성 성기 절제 관행 철폐에 무척 결정적인 역할을 하고 있다고 그는 주장했다. 전통을 폐지하겠다는 결정이 집단적이고 분명한 형태로 이뤄져야만 각 가족은 다른 가족도 마찬가지로 전통을 따르지 않는다고 확신할 수 있었고, 할례를 받지 않은 소녀 한 사람 또는 한 가족은 자신들만 불이익을 받을지도 모른다는 두려움에서 벗어날 수 있다는 설명이었다.

사회 규범 이론에서 중요한 또 다른 원리는 맥키가 "조직화된 확산organized diffusion"이라고 부르는 내용이었다. 이는 관행을 철폐하고 거부한 지역사회가 다른 이들도 같은 행동을 하도록 끌어들임으로써, 새로운 사회적 기준의 지속 가능성을 확대하고, 심지어는 관행을 계속 따르는 사람에게 제재를 가하기도 하는 움직임을 가리키는 말로, 뎀바와 우레이 같은 사람들이 하는 행동이 정확히 그것이라고 맥키는 설명했다. 뎀바와 우레이는 그때까지도 세네갈 곳곳의 수많은 다른 마을을 찾아다니며 선언 소식을 퍼뜨리는 노력을 계속하고 있었다. 그리고 그들의 노력은 또 다른 사람들의 비슷한 노력으로 이어졌다. 심지어 사람들은 가족들에게 이런 소식을 전하러 아프리카 이웃 나라까지 찾아가기 시작했으며, 공개 선언식에 참석하기 위해 인근 국가인 말리, 기니비사우, 기니, 감비아에서 국경을 넘어오는 사람도 점점 늘어났다. "누가 시키지 않아도 사람들이 기꺼이 다른 마을을 찾아가 소식을 알리고 다닌다는 이야기를 들었어요. 건강과 인권을 지키기 위한 운동에 자신도 일원이 되어 힘을 보탠다는 사실에 다들 흥분해있다더군요." 몰리는 말했다.

몰리는 맥키가 말한 "조직화된 확산"이라는 개념을 들으며 그동안 해온 생각이 옳았음을 다시 한번 확신하게 되었다. 그녀는 줄곧

이 운동에서 가장 중요하게 강조할 점은 모든 마을, 모든 사람이 즉시 관행을 중단하는 것이 아니라 활동을 하는 핵심 그룹이 점점 늘어나 이 운동에 동참하는 것이며, 그들 인맥에서 가장 중요한 사람들과 함께 서서히 변화를 만들어내어 지역, 국가, 그리고 국제적인 수준으로 확장시켜 나가는 것이라고 믿고 있었다. 맥키는 이렇게 설명했다. "그게 전족이든 여성 성기 절제든 운동의 시작 단계에서부터 갑자기 100% 철폐가 이뤄질 수는 없어요. 그렇게 되기보다는 사회 관계망 내에 존재하는 집단을 통해 철폐가 진행되고, 그런 과정이 예측이 매우 용이한 패턴을 반복하며 이뤄지게 되는 거죠. 그러다가 과정의 마지막 단계에 이르면, 그때는 대부분의 사람이 다른 사람들도 관행을 중단했다는 사실을 알게 되죠. 그러면 훨씬 더 포괄적인 철폐가 이뤄집니다. 이게 바로 중국에서 일어났던 '네이버후드-투-네이버후드 모델neighborhood-to-neighborhood model'의 작동 원리였어요. 왜 세네갈에서 한 선언이 또 다른 선언으로 이어지고 있는지 그 이유를 이제 아시겠죠? 선언을 주최한 마을에게 선언식은 끝을 의미하지만, 거기에 초청받아 찾아온 사람들에게는 그들의 할 일이 이제 막 시작됐음을 의미하는 거나 마찬가지예요."

3일이 지나자, 다섯 사람은 맥키가 반복해서 내렸던 단 하나의 명확한 결론, 즉 세네갈에서 벌어지고 있는 현상은 중국 전족 폐지를 이끌었던 변화와 매우 유사하게 일어날 가능성이 크다는 주장에 동의할 수밖에 없었다. 몰리는 그의 말을 들으며, 만약 지금처럼 일이 계속 진행된다면, 그리고 맥키의 이론이 정말 정확하다면 어쩌면 세네갈에서도 비슷한 결과를 보게 될지도 모르겠다는 생각을 했다. 세네갈에서 한 세대 만에 여성 성기 절제 관행을 종식시키는 게 정말로 가능할 수도 있었다.

★

2005년, 몰리는 이탈리아 피렌체의 유니세프 이노센티 리서치 센터Innocenti Research Centre에서 열린 회의에 초청을 받았다. 아프리카 지역에서 활동 중인 유니세프 직원들이 참석한 가운데 여성 성기 절제 관행을 종식시키기 위해 토스탄이 세네갈에서 활용한 방법을 소개하는 자리였다. 예전 이 분야에서 토스탄이 전혀 인정받지 못하던 때와는 큰 변화가 있었다. 몰리가 발표를 마쳤을 때, 유니세프 소말리아에서 어린이 보호 사업을 맡고 있던 웬디 카슨Wendy Carson이 그녀에게 다가왔다. 소말리아는 아프리카의 뿔Horn of Africa*이라 불리는 아프리카 북동부에 위치한, 극도로 빈곤하고 국내 정세도 불안한 나라였다.

"소말리아에도 토스탄 프로그램이 도입되면 효과를 거둘 수 있을 것 같다는 생각을 했어요." 웬디가 말했다.

"소말리아요? 세네갈에서 정말 멀리 떨어진 곳이잖아요." 몰리가 말했다.

"어쩌면 그게 불리하게 작용할 수도 있겠죠. 하지만 토스탄처럼

---

* 아프리카 대륙 북동부의 지형이 마치 코뿔소의 뿔처럼 인도양으로 튀어나와 있는 데서 유래한 이름

상대 문화를 존중하면서 심판하지 않는 태도로 접근한다면 그곳에서도 세네갈에서와 비슷한 결과를 얻을 수 있지 않을까요? 소말리아 사람들도 이 프로그램을 무척 환영할 거예요. 정말 많은 여자가 학교에 갈 기회조차 얻지 못하고 있고, 아실지 모르겠지만, 그곳 여자들이 성기 절제를 하는 비율은 정말 놀랄 정도로 높거든요."

몰리는 그곳 여성들이 무척 비참한 생활을 하고 있다는 정도만 알고 있을 뿐 분위기나 상황을 자세히 알지는 못했다. 소말리아는 할례 시술을 받는 여성의 비율이 98%가 넘어 아프리카에서도 관행을 따르는 비율이 가장 높은 나라 중 하나였으며, 대부분이 10세가 되기 전에 시술을 받았다. 특히 이곳에서는 절제 부위가 가장 넓고 위험한 형태의 시술이 이뤄졌는데, 현지인들 사이에서는 '파라오식 질 봉합술pharaonic infibulation'이라 불렸고, 세계보건기구에서는 유형 III으로 정의하는 형태로 외부 생식기를 절단한 후 질 입구를 꿰매 막아버리는 시술 방식을 의미했다. 여성 성기 절제 유형 중에서도 특히 고통이 심하고 위험했으며, 여자들에게 평생 여러 가지 육체적 고통을 일으켰다. 여기에 더해 이 시술을 받은 산모에게서 태어나는 아기들은 분만 중 사망할 확률도 눈에 띄게 높았다. 그런데도 이 관행은 소말리아에서 널리 받아들여져 어린 소녀들에게 강제로 시술되고 있었으며, 이를 따라야 한다는 사람들의 믿음이 너무 강했기 때문에 여성 보건을 위해 노력 중인 NGO 단체들조차 시술을 절대적으로 근절시켜야 한다고 말하지 않고, 질 구를 꿰매 봉하는 시술 대신 음핵 부위만 절단하는 '순나sunna'즉, 유형 I으로 바꿔 시술하라고 홍보할 정도였다.

"토스탄의 활동 방식이라면 사람들도 좋은 반응을 보이리라고 전 믿어요. 그런 확신이 들어요." 웬디가 말했다.

"잘 모르겠어요. 그쪽 문화에 대해서는 아는 게 거의 없어서요. 쉽지 않을 거예요." 몰리가 말했다.

"이렇게 해 보시면 어때요? 몇 주만 시간을 내주시면 제가 소말리아 현지 NGO들과 워크숍 자리를 준비해볼게요. 오셔서 토스탄 활동에 관해 설명해주시고, 이 방법이 커다란 변화를 불러오리라는 제 생각에 사람들도 동의하는지 어떤지 한번 확인해 보면 어떨까요? 제발요, 몰리. 소말리아에도 프로그램을 소개해주세요."

웬디의 열의와 고집에도 불구하고 소말리아 활동이 숱한 난제에 부딪힐 것은 너무나 뻔한 일이었기에 몰리는 계속 망설일 수밖에 없었다. 이 나라는 1990년대 초반 극심한 기근을 겪으며 30만 명에 가까운 사람이 목숨을 잃었고, 잔혹한 내전으로 현재 중앙 정부가 사라지고 소말릴란드Somaliland로 불리는 북서 지역(한때 영국의 통치를 받았던 영토로 현재는 어떤 국가나 국제 조직도 독립 국가로 승인받지 못한 상태)과 푼틀란드Puntland라고 불리는 북동 지역(한때 이탈리아의 지배를 받았으나 현재는 독립한 상태), 그리고 도시 모가디슈Mogadishu가 위치한 중남부지역, 이렇게 세 개의 지역으로 분리된 상태였다. 세 파벌 간에 분쟁은 그때까지도 끝나지 않고 자주 폭력적인 충돌로 이어졌으며, 특히 중남부지역에서는 대규모 포격이 빈번하게 일어나고 있었다. 2005년까지 이곳에 중앙 정부를 재건하려는 시도와 함께 열네 차례나 평화 협정이 진행됐지만, 모두 실패로 돌아갔다.

한참을 고민한 끝에 몰리는 2주간 소말리아에 가기로 했다. "소말리아 같은 나라에서 프로그램을 진행하는 데 대해 여전히 확신은 없는 상태였어요. 세네갈에서 너무 멀리 떨어져 있었고, 너무 다른 나라였으니까요. 하지만 한번 시도는 해봐야겠다고 생각했죠. 그때 전 소말리아의 실제 상황이 어느 정도인지 정확히 모르고 있었어요. 혼란스러운 상황이고 문제가 많다는 건 알았고 보안 문제가 심각하다는 기사도 보았지만, 그곳에 가기로 결정할 때까지도 그게 정확히 어느 정도인지 이해하지 못했어요. 유니세프 직원에게 그곳에 가도 괜찮겠냐고 물었더니, 아무 문제도 없을 거라고 안심시켜주더군요."

2005년 2월 6일, 드디어 몰리는 소말리아로 출발했다. 유니세프 직원들이 자신에게 사실을 정확히 말해주지 않았다는 사실을 깨달은 건 그 후의 일이었다. 그들은 토스탄이 소말리아에서도 효과를 거두리라 확신한 나머지 그녀에게 거짓말을 한 것이었다.

24

강물은 흘러라

바열 덱 기 다우 — Bàyyil Dex gi Daw

몰리는 유니세프 소말리아의 어린이 보호 사업부 직원인 제레미 홉킨스_{Jeremy Hopkins}와 함께 소말리아로 출발했다. 그는 세미나 장소까지 그녀와 동행할 예정이었다. 제일 처음으로 갈 곳은 푼틀란드 지역 아덴만 남쪽 해안에 자리 잡은 항구도시, 보사소_{Bossaso}였는데, 몰리는 그곳까지 타고 갈 8인승 소형 비행기를 보자 심장이 철렁 내려앉는 기분이었다. 지금까지 숱하게 여행을 다녔지만, 소형 비행기로 이동할 때는 늘 겁부터 났다.

"비행시간이 얼마나 될까요?" 그녀는 제레미에게 물었다.

"확실히는 모르겠지만, 너무 걱정하지 않으셔도 돼요. 그렇게 오래 걸리지는 않을 거예요." 비행기에 타기 위해 바람 부는 활주로를 가로질러 걸어가며 그가 말했다.

몰리는 긴장을 풀려고 애쓰며 조종석 뒷좌석에 앉았다. 두 시간 뒤, 그녀는 제레미를 향해 물었다. "얼마나 더 가야 해요?"

"한 여섯 시간 정도요?" 그가 대답했다.

"네? 여섯 시간이라고요?"

"몇 번 경유를 해야 하거든요."

"다른 곳을 경유한단 말은 없었잖아요?"

"음, 먼저 K50 공항에서 연료를 보충해야 하고요, 그런 다음 보사소에 도착하기 전에 소말릴란드에 한 번 더 잠깐 내릴 거예요." 소말리아의 계속되는 전쟁으로 인해 모가디슈의 아덴 아드 국제 공항Aden Adde International Airport이 폐쇄된 이후 대체 공항으로 K50가 사용되고 있다고 제레미는 설명했다.

비행기에 같이 타고 있던 유니세프 소말리아 소장도 몸을 돌려 말했다. "사실 K50 역시 최근에 문을 닫았었어요. 그러다 이틀 전에 재개항했고요."

"왜 폐쇄됐었는데요?" 몰리가 물었다.

"교전이 여러 차례 벌어졌었거든요. 하지만 다행스럽게도 우리는 한 시간 정도만 더 가면 그곳에 도착해 급유할 수 있어요."

그 소식은 몰리의 곤두선 신경을 가라앉히는 데 전혀 도움이 되질 않았다. 더군다나 두 조종사가 지도첩 같은 것을 펴놓고 계속 확인하고 또 확인하는, 어딘가 이상한 행동을 하는 모습을 보자 불길한 생각은 점점 더 커졌다. '나도 참 바보 같지. 별걸 다 걱정하네. 저 사람들은 이곳을 얼마나 여러 번 비행했겠어?' 그녀는 혼자 생각했다.

"이전에도 이쪽으로 여러 번 비행해 보셨겠죠?" 참다못해 그녀는 조종석 쪽으로 몸을 기울이며 물었다.

"사실 꼭 그렇지도 않습니다. 저희도 소말리아는 처음이라서요. 가는 곳의 위치를 확인하느라 애쓰는 중입니다." 귀가 먹먹할 정도로 시끄러운 비행기 엔진 소음 너머로 한 조종사가 거의 고함을 치듯 대답했다.

잠시 후 비행기가 하강하기 시작했고, 조종사 한 사람이 마침내 K50에 도착했다고 알려주었다. 창문 밖으로 보이는 엉성하게 지은 판잣집 같은 건물이 공항 터미널인 듯했다. 그리고 건물 옆의 흙길은 도대체 뭘 하던 곳인지 도무지 알 수 없는 거칠고 광활한 땅을 가로질러 나 있었는데, 그곳에는 서너 그루의 관목이 듬성듬성 자라고 있었고, 임시로 만든 활주로를 따라 대략 백 마리는 돼 보이는 낙타 떼가 느릿느릿 걸어 다니고 있었다.

사람들이 엉거주춤한 자세로 비행기에서 내리자, 뿌연 먼지투성이의 후끈한 공기가 훅 끼쳐왔다. 몇 분 뒤, 조종사가 소장에게 걸어오더니 말했다. "금방 이곳을 뜨지 못할 것 같습니다."

"뭐라고요? 왜요?" 소장이 물었다. "지금 우리는 보사소에서 중요한 회의가 잡혀있어요. 지체할 시간이 없습니다."

"이곳에 연료가 없다고 하네요."

"그게 무슨 말이죠?"

"이곳에 오면 연료를 주겠다고 했었는데, 지금 남은 게 없답니다. 죄송합니다."

걱정스러운 표정을 짓고 있는 몰리를 보고 조종사가 근처 창고 같은 건물을 가리키며 농담을 건넸다. "저기 터미널 VIP 라운지에 가서 기다리시면 어떻겠어요? 카푸치노라도 한잔하시면서요."

몰리는 간신히 웃어 보이며, 비행장 주변을 둘러보았다. 어슬렁거리며 돌아다니는 민간인마다 비쩍 마른 몸에 기관총을 메고 있는 모습이 눈에 띄었다. 터미널 쪽으로 걸어간 그녀는 평소 머리 스카프로 사용하던 커다란 천을 펴서 모래 바닥에 깔고 앉았다. 건조한 아프리카 대기 속에 우두커니 앉아 공포와 두려움과 싸우고 있자니 옛날 기억 하나가 떠올랐다. 어렸을 적 댄빌에 살 때, 그녀는 집에서 몇 블록 떨어진 스프링힐 공동묘지Spring Hill Cemetery를 자주 찾아가곤 했다. 넓고 목가적인 풍경으로 꾸며진 그곳에 가면 묘하게 마음이 편안해졌기 때문이었다. 몰리는 수많은 무덤 중에서도 1913년에 사망한 미네하하Minnehaha라는 이름의 여자 무덤에 특별히 애착을 느껴 그 옆에 한참씩 앉아 있곤 했다. 북미 원주민으로 추정되는 미네하하는 버넌 H. 스타크Vernan H. Stark라는 이름의 남편 옆에 묻혀 있었고, 당시 열 살이었던 몰리는 생전의 미네하하가 그때도 역시나 따분했을 댄빌 마을에서 어떻게 살았을까 상상하기를 좋아했다. 미네하하의 무덤 근처 푹신한 흙에 앉아 그녀는 어른이 된 자신의 모습도 그려보곤 했는데, 그처럼 어린 나이에도 신나는 모험을 하며 살아가길 간절히 바랐다.

하지만 이런 모습을 상상했던 건 결코 아니었다. 몰리는 어린 시절 느꼈던 마음의 평안을 떠올리며 지금 자신을 사로잡고 있는 두려움을 떨쳐내려 애썼다. 이런 식의 감정은 익숙하지 않았다. "아프리카에서 꽤 오래 살았지만, 한 번도 내가 위험한 곳에 있다고 느낀 적은 없었거든요. 하지만 그날 오후 황량한 임시 활주로의 뜨겁고 단단한 바닥에 앉아있자니 이곳은 세네갈이나 그동안 가본 다른 아프리카 나라들하고는 너무나 다르다는 게 몸으로 느껴지더 군요. 정말 위험한 곳으로 가고 있다는 사실을 깨닫고 나니, 지금 이 정말 중요하고도 결정적인 순간이란 생각이 들었어요. 두려움에 굴복하고 제발 집으로 돌려보내 달라고 말할 것인지, 무슨 일이 일어나든 받아들일 마음의 준비를 할 것인지, 결정해야 했죠." 그때 늘 조언처럼 해주시던 아버지 앨의 말이 떠올랐다. "너의 강물을 댐으로 막지 마라, 몰리야. 흐르는 대로 내버려 둬. 그러면 강물이 너를 데려갈 거야. 그렇게 하면 다 괜찮아진단다."

"아버지의 충고를 따라보기로 했어요. '이번 여행에서 새로운 문제들과 마주친다고 할지라도, 설령 여기서 죽는대도, 좋아, 한번 해보자.'고 마음먹었죠."

몇 시간 뒤 다른 비행기 한 대가 도착했고, 그들은 저녁 무렵 보사소에 닿을 수 있었다. 서서히 하강하는 비행기 안에서 본 보사소의 풍경은 놀랄 만큼 아름다웠다. 바위투성이 산맥과 청록색의 바다는 지는 태양에 온통 황금색으로 물들었고, 짧은 활주로 끝은 아담한 바닷가 모래사장과 만나고 있었다. K50의 허름한 판잣집을 보고 온 후라 그런지 공항 건물도 무척이나 산뜻하고 견고해 보였다.

몰리가 탄 비행기는 활주로를 이동 중인 다른 비행기들 몇 대를 지나쳐 작은 격납고로 향했다. 비행기에서 내려 여권에 도장을 받자마자 사람들은 어서 서둘러 대기 중인 차에 타야 한다며 뛰기 시작했다.

"왜 이렇게 서두르는 거죠?" 영문도 모르고 덩달아 뛰던 몰리가 제레미에게 물었다.

"우리는 유니세프 컴파운드에서 지내고 있는데, 그곳 통행금지 시각이 오후 6시로 매우 엄격하거든요. 안전 문제 때문에 6시가 넘으면 밖으로 나갈 수 없고, 컴파운드 출입문도 아예 잠가버려요. 시간 안에 도착하지 못하면, 안으로 못 들어갈 수도 있어요."

아주 평범하게 생긴 렌터카 한 대가 그들을 기다리고 있었다. 차에 올라타며 내부를 살펴보니 대시보드에는 두툼한 인조 모피가 달려있고 그 위에 조화 장식이 되어있는 것이 눈에 띄었다. 아프리카 다른 나라들을 방문할 때마다 늘 타던 반짝반짝 빛나는 흰색 유니세프 랜드크루져와는 아주 달랐다. 소말리아의 유니세프 직원들은 납치될 가능성이 매우 높기 때문에 공무용 차량은 절대 이용하지 않는다고 제레미가 설명했다. "눈에 띄지 않는 게 가장 안전해요." 그는 말했다.

몰리는 깊게 숨을 들이마시며 차창 밖으로 보이는 풍경에만 정신을 집중했다. 여자들은 짙은 색 천으로 머리부터 발끝까지 모두 가린 채 눈만 내놓고 먼지 이는 거리를 걸어갔다. 차가 보사소 시내로 접어들자, 도로를 따라 참치 통조림에서부터 휘황찬란한 진열대 위의 휴대전화기까지 온갖 종류의 물건들을 파는 가게들이 줄지어 나타났다. 거리 모퉁이의 환전상들은 임시 가판대에 소말리아 지폐 다발을 높이 쌓아놓고 그 옆에 앉아있었다. 도로는 비교적 한산했고, 당나귀들은 짐을 싣고 또다시 어디론가 가기 위해 주인을 기다리며 길가에서 어슬렁거리고 있었다.

유니세프 컴파운드는 직원들이 잠을 자는 숙소와 식사를 할 수 있는 식당이 갖춰진, 소박하지만 나름 안락한 곳이었다. 하지만 이곳 직원들은 치안에 대한 걱정 때문에 마음대로 밤거리를 돌아다닐 수도 없었고, 저녁마다 컴파운드 안에 갇혀 지내며 단조로운 생활을 견디고 있었다. 몰리는 이런 조건에서도 묵묵히 일하는 유니세프 직원들을 보며 존경스러운 마음마저 생겼다. 보사소에 온지 3일째 되던 밤, 저녁으로 스파게티를 먹으며 CNN을 보고 있는데, 그날 낮 BBC 방송국 프로듀서로 일하는 39세 여성, 케이트 페이튼Kate Peyton이 총에 맞아 사망했다는 소식이 보도되었다. 소말리아의 수도 모가디슈의 한 호텔에 묵고 있던 그녀는 호텔 밖으로 나갔다가 이슬람 과격단체가 쏜 총에 맞아 숨졌다는 것이었다.

뉴스를 보고 몰리는 너무 큰 충격을 받았다. 이후 2주 동안 그녀는 소말릴란드의 도시, 하르게이사Hargeisa에 갔다가 다시 중남부지역 조우하르Jowhar로 이동할 예정이었다. 그리고 사고가 난 모가디슈는 그곳에서 겨우 55마일*정도밖에 떨어져 있지 않은 곳이었다. 겁먹지 말자던 첫날의 결심을 되새기려고 노력했지만, 마음의 평정을 되찾기가 쉽지 않았다.

보사소에 있는 동안 몰리가 감기에 걸리자, 제레미는 커다란 시장 안에 있는 약국에 갈 수 있게 차를 태워주었다. 먼지가 잔뜩

---

* 약 89km

내려앉은 광장에는 가판대들이 줄지어 놓여 있었고, 금방이라도 무너질 것 같은 그늘막만이 무자비하게 내리쬐는 햇볕을 겨우 막아주고 있었다. 새 옷, 헌 옷을 잔뜩 쌓아놓은 가게에는 사람들이 몰려와 괜찮은 물건을 찾기 위해 옷더미를 이리저리 뒤적거렸다. 그 옆 노점상에는 여행 가방, 요리용 냄비, 운동화 등이 진열되어 있었다. 약국 안으로 들어서자, 그곳에 있던 모든 사람이 그녀를 쳐다보았고 심지어 아이들은 멈춰 서서 손가락으로 가리키기도 했다. 몰리는 약을 사서 차가 있는 곳으로 걸어가다가 한 가게에 진열된 화려한 색상의 아름다운 여성용 전통 옷감에 정신이 팔려 잠시 걸음을 멈추었다. 그때 어떤 여자가 자신을 쫓아오며 '가알! 가알!'이라고 외치기 시작했다.

그 말이 무슨 뜻인지 전혀 알 수 없었지만, 몰리는 무례하게 굴고 싶지 않아 먼저 인사를 건넸다. "아, 안녕하세요!"

제레미가 다가오더니 몰리의 팔을 붙잡으며 말했다. "이제 가야 해요."

"무슨 일이죠?"

"일단 차에 타시는 게 좋겠어요. 어서요." 그가 말했다.

몰리는 당시를 떠올리며 말했다. "이곳 사람들이 미국인을 별로 본 적이 없어 그런가 보다 생각했었어요. 더구나 내가 세네갈 '부부'를 입고 있었으니 꽤 이상해 보였을 수도 있었죠. 유니세프 컴파운드로 돌아오니 그제야 제레미가 '가알'이 이교도를 가리키는 말이라고 알려주더군요. 관광객을 가리켜 자주 쓰이긴 하지만, 그 순간 제레미는 별로 안전하지 못하다고 느꼈었나 봐요. 그 자리에서 사실대로 말해주지 않는 편이 낫겠다고 생각했던 거죠."

유니세프 직원들은 매일 저녁 몰리가 숙소로 돌아와 있는지 꼼꼼히 확인했다. 조우하르의 유니세프 컴파운드에 있을 때는 다음 날 유명 반군 지도자가 이 도시에 와서 컴파운드의 바로 옆 건물에 들를 예정이라고 제레미가 미리 알려주었다. 몰리는 궁금증을 참을 수가 없어 다음 날 아침, 컴파운드 정문 근처에 서서 계속 밖을 내다보았다. 반군 지도자를 멀리서라도 보고 싶어서였다. 마침내 트럭들이 긴 행렬을 이루며 도착했고, 소형트럭 짐칸마다 기관총을 든 남자들이 타고 있었다.(몇 달 뒤, 반군 지도자가 그곳으로 다시 돌아왔을 때는 유니세프 컴파운드를 점령하고 직원들을 총으로 위협해 강제로 내쫓는 사건이 발생하기도 했다.)

하지만 시골 지역을 방문하고 세 차례의 세미나를 통해 소말리아 사람들을 만나게 된 후부터는 그 모든 위험과 두려움마저 잊어버렸다. 세미나에서 만난 현지 NGO 대표들은 토스탄 사례에 많은 관심을 드러내며 소말리아에도 제발 와줬으면 좋겠다고 말했다. 세네갈에서 얼마나 많은 수의 마을들이 관행을 철폐하기로 선언했는지 몰리가 발표하자, 여자들은 그녀를 조용한 곳으로 끌고 가 좀 더 이야기를 나누고 싶어 했다. 그녀들은 여자로서 이곳에서의 삶이 어떤지 정확히 알려주고 싶어 했고, 할례에 관한 본인들의 경험담도 자세히 털어놓았다.

"이곳에서 이뤄지는 방식이 훨씬 더 위험하고, 이후의 부작용도 세네갈 여자들보다 훨씬 더 심각하다고 알고 있어요." 한 여자가 말했다. "이곳에서는 여자애 성기를 도려낸 다음에 아카시아 가시

같은 거로 부위를 꿰매요. 정말 너무 고통스럽죠. 그것 때문에 저도 고생을 정말 많이 했는데, 내 딸도 똑같은 일을 겪는 걸 지켜보자니 그게 더 힘들었어요."

어떤 여자는 무척 수줍어하면서도 자신의 딸이 시술을 받은 후 너무나 큰 고통을 겪고 있다고 털어놓기도 했다. 상태가 너무 심각해서 의사가 꿰맨 부위를 다시 열어 소독하는 수술을 해야 한다고 말했다고 했다. 하지만 마을 사람들에게 따돌림을 당하고 나중에 결혼도 못 하게 될까 봐 딸은 치료도 못 받고 계속 고통을 참으며 지낸다고 했다. "딸이 아파하는 걸 보면 제 마음이 얼마나 찢어질 듯 아픈지 아마 상상도 못 하실 거예요."

몰리는 여자들의 이야기를 더 듣고 싶었고 시골 지역을 방문해서도 그 주제를 꺼내고 싶었지만, 그럴 수 없었기에 대신 교육에 대한 사람들의 관심도를 평가하고, 토스탄 사례를 적용시킬 방법을 찾는 데만 집중했다. 가는 곳마다 교육에 대한 마을 주민들의 열의는 대단했다.

한번은 평소 유니세프에서 보건과 영양 교육 프로그램을 진행하는 장소에서 마을 주민들과 마주 앉아 이야기를 나눈 적이 있었다. 몰리는 사람들의 이야기에 귀를 기울이다가 문득 궁금증이 생겨 이렇게 물었다. "이 주변에 마을이 몇 개나 되죠?"

"한 40개쯤 돼요."

"만약 여러분이 가족과 관련된 중요한 문제로 어떤 결정을 내려야 한다면, 대략 몇 군데 마을과 상의를 하시나요?" 몰리가 물었다. 그러자 일제히 사람들은 친척들이 사는 서너 곳의 마을 이름을 대기 시작했다.

"집안사람들과 모두 모여 상의하는 과정도 없이 어떤 일을 하는 건 생각할 수조차 없어요. 미리 의논하지 않고 결정을 내린다면 아무도 그 결정을 따르려 하지 않을걸요."

확장된 사회 관계망을 확인하는 일, 그리고 각 구성원을 담론 안으로 끌어들이는 일은 세네갈에서와 마찬가지로 이곳에서도 역시 매우 중요하게 여겨지고 있었다. 몰리는 똑같은 맥락의 행동 양식이 이곳에서도 이뤄지고 있음을 깨닫고 뎀바 디아와라의 통찰력에 다시 한번 감탄했다.

예정됐던 2주 동안의 일정이 모두 끝나고 다시 다카르로 돌아갈 시간이 되었다. 몰리는 돌아오는 비행기 안에서 그동안 들었던 이곳 여자들의 이야기를 천천히 되새겨보았다. 소말리아 활동에 대해서는 여전히 망설여졌지만, 세미나에서 만난 현지 NGO 단체 여직원의 말이 자꾸만 머릿속에 맴돌았다.

"이곳에도 토스탄 활동이 절실합니다." 그녀는 세미나가 끝난 뒤 몰리에게 다가와 말했다.

"솔직히 잘 모르겠어요. 저희가 이곳까지 오는 건 너무 힘든 일이라서요." 몰리가 사실대로 말했다.

"무슨 말씀이시죠?"

"거리상으로 너무 멀어요. 인력과 물자를 이동하는 것만으로도 엄청난 비용과 노력이 소모될 거예요."

그 여자는 매우 차가워진 표정으로 몰리를 보며 말했다. "죄송하지만, 제가 제대로 들은 게 맞나요? 저를 포함한 이곳 여자들은 지금 성기를 난도질당해 평생을 고통 속에 살고 있어요. 매년 수 많은 여자아이에게 똑같은 일이 벌어지고 있고요. 그런데 당신은 우릴 도와주러 소말리아까지는 올 수 없다고 말하는군요. 그 이유 가 너무 멀어서라고요? 여기까지 오기가 너무 불편해서 안 된다 고요?”

25

인내

파스-파스 — Pas-pas

2007년 토스탄은 콘래드 N. 힐튼 인도주의상Conrad N. Hilton Hu-manitarian Prize을 수상했다. 상금이 150만 달러나 되는, 전 세계 인도주의 분야에서 가장 큰 상이었다. 이 무렵 여성 성기 절제 관행 폐지를 공식적으로 선언한 마을은 2,643곳, 대략 210만 명의 주민이 선언에 동참했으며, 토스탄의 상근직원은 108명으로 늘어 있었다.

콘래드 N. 힐튼 재단Conrad N. Hilton Foundation 회장인 주디 밀러 Judy Miller는 토스탄 프로그램이 운영되는 모습을 보기 위해 세네갈을 직접 방문했다. 그녀는 시골 지역을 찾아가 사람들과 이야기를 나누고, 한 무리의 소녀가 새롭게 알게 된 여러 가지 인권 사례를 그림으로 그려 손에 들고 있는 모습을 직접 확인했다. "와, 정말 장난이 아니었어요. 학교에 가본 적 없는, 이런 외딴 지역의 사람들에게 국가가 이런저런 협약에 사인했으니 그들의 삶도 바뀔 수 있다는 사실을 가르칠 수 있다는 게 정말 믿기지 않더군요. 하지만 가는 곳마다 달라진 사람들의 모습을 직접 볼 수 있었죠. 모든 게 사실이었어요."

어느 마을의 한 젊은 여성은 폭력으로부터 자유로울 권리에 대해 알게 됐다며 이런 말을 했다. "이 사실을 남편에게도 말해줬더니 남편도 더는 저를 때리지 않았어요." 주디는 습관이란 게 그렇게 쉽게 바뀔 리 없다는 생각에 여인의 남편에게 그 말이 사실이냐고 물었다.

"사실입니다. 우리 아버지가 어머니를 때리는 모습을 보며 자랐기 때문에 나도 그렇게 해도 되는 건 줄 알며 살았어요. 하지만 지금은 아내가 자신의 권리에 대해 교육을 받았기 때문에 저도 더는 그런 행동을 하지 않아요."

"하지만 무엇 때문에 생각을 바꾸게 된 거죠? 그러니까 당신이 변해야 한다는 생각을 어떻게 받아들일 수 있었는지 궁금하군요."

그 남자는 잠시 생각하더니 대답했다. "음, 아내는 권리뿐 아니라 거기에 따른 책임에 대해서도 배웠어요. 이제 아내 역시 가정의 평화를 위해 노력해요. 우리는 힘을 합쳐 행복한 가정생활을 꾸려나가려고 노력하고 있어요."

토스탄 수업이 진행된 적이 없는 다른 마을들을 방문해 보니, 토스탄의 영향력이 더욱 크게 느껴졌다. 그곳의 여자들은 여전히 뒷자리로 물러나 대부분 아무 말도 하지 않았다. 주디가 이야기를 나눠보려고 다가가도 눈을 맞추는 일조차 어색해했고 대답도 거의 하지 않았다. 하지만 토스탄 프로그램이 진행된 마을에서는 정반대 모습이 펼쳐졌다. 여성들은 활기가 넘쳤고, 자신들의 생활의 세세한 부분까지 신이 나서 이야기했다. 생각을 표현하는 데에도 자신감이 넘쳤다. 마을 내에 세워놓은 커다란 칠판에는 현재 진행 중인 프로젝트들, 가령 진료소 건립, 마을 대청소 날짜, 지역 여성을 위한 수입 창출 프로젝트 등에 대한 개요와 대략적인 진행 상황들이 적혀 있었다. "저는 아프리카의 이곳저곳을 많이 가봤거든요. 세네갈의 토스탄 마을에서 관찰한 모습은 정말 놀라움, 그 자체였어요."

힐튼 인도주의상 시상식은 뉴욕시 월도프 아스토리아 호텔에서 비공개 저녁 행사로 진행됐으며, 몰리는 우레이 살과 함께 행사에 참석했다. 반기문 유엔 사무총장이 상을 전달하기 전, 몰리는 우레이에게 먼저 소감을 말해 달라고 부탁했다. "저는 첫 아이를 열다섯 살에 출산했고, 지금은 예순 살이 되었습니다." 우레이는 평소보다 더욱 단단하게 감싼 머리 스카프를 잡아당기며 사람들을 향해 말했다. "그동안 셀 수도 없을 만큼 많은 여자아이의 성기 절제 시술을 해주었고요. 이 전통에 의문을 제기하게 된 것은 토스탄 수업에 참여하면서 여성들에 대한 보건 모듈을 공부하기 시작했을 때부터였습니다. (중략) 초기에는 욕을 먹고 조롱을 당했지만, 이제는 모든 게 훨씬 쉬워졌어요." 그녀는 이 운동을 위해 노력한 햇수가 몇 년인지, 그리고 지금까지 어떤 노력을 하고 있는지 사람들에게 말했다. 그때까지도 우레이는 세네갈 전역을 다니면서 다른 마을들도 이 운동에 동참하도록 설득하는 일을 계속하고 있었다.

다음은 몰리가 소감을 말할 차례였다. "사람들은 제게 자주 '그렇게 오래된 전통적 관행이 그렇게 짧은 기간 안에 종식될 수 있었던 비결이 뭐죠?'라고 묻습니다. 그 비결은 우리가 인류라는 확장된 개념의 가족 관계 속에서 하나로 단결한 데서 찾을 수 있습니다. 우리가 단결할 수 있었던 것은 흑인, 백인, 미국인, 유럽인처럼 서로 다른 명백한 특징을 내세우지 않고, 본질적으로 지닌 공통점에 주목했기 때문이었습니다. 우리는 인류라는 대가족의 구성원으로서 동료 인간에 대한 공동의 책임을 깊이 인식하고……. (중략) 우리는 다 함께 희망하고, 사랑하고, 서로를 돌보았습니다. 그리고 당신과 마찬가지로 우리는 다 함께 더 나은 미래 세계를 만드는 일에 동참하고 있습니다."

몰리는 연설을 마치고 곧바로 무대에서 내려오지 않고, 우레이와 함께 춤을 추었다.

"그 순간을 정말 잊지 못할 거예요." 주디 밀러는 말했다. "노벨 평화상 수상자이자 올해 심사위원을 맡으셨던 무함마드 유누스Muhammad Yanus는 토스탄 선정 이유에 대해 이렇게 밝히셨어요. '만약 이들의 활동이 세네갈을 넘어 상황이 훨씬 더 심각한 다른 나라들로 퍼질 수만 있다면, 아프리카 전 대륙이 바뀌게 될 것이다.'라고요. 몰리의 연설을 듣는 내내 그 말이 계속 생각나더군요."

★

몰리는 이 말을 꼭 현실로 만들겠다고 굳게 마음먹었다.

2005년, 소말리아를 방문하고 몇 달이 지난 뒤 그녀는 케냐의 나이로비로 갔다. 그곳에서 그녀는 유니세프와 협력하여 '소말리아에서 여성 성기 절제 관행 철폐하기'라는 제목의 시범사업을 운영하기로 하고, 소말리아 세 개 지역, 42개 마을에서 3년 동안 교육을 담당하기로 했다. 2,000명이 넘는 마을 주민이 프로그램에 등록했고, 조직화된 확산 과정을 통해 3만 명 이상의 사람들이 토스탄의 영향을 받게 되었다.

2008년 10월, 몰리는 하르게이사를 다시 찾았다. 지난 2년 동안 소말리아 방문은 이번이 다섯 번째였다. 바라던 대로 토스탄 수업이 진행되는 소말리아 마을 곳곳에서 주목할 만한 변화들이 일어나고 있다는 소식을 이미 전해 들은 몰리는 변화의 정도를 직접 눈으로 확인하고 싶었다. 간사들의 보고에 따르면, 이전에는 한 번도 상의한 적 없던 주제들을 놓고 남자와 여자들 사이에서 대화가 이뤄지고 있으며, 특히 여성들의 참여가 늘어나면서 심지어 여자들이 주도하여 마을 회의를 준비할 때도 있다고 했다. 아라프Araf라는 마을에서는 토스탄 커뮤니티 운영 위원회가 나서서 10대와 성인들이 참여하는, 조혼 금지를 위한 세대 간 토론회를 여러 번에 걸쳐 진행하기도 했다. 그 마을에서 만난 무스타파Moustapha라는 이름의 한 10대 소년은 몰리에게 이렇게 말했다. "너무 어린 나이에 약혼하면 어린 여성들에게 좋지 않다는 사실을 저희도 알고 있었어요. 하지만 그동안은 그 주제에 관해 토론할 기회도, 용기도 없었죠. 하지만 이제는 위험을 감수하지 않아도 자유롭게 이야기할 수 있는 분위기가 만들어졌어요." 도시 하르게이사 인근의

아야Ayah라는 마을에서는 토스탄에 참여하는 여성들이 주체가 되어 체계적인 유·아동 예방접종을 장려하기 위한 운동을 벌이고 있었다. 푼틀란드 지역 돈고로요Dongoroyo에서는 주민 전부가 토스탄 티셔츠를 입고 도시 광장과 인근 거리를 중심으로 대규모 마을 정화 작업을 벌이기도 했다.

★

특히 가슴이 벅차올랐던 순간은 토스탄 지역사회 여자들의 인권에 대한 인식이 매우 높아졌다는 소식을 들었을 때였다. 소말리아 중남부지역의 한 간사는 다음과 같은 믿기 힘든 이야기를 들려주었다. 그동안 그 마을에서는 스스로 마을의 우두머리를 자처하며 이장 노릇을 하던 남자가 있었다. 그런데 토스탄 수업에 참여하게 된 후 그는 자신이 먼저 나서서 선거를 통해 새 이장을 뽑자고 주장했다. 그리고 선거에서는 다른 여자가 이장으로 당선되면서 여성도 무거운 책임이 따르는 직책을 맡을 수 있다는 사실을 주민들이 처음으로 깨닫게 됐다는 소식이었다.

"그래서 그 여자분은 이장 일을 잘해나가고 있나요?" 몰리가 물었다.

"물론입니다." 그가 대답했다. "이장 역할을 하기에 가장 적합한 사람이 그 여자라는 건 모두가 알고 있던 사실이에요. 다만 이전에는 그런 중요한 자리에 여자를 앉혀서는 안 된다고 생각하다가 토스탄 수업을 듣고 나서 생각이 바뀐 거죠."

소말리아에 온 지 3일째 되는 날, 몰리는 하르게이사에 있는 토스탄 사무실에서 한 시간 거리에 있는 아랍시요_{Arabsiyo}라는 작은 마을을 방문하게 됐다. 현장 주임들과 늘 따라다니는 무장 경호원도 함께였다. 가는 길에 현장 주임 한 사람이 차창 밖을 가리키며 말했다.

"저 언덕 보이시죠? 저곳에 알카에다* 조직원들이 산다고들 하더라고요."

몰리는 그의 말이 농담인지 진담인지 가늠이 되지 않았다.

"너무 걱정하지 마세요. 그 사람들은 미국인들만 찾아서 공격해요." 몰리가 걱정스러운 표정을 짓는 것을 보고 그가 말했다.

"내가 미국인이잖아요."

"참, 그렇죠. 자꾸 몰리를 세네갈 사람인 줄 착각한다니까요."

마을에 도착하자, 토스탄 참가자 모두가 그녀를 만나려고 기다리고 있었다. 그들은 직접 만든 아름다운 노래를 불러주었고, 마을에서 일어난 변화들과 어떤 활동에 직접 참여하고 있는지 신이 나서 말해주었다. 네 명의 여자는 다가오는 국회의원 선거에 후보로 나갈 예정이라는 얘기도 했다.

"이게 다 토스탄 수업 덕분이에요." 한 여자가 말했다. "예전에는 우리한테 투표권이 있다는 사실조차 모르고 있었는데, 이제는 직접 출마까지 하게 됐잖아요. 불과 얼마 전까진 사람들 앞에서 말도 못 했었는데. 그런데 이제는 우리 지역의 보건과 교육을 장려

---

* 9·11테러의 배후로 널리 알려진 이슬람 테러단체로, 오사마 빈 라덴이 결성하였다.

하도록 노력하겠다고 공약도 내걸고 선거 운동도 하고 있어요."

　그중에서도 몰리를 가장 놀라게 한 것은 정말 많은 여성이 관행을 종식시킨 토스탄 활동에 관해 이야기 나누고 싶어 한다는 사실 때문이었다. 아랍시요 마을의 샤미스Shamis라는 이름의 한 할머니는 할례 시술 때 겪어야 하는 고통뿐 아니라 결혼식 날의 고통도 엄청나다며 매우 흥분해서 말했다. 할머니의 설명에 따르면, 결혼식을 치른 첫날 밤 전통 시술자가 와서 신부의 성기를 다시 잘라여는데, 아무리 고통스러워도 그저 참고 견뎌야 하는 신부에게 그 일은 정신적으로 엄청난 충격을 준다고 했다. 그리고 그날 밤 지치고 아픈 몸으로 바로 합방을 하게 된다고 했다.

　이야기를 들려주며 샤미스 할머니는 눈물을 흘렸다. 그리고 재빨리 눈물을 닦아내더니 이렇게 말했다. "이 관행을 끝낼 방법을 마침내 찾았어요. 이게 모두 토스탄 덕분이란 말이지. 우리 여자들이 지금 주변 마을을 찾아다니고 있어요. 우리는 친구들을 모아놓고 계속 얘기하고 얘기하고 또 얘기해!"

　"무슨 말씀을 하시는데요?" 몰리가 물었다.

　"우리의 인권과 관행 때문에 생긴 건강상의 문제들에 관해 설명해주고 있지." 샤미스가 말했다.

　"사람들 반응이 괜찮던가요?"

　"항상 좋지는 않지만, 그래도 그만두지 않을 거예요. 우리도 세네갈처럼 해내기로 굳게 마음먹었으니까. 소말릴란드에서도 이 관행을 끝내자고 사람들을 꼭 설득하고 말 거예요."

소말리아 활동 중에는 위험한 상황이 자주 발생했다. 2주 동안의 일정 동안, 그녀는 하르게이사에 있는 대통령궁에 초대를 받아 소말릴란드 대통령의 부인을 직접 만날 기회가 있었다. 영부인은 감사한 마음을 전달하며 자신도 토스탄 프로그램 활동을 적극 지지하고 있다고 말했다. 그리고 앞으로 정부 지원을 늘리고 마을에서 진행되는 수업에도 직접 방문하겠다고 약속했다.

다음 날, 몰리는 소말리아 가족부Ministry of the Family 공무원들과 만나 회의를 하기 위해 시내에 갈 예정이었는데, 한 미국 기자에게서 전화가 와 여성 성기 절제에 관한 기사를 쓰려고 한다며 간단한 인터뷰를 요청했다. 기자와 통화하던 도중 몰리는 밖에서 터진 엄청난 폭발음 소리를 들었다. 위층에서 교육을 받고 있던 간사들이 깜짝 놀란 얼굴로 달려 내려왔다. 그리고 잠시 후 좀 더 먼 곳에서 또 다른 폭발음이 들렸다.

"잠깐만요. 지금 밖에서 폭탄이 터지고 있는 것 같아요." 몰리가 전화에 대고 말했다.

"그럼 한 가지만 빨리—"

세 번째 폭발음이 울렸을 때, 몰리는 그냥 전화를 끊어버렸다. 창문을 통해 아침 하늘로 피어오르는 연기 기둥이 보였다.

기욤 데바르Guillaume Debar가 몰리에게 다가왔다. 그는 프랑스 출신의 젊은 자원봉사자로 다카르 사무소에서 일하다가 직원들 교육 진행을 돕기 위해 이곳까지 함께 온 토스탄 직원이었다.

"무슨 일이에요?" 그가 물었다.

"나도 전혀 모르겠어요. 어쨌든 창가에서 떨어져 있어요."

몇 분 뒤, 몰리의 휴대폰 벨이 울렸다. 가족부 직원이었는데, 그는 몰리에게 밖으로 나가지 말고 안에만 있으라고 말했다. 현재 시내에서 차량을 이용한 자살 폭탄 테러가 연쇄적으로 일어났으며, 각기 다른 위치의 세 곳, 즉 전날 그녀가 방문했던 대통령궁, 에티오피아 대사관, 유엔 직원들의 안전을 책임지고 있는 유엔개발계획UNDP 사무실, 이렇게 세 곳에서 폭탄이 터졌다고 했다.

"지금 상황이 아주 심각해요. 죽거나 다친 사람이 꽤 많아요. 꼼짝 말고 안에만 계세요."

토스탄 직원들은 사무실 문을 걸어 잠그고 몇 시간 동안 실내에 머물렀다. 다른 소식이 있는지 궁금했지만 감히 밖으로 나가볼 엄두도 나지 않았다. 중남부지역에서 온 직원들은 특히 걱정이 많았는데, 예전부터 남부 지역 사람들을 타깃으로 자주 테러가 일어난다는 소문이 있었기 때문이었다. 그날 저녁, 몰리는 유니세프 하르게이사의 보안 요원으로부터 전화를 받았다.

"이런 말씀 드리고 싶지 않지만, 기욤 데바르 씨와 즉시 토스탄 사무소를 떠나시는 게 좋을 것 같습니다." 그가 말했다.

"어째서죠?"

그는 잠시 망설이더니 말했다. "두 분이 백인이라서 그곳에 계속 계시다가는 함께 있는 다른 아프리카 사람들까지 정말 위험해집니다. 모두를 위해서라도 다른 곳으로 이동하시는 게 최선입니다." 그는 근처 만수르 호텔에 유엔 직원들과 다른 국제 NGO 직원들이 모여 있으니 몰리와 기욤도 어떻게든 그곳으로 이동할 수 있게 방법을 찾아보겠다고 했다.

몰리는 전화를 끊고 기욤에게 이 상항을 침착하게 설명했다. 주위가 어둑어둑해지자, 그녀와 기욤은 최대한 조용하게 사무실을 빠져나와 아래쪽 인적이 드문 거리로 나갔다. 그리고 처음 지나가는 택시를 잡았다. 택시에 타자마자 둘은 뒷좌석 바닥에 몸을 바짝 숙였다. 몰리는 커다란 스카프를 꺼내 자신과 기욤 머리 위를 덮었다.

"스카프 밖으로 머리 내밀지 말아요." 그녀는 기욤에게 말했다.

덜덜 떨며 만수르 호텔에 도착해 보니, 수십 명의 유엔 직원들이 커다란 회의실에 모여 있었다. 유엔 직원은 내일 모두 케냐로 떠나라며 준비된 대피 계획을 누군가 공지하고 있었다. 몰리는 그 사람에게 다가갔다. "저희도 이곳을 떠나야 해요. 비행기를 함께 타고 갈 수 있을까요?"

"죄송합니다만, 유엔 직원들이 탈 좌석만 확보해 둔 상황이라서요." 그가 말했다.

몰리는 절망스러웠다. "특별히 부탁 좀 드릴게요. 제발 한 좌석만 더 자리를 만들어주세요."

"한 자리라고요?"

"네. 저와 함께 있는 직원은 이제 겨우 스물한 살이에요. 제발요. 그 청년이 꼭 집으로 돌아갈 수 있게 도와주세요."

"그건 힘들 것 같아요, 몰리."

"제발요. 방법을 좀 찾아주세요." 그녀는 간절하게 부탁했다.

밤새 잠을 이루지 못하고 다음 날 아침을 맞았다. 몰리와 기욤은 유엔 직원들을 따라 공항 근처에 있는 앰배서더 호텔로 이동했다. 케냐로 가는 비행기는 그날 오후 네 시에 이륙할 예정이었다. 한 직원이 오더니 비행기에 탑승할 사람들의 명단을 불렀다. 기욤의 이름이 명단에 없는 것을 알고 몰리는 가슴이 무너지는 것만 같았다. 그녀는 만나는 사람마다 붙잡고 기욤을 위해 한 자리만 마련해 달라고 부탁했다. 결국 그녀의 노력이 통해 기욤이 비행기에 탑승하게 됐다.

"어떻게 하실 계획이세요?" 공항으로 가는 유엔 버스에 타러 가기 전, 그가 몰리에게 물었다.

"모르겠어요. 다른 방법을 찾을 때까지 일단 호텔에 있어야죠." 몰리가 말했다. 누군가 그들이 머물렀던 유니세프 컴파운드에서 몰리의 가방들을 찾아 호텔로 갖다 주었다. 세네갈로 돌아갈 방법을 결국 찾지 못한 그녀는 가방을 들고 호텔 안으로 들어갔다. 그리고 방을 잡으며 프론트 직원에게는 며칠만 머물게 될지, 몇 주를 머물게 될지 모르겠다고 얘기했다. 그리고 밖으로 걸어 나와 정원의 뜨거운 계단 위에 주저앉아 하르게이사 시내를 내려다보았다.

'괜찮아. 이건 내가 선택한 일이니까. 어떻게든 방법을 찾을 수 있을 거야.' 그러면서 이틀 전 대통령궁에서 열렸던 회의를 떠올렸다. 그녀는 폭탄이 터지기 딱 24시간 전에 그곳에 있었다. 이번 폭발로 대통령궁 안으로 들어가려고 밖에서 대기 중이던 모든 사람이 사망했다고 했다. 그녀는 슬픈 마음을 떨쳐내려고 머리를 흔들었다. 딸에게 전화를 걸 수 있다면 좋겠다고 생각했다. '조에, 만약 엄마한테 무슨 일이 벌어진대도 네가 이 사실만큼은 꼭 알아주었으면 좋겠구나. 엄마 인생에서 너는 누구보다 소중한 존재였고, 네가 있어 얼마나 감사했는지 모른단다.'

떠날 채비를 하는 버스를 보고, 그녀는 그쪽으로 걸어가 기욤에게 작별 인사를 했다. 그리고 막 호텔로 돌아서려는데, 버스 안의 어떤 여자가 자신의 이름을 부르는 소리를 들었다.

그 여자는 소리쳤다. "몰리, 몰리! 몰리도 갈 수 있대요! 비행기에 한 좌석이 더 생겼대요. 얼른 가방 가져오세요. 지금 바로 출발해야 해요."

26

태양은 떠오른다

쟌트 비 디나 펭크 — Jant bi Dina Fenk

다카르에 태양이 떠오르는 그 시각, 몰리는 광활한 대서양과 접한 바닷가 산책로를 천천히 걷고 있었다. 평소에는 조에도 매일 한시간쯤은 운동해야 한다며 아침마다 따라나섰지만, 오늘은 더 자겠다고 나오지 않았다. 지금 조에는 콩코디아대학을 졸업하고 세네갈로 돌아와 함께 지내고 있었다. 몰리는 걸음을 멈추고 고요한 아침 풍경—35년 전, 스물네 살의 몰리가 처음 보았던 그때의 풍경과 변함이 없었다—을 바라보며 소금기 머금은 바닷바람을 힘껏 들이마셔 보았다. 조금 전 하르게이사의 직원에게서 전화를 받은 일이 마치 꿈인 양 전혀 실감이 나질 않았다.

직원이 전한 소식에 따르면, 두 번의 공개 선언식이 소말릴란드와 푼틀란드에서 차례로 진행될 계획이라고 했다. 첫 번째 선언은 앞으로 몇 주 뒤인 10월 6일로 잡혀있었고, 또 몇 주가 지난 후에 두 번째 선언식이 있을 예정이었다.

갑자기 휴대전화 벨이 울려 몰리는 깜짝 놀라 전화를 받았다. 언니 다이안이었다. 세네갈에 올 준비를 하고 있던 다이안은 미국에서 뭘 가져가면 좋겠냐고 묻고 있었다. 현재 보셸 워싱턴주립대학교University of Washington Bothell에서 예술·과학 융합 프로그램 연구원으로 일하고 있는 다이안은 2년에 한 번씩 남편 마이클Michael과 함께 세네갈을 방문해 몰리와 조에도 만나고 토스탄에서 자원봉사활동도 하고 있었다. 2년 전에는 안식년을 맞아 다카르에 머물며 토스탄의 인권교육 활동에 대한 책을 썼고, 이후에도 그 주제에 관해 꾸준히 글을 써서 신문에 기고하고 있었다.

언니의 말을 끊고 몰리가 불쑥 말했다. "다이안, 드디어 됐어."

"무슨 소리야? 뭐가 됐다고?"

"소말릴란드에서. 소말리아 사람들이 하겠대. 그곳 사람들이 공개 선언을 하겠대. 엄청 많은 사람이 선언식에 동참할 거래."

"그게 진짜야?"

"응, 방금 전화 받았어." 몰리는 목이 메어 말했다. "그 사람들이 해냈어. 그곳 여자들이…… 결국엔 해냈어."

"물론, 너도 한몫 거들었고. 어떻게 그렇게 됐대?" 다이안이 물었다.

어떻게 그렇게 됐냐고? 바다를 바라보며, 몰리는 35년 전 아침을 떠올렸다. 그때 그녀는 바로 이곳에 서서 6개월 동안 아프리카에서 무얼 하게 될지 다가올 미래가 궁금하기만 했다. 그때 이후로 그녀는 계속해서 세계 곳곳을 돌아다녔다. 대통령과 영부인들, 유명한 예술가, 사상가들을 만났다. 많은 상을 받았고 이 분야에서 널리 인정도 받았다. 하지만 무엇보다도 중요한 사건은 바로이 일을 할 기회를 얻게 된 것이었다.

처음 이 일을 시작했을 때 그녀는 아는 것도 가진 것도 없었다. 그저 학교에 가지 못하는 사람들에게 교육의 기회를 주고 싶다는 간절한 마음과 샴 은자이 마을 주민 300명의 삶이 더 나아질 수 있으리라는 희망뿐이었다. 그때는 지금과 같은 일이 일어나리라고는 전혀 상상도 하지 못했다. 거의 3,500개에 이르는 세네갈 마을이 여성 성기 절제 관행의 종식을 선언했다. 감비아 58개 마을, 기니비사우 43개 마을, 기니 332개 마을, 말리 7개 마을, 그리고 소말리아 34개의 마을도 선언에 동참했다.

그동안 실수도 많이 했다. 때로는 포기하고 싶은 마음도 있었다. 여성으로서 NGO 단체를 이끌며 아프리카에서 활동해 나간다는 게 너무나 힘들었기 때문이었다. 자신의 능력을 자주 의심했고, 토스탄의 책임자이자 조에의 엄마로서 두 역할을 모두 잘 해내려다가 크게 좌절한 적도 많았다. 그러면서도 굴하지 않고 여기까지 왔다.

왜냐고?

자신이 지닌 가능성을 믿기도 했지만, 무엇보다도 교육의 힘을 믿었기 때문이었다. 가장 최근 소말릴란드에 갔을 때, 압디Abdi라는 이름의 간사가 앞으로 백 년이 지난 뒤 어떤 사람으로 기억되길 바라느냐고 그녀에게 물은 적이 있었다. 몰리는 한참을 생각했다.

"아프리카 오지의 수많은 사람에게 스스로 힘을 키울 수 있는 교육—특히 인권과 책임감에 관한 지식—이 제공되도록 물꼬를 터주고, 그들의 잠재력을 최대한 끌어낼 수 있게 도와준 사람으로 기억되면 좋겠어요."

"교육에 헌신하겠다는 마음은 어떻게 갖게 된 거죠?"

몰리는 망설이지 않고 대답했다. "어머니 덕분이죠."

어머니 앤은 알츠하이머로 오랫동안 고생하다가 2년 전 돌아가셨다. 돌아가시기 몇 달 전, 비록 어머니는 몰리가 누군지도 모를 때가 많았지만, 그녀는 자주 전화를 걸어 앤과 이야기를 나눴다. 그렇게라도 앤에게 어머니로서 베풀어준 모든 일에 감사하다는 말을 전하고 싶었다. 압디의 질문에 대답하며, 몰리는 이 일을 하게 된 것은 어린 시절 어머니를 보며 배운 가치관—교육에 대한 깊은 믿음, 고집스러울 정도의 인내력, 자신과 주변 사람을 위해 조금이라도 더 나은 환경을 만들려는 끊임없는 노력—덕분임을 새삼스레 깨닫게 되었다.

이 이야기를 다이안에게도 들려주었다. "나 지금 울고 있어." 다이안이 말했다.

"알아. 나도 울고 있어." 몰리가 대답했다.

"있잖아, 방금 이런 생각이 떠올랐는데……."

몰리는 다이안이 무슨 말을 할지 알 것 같았다. 그녀도 같은 생각을 하고 있었기 때문이었다.

"엄마가 무척 자랑스러워하실 거야."

에필로그

뉴욕, 2013년 1월

이 책을 쓰는 동안 여성 성기 절제 관행을 중단하겠다고 선언한 세네갈 마을은 5,000곳을 넘어섰다. 이런 기세에 힘입어 2010년 2월, 세네갈 정부는 2015년까지 여성 성기 절제 관행을 완전히 종식하겠다는 국가 기본 계획을 발표했고, 구체적인 수립전략으로는 인권 교육을 기본으로 지역사회가 주도해 선언식을 개최하도록 장려하는 토스탄식 접근 방법을 선택했다. 이제 세네갈에서는 관행이 완전히 사라질 날이 머지않았다고 말해도 무방할 것이다. 현재 일곱 개의 다른 나라에도 토스탄 프로그램이 도입되어 비슷한 노력이 진행 중이다. 2012년 12월 20일, 서아프리카 국가인 기니비사우에서 40개의 지역사회가 참여한 공개 선언식이 개최되었다. 그들은 관행 철폐를 포함하여 모든 이의 인권을 지키기 위한 노력에 총력을 기울이겠다고 선언했다. 그리고 같은 날 유엔총회에서는 지구상에서 이 관행을 종식시키기 위해 국제적인 노력을 더욱 강화하자는 결의안을 통과시켰다.

하지만 여성 성기 절제 관행 종식을 위해 아프리카에서 일어난 역사적인 민중 운동이 토스탄 이야기의 끝은 아니다. 어쩌면 이제 막 시작되었는지도 모른다.

자료조사를 위해 세네갈을 몇 차례 방문하면서 나는 강력한 인권 교육의 힘을 바탕으로 하나씩 하나씩 드러나는 변화의 이야기를 직접 보고 들었다. 내가 대화를 나눴던 마을 주민들은 지역사회 번영에 매우 결정적인 여러 안건을 처리할 때, 토스탄 프로그램을 통해 배운 지식을 적용하여 문제를 해결했다. 휴대전화의 SMS 문자로 읽고 쓰기를 가르치는 교육법처럼 혁신적인 프로그램을 제일선에서 활용하고 있는 토스탄 간사들의 모습도 보았다. 토스탄의 지원을 받아 처음으로 살던 마을을 떠나 인도 베어풋 칼리지 Barefoot College*까지 가서 태양전지판을 만들고 설치하는 방법을 배워온 아프리카 할머니들도 만났다. 할머니들이 배워온 기술 덕분에 지리적으로 고립된 마을에서도 전기와 조명을 사용할 수 있게 되었다. 서아프리카 전체의 평화와 안전을 위해 노력하며, 국경을

---

* 인도에 설립된 학습센터로 가난한 시골 사람들이 마을의 문제를 스스로 해결해 나가도록 빈곤국 여성들을 초대해 태양열 에너지 기술을 교육하고 있다.

넘어 확장된 개념의 가족 네트워크를 만들어내고 있는 토스탄 직원들도 만났다. 또한 토스탄 커뮤니티 운영 위원회 회원들은 프로그램을 모두 이수한 후, 위원회를 독립 단체로 공식 등록하여 스스로 마을 프로젝트를 기획하고 성공적으로 운영해 나가고 있었다.

최근에 몰리가 집중하고 있는 사업은 완전히 새로운 과제로, 이 문제가 해결된다면 여성 성기 절제 관행의 종식만큼이나 대단한 변화를 불러오리라는 기대를 하게 했다.

2009년, 세네갈 정부는 11개 지역에서 3년간 정규교육을 받은 아동들을 대상으로 읽기 능력을 평가했다. 그 결과는 매우 실망스러웠는데, 대상 아동 가운데 여아 7%, 남아 11%만이 최소의 읽기 능력을 갖춘 것으로 드러났기 때문이었다.

그동안 세네갈은 교육과정을 개혁하고, 학교 건물을 새로 짓고, 교사 연수 기회를 늘리는 등, 지난 몇십 년 동안 교육 제도 개선을 위해 많은 시도를 해왔다. 하지만 연구 결과는 이런 노력이 별 효과가 없었다는 사실을 보여주었다. 연구 결과를 접한 몰리는 아이들의 학습 능력을 높이는데 필수적인 뭔가가 간과되고 있음을 깨달았다.

그동안의 경험에 따르면 6세가 되어 학교에 가는 아이 중에는 학습하기에 매우 불리한 환경에 놓여있는 경우가 많았다. 시골 지역은 하다못해 간판, 표지판도 없어 아이들이 문자와 단어에 자연스럽게 노출되기 힘들었고, 책을 본 적이 있거나 가지고 있는 아이도 극히 드물었다. 학교 수업은 불어로 이루어졌지만, 불어를 할 줄 아는 아이도 많지 않았다. 게다가 대부분의 부모들은 자신도 교육을 받은 경험이 매우 제한적이었기에 아이의 학교 공부를 도와줄 능력이 없다고 생각했다.

2010년, 몰리는 미국 터프츠대학Tufts University 명예교수인 매리언 자이틀린 박사Dr.Marian Zeitlin에게 도움을 요청했다. 그녀는 40년이 넘도록 아프리카 아동의 영유아발달 지원을 위한 구체적인 실천 방안을 연구해온 사람이었다. 자이틀린 박사는 그동안 다른 연구에서는 의미 있게 다뤄진 적이 없지만, 서아프리카 가정에서 일어나고 있는 중요한 현상 한 가지를 주목해야 한다고 지적했다. 그것은 서아프리카 일부 지역에 널리 퍼진 신념 체계와 관련이 있었다. 이 지역 사람들은 부모가 어린 영유아 자녀에게 말을 많이 하면, 그 행동이 아이에게 해를 끼칠 수 있다고 믿어 적극적인 관계 맺기를 방해하는 경향이 있었다. 몰리, 자이틀린 박사, 토스탄 직원이 팀을 이뤄 부모 및 보호자들을 인터뷰해 보니, 어린 자녀에게 말을 많이 하는 엄마들은 자주 조롱을 당한다는 사실을 알게 됐다. "말도 할 줄 모르는 아이"에게 말을 한다며 미쳤다는 소리까지 듣는다고 했다. 어떤 사람들은 말이 악령을 불러들여 아기에게 해를 끼치고, 아기를 빼앗길지도 모른다고 믿고 있었다. 특히 태어난 지 3개월 미만의 신생아는 이 시기에 뇌가 급속도로 성장하기 때문에 언어 자극을 많이 줘야 한다고 알려줘도 사람들은 걷기 전의 아이에게 말을 하면 아이가 제대로 성장하지 못한다는 미신을 언급하며 아이와 대화하기를 거부했다. 또한 8세 이하의 아동에게 말을 많이, 자주 하면 아이가 "너무 영악"해져서 남을 속이고 거짓말을 잘하는 아이가 된다고 말하는 사람도 있었다.

몰리는 이들 문화의 새로운 면을 이해하게 되자, 단순히 부모들에게 아이와 대화를 자주 나누라고 말해서는 변화가 일어나지 않으리라는 것을 깨달았다. 아이가 출생한 순간부터 인지 자극을 주는 것이 매우 중요하다는 사실을 좀 더 명확하게 이해시키기 위해 사회 규범 이론을 적용한 구체적인 방법을 찾아야겠다고 생각했다. 그래서 지난 2년 동안 그녀는 아이를 상대로 학습 능력을 높일 수 있는 말하기 방법을 스스로 이해하고 설명할 수 있을 정도의 지식을 갖추기 위해 신경과학 및 인지 발달 분야의 전문가들을 찾아다니며 연구했다.

그 결과 토스탄 팀은 윌리엄 앤드 플로라 휴렛 재단William and Flora Hewlett Foundation의 경제적 지원을 받아 5개월 과정의 새로운 모듈을 개발해냈다. 이 모듈은 토스탄 프로그램을 이수하여 이제 막 읽고 쓰기를 깨우친 부모들이 알록달록한 그림에 모국어로 쓰인 재미있는 동화책을 가지고 어린 자녀에게 학습이 어떤 것인지 소개할 수 있도록 고안되었다. 교재로 쓰인 동화책은 아주 오래전 몰리가 뎀브 악 데이 아동센터에서 개발했던 책들과 매우 유사했는데, 토스탄 참가자들의 읽기 능력을 향상시키고 아이들에게 읽기가 무엇인지, 책 읽기가 얼마나 즐거운 행위인지 알려줄 뿐 아니라 어른들이 어린 자녀와 상호 작용할 수 있는 도구로도 활용될 예정이었다. 또한 모듈 안에 뇌 발달에 관한 최신 정보도 포함해, 아이에게 말하는 행위를 장려하지 않는 사회 규범을 어떻게 바꿀 것인지 참가자들이 깊이 있게 토론할 수 있도록 했다. 이 수업은 3년 과정의 토스탄 프로그램을 모두 이수한 232개 지역사회에서

11,500명의 부모와 청소년을 대상으로 시행될 예정이었으며, 그로 인해 대략 30,000명의 아동이 학습 능력을 향상시킬 것으로 기대됐다. 또한 프로그램은 토스탄의 조직화된 확산 전략을 통해 더 많은 사람에게로 퍼져나갈 터였다.

티에스 외곽에 있는 토스탄 훈련센터에서 직원 단합대회가 열리는 동안, 몰리는 직원들에게 이 새 모듈에 대해 처음 소개했고, 그 자리에는 나도 함께 있었다. 직원들은 소식을 접하자 매우 열광적인 반응을 보였다. 자신들도 아이를 키우면서 부모님의 충고 때문에 말을 너무 많이 하지 않으려고 노력했었다는 사실도 인정했다. 그날 저녁, 세미나를 마치고 바닷가 집으로 가면서 나는 몰리에게 이 모듈을 통해 기대하는 결과를 이룰 수 있을 것 같은지 물어보았다. 그녀는 한동안 아무 말도 하지 않고 운전만 하더니 동네 빵집 앞에서 차를 세웠다. 그날 아침 몰리는 빵을 사러 여기까지 왔다가 깜빡 잊고 지갑을 가져오지 않은 바람에 이제야 계산을 하러 온 것이었다. 잠시 후, 차로 돌아온 몰리는 진지한 표정으로 말했다.

"나는 새 모듈이 세네갈 아이들의 학습 능력을 혁명적으로 바꿀 수 있다고 진심으로 믿고 있어요."

몇 세대에 걸쳐 일어날 변화를 몇 년 안에 이뤄내며, 아프리카 지역사회에서 토스탄의 대단한 영향력은 오랫동안 지속될 것이라고 말하는 사람들이 적지 않았다. 오랫동안 토스탄의 후원자이자 이사회 임원을 맡아온 짐 그린바움Jim Greenbaum은 내게 이런 말을 했다. "토스탄은 무슨 일이든 다 해낼 수 있는, 내가 찾아낸 유일한 단체예요. 관행 폐지? 토스탄이 할 수 있죠. 전쟁을 멈추는 일? 그것도 토스탄이 할 수 있어요. 이상하게 들릴지 모르지만, 역사책에 토스탄이 단지 여성 성기 절제를 종식시킨 단체로만 기록된다면, 그건 비극이 될 겁니다. 이 모델을 수많은 다른 지역사회에서도 실행할 수 있도록 우리가 충분한 원조만 받아낸다면, 우리 프로그램은 아프리카를 완전히 탈바꿈시킬 모델이 될 겁니다.”

몰리를 처음 만났을 때만 해도 나는 그녀의 활동이 미국에 사는 나 같은 여자의 삶과는 별 연관이 없으리라고 생각했다. 그런데 책을 쓰는 동안 나는 임신을 했고, 태아의 성별이 딸이라는 사실을 알게 됐다. 참 감사하게도 이 아이는 시골 아프리카의 여자들이 일상에서 기본으로 직면하는 많은 고난을 겪지 않아도 되리라는 사실은 알고 있었지만, 몰리의 활동이 전 세계 모든 소녀를 위해 더 나은 세상을 만들고 있다는 사실만큼은 확실히 알 수 있었다. 몰리가 로스앤젤레스를 방문한 동안 개최된 여성들과의 간담회 자리에 나도 함께 참석한 적이 있었다. 몰리의 발표가 끝난 뒤, 한 여성이 손을 들고 말했다. “이상한 소리처럼 들릴지 모르겠지만, 이곳에서도 토스탄 프로그램을 진행해 주실 수는 없나요? 당신이 세네갈에서 했던 일은 미국에서도 여성들, 특히 청소년들을 위해 정말 많은 도움이 될 것 같거든요. 여성 성기 절제 관행 폐지를 도우면서 많은 주목을 받게 되신 사실은 저도 알고 있어요. 하지만 당신이 해낸 더욱 대단한 일은 여성들이 스스로 잠재력을 깨닫게 도와준 일이라고 생각해요. 이곳에서도 그런 노력은 꼭 필요합니다.”

임신 28주가 되어 세네갈을 마지막으로 방문했을 때, 그때 일을 떠올리게 된 계기가 있었다. 하루는 몰리와 함께 말리쿤다 밤바라의 마을을 찾아갔는데, 그곳에서 열네 살 된 한 여자아이를 만나게 되었다. 마을 여자들이 관행을 끝내겠다고 선언한 1997년에 그녀의 어머니가 임신했기에 아이는 할례를 하지 않아도 되는 세상에 태어난 첫 번째 딸이 되었다.

"이름이 뭐니?" 악수하려고 수줍게 다가온 아이에게 내가 물었다.

"아미나타 산-산Aminata Sañ-Sañ" 그녀가 대답했다.

몰리가 미소를 지으며 말했다. "산-산은 인권이라는 뜻이에요. 사람들이 이 아이에게 아미나타 인권이라는 이름을 지어줬더라고요."

그날 오후, 마을을 나와 바닷가 집으로 돌아오는 길에 몰리는 샘 쿡Sam Cooke의 CD를 밀어 넣었다. 지난 며칠 우리가 끊임없이 들었던 CD였다. 〈어 체인지 이즈 고나 컴〔변화는 온다〕A Change Is Gonna Come〉이 시작되었다. 1964년에 발매된 곡으로, 미국에서 공민권운동*이 일어나던 시기에 거의 주제가처럼 불리던 노래였다. 이 노래가 나올 때마다 그랬던 것처럼 몰리는 말을 멈추고 볼륨을 거의 최대로 높인 후 노래를 따라 불렀다.

'정말 길고 긴 시간이 흘렀어요.

하지만 난 알아요. 변화가 오리란 걸. 그럼요, 오고말고요.'

_____

* 1050~1960년대 미국에서 일어난 흑인차별철폐 운동

이 노랫말을 들으며, 나는 아미나타 산-산을 떠올렸고, 내 아이의 미래를 생각했다. 두 사람은 서로를 모른 채 각자 매우 다른 삶을 살아가게 되겠지만, 두 사람 모두 몰리가 이뤄낸 성과, 세상에 기여한 공헌들로 인해 많은 혜택을 누리며 살게 되리라 생각했다. 차는 이제 대서양으로 이어지는 큰 도로로 들어섰다. 이제 막 지평선에 닿은 커다란 태양이 우리 눈앞에서 지고 있었다. 그 순간 내 눈에는 몰리가 차를 몰고 태양을 향해 똑바로 돌진하고 있는 것처럼 보였다.

감사의 말

이 책을 출간까지 많은 사람의 도움을 받았지만, 누구보다도 몰리의 도움이 가장 컸다. 그녀는 토스탄을 운영하느라 바쁜 가운데에도 몇 주 동안 시간을 쪼개어 나와 대화를 나누고 함께 여행을 다녔으며, 세네갈의 문화와 사람들을 소개해 주었고, 질문에 답을 해주었고, 집주인으로서 너무나 훌륭하게 대접해주었다. 그녀와 함께 한 모든 과정이 내게는 큰 영감과 진정한 기쁨의 시간이었다. 특히 나를 믿고 자신의 이야기를 쓰도록 허락해준 데에 특히 감사하며, 그 마음은 앞으로도 계속될 것이다.

또한 하퍼콜린스HarperCollins와 스콜 재단Skoll Foundation이 협력하여 출간한 첫 책을 내가 집필할 수 있게 맡겨준 제프 스콜Jeff Skoll, 마크 타우버Mark Tauber, 샐리 오스버그Sally Osberg, 샌디 허츠

Sandy Herz에게도 감사의 말씀을 드린다. 편집을 맡은 지넷 페레즈 Jeanette Perez는 이 책이 안에 담긴 스토리만큼이나 돋보이도록 도 와주었고, 늘 침착하고 통찰력 있는 시각으로 내게 큰 힘을 주었 다. 이 작업을 할 수 있도록 꾸준히 도와준 에이전트, ICM의 크리 스 달Kris Dahl에게도 고마움의 마음을 전한다.

다이안 길레스피Diane Gillespie에게는 특별히 감사의 인사를 전해 야 할 것 같다. 그녀는 정말 많은 시간을 들여 여러 배경 정보들 을 전달해주었고, 전문적인 내용의 교정을 도와주었으며, 매 단계 에서 놀라운 통찰력으로 집필 방향을 조언해 주었다. 이 프로젝트 를 위해 시간을 할애하고 교정을 도와준 게일 캐넙Gail Kaneb, 개논 길레스피Gannon Gillespie에게도 감사를 표한다. 애나 조에 윌리엄스 Anna Zoé Williams는 나를 위해 훌륭하게 통역을 해주었을 뿐 아니라 정말 다정한 성격이라 함께 있는 것만으로도 즐거운 시간이었다.

뎀바 디아와라Demba Diawara 역시 긴 시간을 기꺼이 할애해 주었 으며, 그와 같은 사람을 알게 된 것만으로 크나큰 특권이라는 생 각을 하게 해주었다. 우레이 살Ourèye Sall과 말리쿤다 밤바라의 토 스탄 참가자들에게서는 정말 큰 영감을 얻었다. 그리고 케르띠오 디아와라Kerthio Diawara와 그녀의 어머니이자 책이 출간되기 전 세 상을 떠난 마이무나 뜨라오레Maimouna Traore에게도 특별히 감사의 마음을 전한다.

토스탄 직원과 가족들, 특히 할리두 시Khalidou Sy, 다메 게예Dame Guéye, 이브라이마 지룩스Ibrahima Giroux, 제니퍼 발데Jennifer Balde, 마리엠 디옵Marième Diop, 바예 삼바 디옵Baye Samba Diop, 셰이흐 세

이딜 목타르 음바케Cheikh Seydil Moctar Mbacké에게 고마움을 전한다.

짐 그린바움Jim Greenbaum은 이야기의 맥락을 잡을 수 있도록 도와주었고, 여러 행사에서 늘 반갑게 맞아주는 멋진 사람이었다. 게리 맥키Gerry Mackie는 소중한 통찰력이 담긴 여러 배경 자료들을 나눠주었다. 캐티 고든Caty Gordon은 빈틈없이 노련하게 여러 자료를 조사해주었고, 헤일리 다운스Hayley Downs와 리사 셀린 데이비스Lisa Selin Davis는 편집과 전반적인 일의 진행을 도와주었다.

내 질문에 답변을 해주고, 여러 정보를 보내주었으며, 로스앤젤레스에서는 집까지 내주었던 주디 밀러Judy Miller에게도 감사하다. 테스 울리히Tess Ulrich에게 특별히 감사의 뜻을 전하며, 은데예 수케예 게예Ndeye Soukeye Guéye, 앤 샬롯 링퀴스트Anne Charlotte Ringquist, 나피사투 디옵Nafissatou Diop, 프랜체스카 모네티Francesca Moneti, 마이크 길레스피Mike Gillespie, 앤 베네먼Ann Veneman, 마리아 가브리엘라 데 비타Maria Gabriella De Vita, 사미르 소비Samir Sobhy, 제레미 홉킨스Jeremy Hopkins, 크리스티안 슈나이더Christian Schneider, 클라우디아 버거Claudia Berger, 두우수 코나테Duusu Konaté, 셰이흐 디옵Cheikh Diop, 마이클 캐롤런Michael Carolan, 캐리 데일리Carrie Dailey, 코니 진 아미라Connie Jean Amirah, 루이스 맥키니Lois Mackinney에게도 감사 인사를 드린다.

탈고 3개월 전에 딸, 노엘을 출산하면서 책을 마무리하기가 쉽지만은 않았다. 노엘 전담팀의 도움이 없었다면 불가능했을 일이었다. 다른 방에서 글을 쓰는 동안 딸을 돌봐준 존John과 주디 몰로이Judy Molloy, 샤레나 드레익스Sharanah Drakes에게 특별히 감사의 뜻을 전한다. 항상 나를 지지해준 나의 부모님, 밥Bob과 모이라 크럼 Moira Krum, 마크Mark와 메건 몰로이Megan Molloy, 크리스 라이언Chris Ryan, 빌 라이언Bill Ryan, 진 라이트풋Jeanne Lightfoot에게도 늘 고맙다고 말하고 싶다. 물론 나의 영원한 동지이자 가장 친한 친구, 믿음직한 조언자인 남편, 마크 라이언Mark Ryan이 아니었다면 나는 이 일을 해낼 수 없었을 것이다. 그가 있어 내 인생이 훨씬 행복해졌다. 마지막으로 내 딸, 노엘 몰로이 라이언Noelle Molloy Ryan은 내가 왜 이런 이야기를 써야만 하는지 그 이유를 매일 깨닫게 해주었고, 엄마가 일할 수 있게 밤마다 푹 자줘서 정말 고마웠다는 말을 전하고 싶다.

몰리 멜칭 소개

서아프리카에서 들불처럼 일어난 여성할례 중단 운동을 이야기 할 때, 몰리 멜칭Molly Melching의 활동을 빼놓을 수 없다. 그녀는 40여 년간 세네갈과 주변 서아프리카에서 교육, 보건 및 인권 증진을 위해 헌신한 사회 운동가이자, 기적 같은 여성 할례와 조혼 철폐를 이끌어 낸 장본인이다.

몰리 멜칭은 1949년 미국 휴스턴에서 태어났다. 일리노이 대학원에서 불문학을 전공하던 그녀는, 프랑스어권 아프리카 문학을 연구하기 위해 1974년 교환 유학생으로 대서양에 맞닿은 세네갈의 수도 다카르에 도착했다. 도착하자마자 교환 유학생 프로그램이 취소되었다는 황당한 소식을 접하고도, 그녀는 그곳을 떠나지 않고 남아서 다카르 대학 관계자들을 설득해 공부를 계속한다.

그러던 중, 당시 아프리카 지성의 대표 주자로 명성이 높았던 다카르 대학 셰이크 안타 디옵 교수와 우스만 셈벤 영화감독 등을 만나면서 서아프리카에서 통용되는 토착어인 월로프어를 배우고, 아프리카를 위해 일하기로 결심한다.

월로프어로 직접 교재를 만들어 빈민가와 농촌에서 교육 프로그램을 진행하던 그녀는, 1991년 사회단체 토스탄TOSTAN을 설립하고 아프리카 친구들과 함께 본격적으로 아프리카를 위해 일하기 시작한다. 토스탄은 월로프어로 '새가 알을 깨고 나오는 순간'을 가리키며, 새로운 발전과 획기적 돌파구의 의미까지 담고 있다.

몰리 멜칭은 아프리카의 오랜 전통인 여성할례가 소녀와 여성들에게 초래하는 끔찍한 결과들을 목도하고, 마을 주민들이 스스로의 의지와 결단으로 이를 중단하는 결정을 내리도록 지원하는 활동을 전개한다. 몰리 멜칭과 토스탄의 활동은 아프리카 주민들이 외부의 압력에 의해서가 아니라, 배움과 토론을 통해 스스로의 의지와 결단으로 변화를 선택할 수 있도록 도왔다는 점에서 큰 의미가 있다. 지난 20여년 동안 8천개가 넘는 서아프리카 마을들이 여성할례와 조혼 철폐를 선언했다.

토스탄에는 현재 20만명이 넘는 아프리카인들이 회원으로 참여하여 시민 양성과 사회 변화를 주도하고 있으며, 미국, 캐나다, 스웨덴과 덴마크에도 토스탄 지원 단체가 설립되어 있다. 일흔의 나이에도 몰리 멜칭은 여전히 활기차게 아프리카 마을들을 누비며 미래의 아프리카 지도자들을 키우고 있다.